EINSTEIN ON THE ROAD

旅行中的物理學家，關鍵十年的私密日記

愛因斯坦在路上

約瑟夫・艾辛格 Josef Eisinger——著
李淑珺——譯

愛因斯坦攝於「鹿特丹號」，一九二一。
Library of Congress.

烏斯什金、魏茲曼夫婦、愛因斯坦、艾爾莎和莫西松，攝於愛因斯坦即將啟程初訪美國時，一九二一。
烏斯什金和莫西松都是錫安主義組織的官員。*Library of Congress.*

愛因斯坦與艾爾莎攝於「鹿特丹號」，一九二一。*Library of Congress.*

艾爾莎與愛因斯坦初訪美國時，與美國總統哈定在白宮花園會面，一九二一。*Library of Congress.*

艾爾莎與愛因斯坦和塞繆爾爵士及夫人於「塞繆爾的城堡」前留影，耶路撒冷，一九二三。*Parliamentary Archives, London.*

愛因斯坦與物理學家托爾曼攝於加州理工學院，一九三二。*Los Angeles Times.*

愛因斯坦搭過的四艘船。作者不詳。公共資產，老船影像集。

「北野丸」（一九二二）

「波羅尼奧號」（一九二五）

「比利時號」（一九三〇）

「德意志號」（一九三一）

獻給史黛拉（Styra）

目次

推薦序

葛拉茲（Walter Gratzer）

有任何其他公眾人物是像愛因斯坦這樣的嗎？一個漫畫家只要幾筆就能在紙上勾勒出栩栩如生的他。一個賓州的礦工，或一位德里的人力車夫，可能都對他的五官很熟悉。他的臉孔至今仍常出現在廣告看板或宣傳標誌上。愛因斯坦旅行各地時，總有大批群眾蜂擁出來歡迎他或只是盯著他看，鎂光燈閃個不停，麥克風塞到他面前。他在科學界的同事對他驚異敬畏；一般大眾對他景仰崇拜；而希特勒政權則對既是和平主義者又是猶太人的他憎恨厭惡。「相對論」進入日常口語中，成為餐桌閒聊或笑話中常被理解又隨意誤用的話題。（例如：愛因斯坦在倫敦時，從火車窗口探出頭來，問一個月台腳夫說：「牛津有停這輛火車嗎？」）一九一九年，當愛丁頓（Arthur Eddington）在日蝕期間測量到太陽導致的光偏折，而宣布愛因斯坦的相對論正確時，這個消息立刻登上了全世界的報紙。曾兩度擔任大英帝國司法大臣（Lord Chancellor），也是多位科學家的兄弟及叔伯的霍爾丹勛爵（Lord Haldane），甚至通知英國教會的領袖，說這項理論可能會對神學帶來重大的影響。不安的教會總主教立刻買了一大堆關於這個主題的書，試圖了解這理論的意義，結果逼得他近乎恐慌絕望。最後他終於幸運地在霍爾丹勛爵家裡遇到這門理論的開山始祖愛因斯坦。愛因斯坦很高興能對他保證，「相對論純粹是科學上的事，跟宗教毫無關係」，讓驚慌失措的大主教鬆了一口氣。

那麼究竟為什麼從未希冀成名——事實上還努力避免曝光——且渴望清靜獨處的愛因斯坦，會如此深刻烙印在一般大眾的想像裡呢？部分原因無疑是他的外表：蓬亂的頭髮，還有暗示著深邃思緒的，明亮又柔和的眼睛。他的頭腦，則跟牛頓一樣（他的書房裡掛著牛頓的照片），「永遠航行在思考的陌生海洋裡，單獨一人」。除此之外，愛因斯坦還像個謎。古典文學學者默雷（Gilbert Murray）描寫了他在牛津短暫居留期間的某一幕畫面。他有一天發現愛因斯坦坐在他暫居的基督學院的中庭裡，「帶著一種遙遠的眼神」。「那遙遠眼神背後的遙遠思緒必定是快樂的，因為在那一刻，這客居異鄉的學者神情寧靜且帶著微笑。」「愛因斯坦博士，請告訴我，你在想什麼？」默雷說道。「我在想，」愛因斯坦回答，「畢竟這只是一顆很小的星球啊。」

除此之外，愛因斯坦是世界的公民，或至少他自認如此，別人也是如此看待他：他是所有人當中的一員。他認為國家主義是一種「幼稚的疾病，是整個人類種族的痲疹」。他曾經深思地說，如果他的相對論被證實是正確的，「德國就會宣稱我是德國人，法國則會宣稱我是世界的公民。如果我的理論被證明是錯的，法國就會說我是德國人，而德國則會宣稱我是猶太人」。（當然，他絲毫不懷疑這句話的正確性。）但即使是他在德國最狂熱的敵人，也猶豫是否要完全斷絕與他的關係。愛因斯坦說，對他們而言，他就像「一朵氣味難聞的花」，但他們仍然想把他別在胸口（參見第四章）。

此外，還有相對論這個令人著迷的謎：愛丁頓被一個記者問到，世界上是不是真的只有三個人了解相對論時，他反問說，第三個人是誰。此外，對應波普（Alexander Pope）著名的對句：「自然與自然律隱匿在夜裡。／上帝說：『讓牛頓來吧。』於是一切有了光。」文學家史奎爾爵士（Sir John Squire）寫下：「這樣持續了沒多久，因魔鬼高喊：『哈！／讓愛因斯坦來吧！』一切重返現狀。」這真是精簡地一語道盡一般大眾的看法。

因此，愛因斯坦的傳記數量遠超過其他科學家——或許超過史上任何人——就不令人意外了。其中有些聚焦在他的科學研究，有些談論他的私人生活，甚至有一本是專談他（可說是相當豐富）的感情生活。但這片領土仍有一個區域尚未受到傳記作家與檔案挖掘者的探勘，直到現在。本身就了解相對論的傑出物理學家艾辛格動手整理了愛因斯坦在世界各地旅行期間記錄的詳盡日記。不斷受到訪問邀約的愛因斯坦旅行到各個大陸、各個國家，多數時間都由他的妻子艾爾莎陪伴。他對物理學、和平主義、當時的政治災難發表演說，有時候為剛誕生的耶路撒冷希伯來大學募款，有時為和平的目標籌措資金。愛因斯坦在旅途中被無止境的訪問要求干擾，被迫穿上他厭惡的燕尾服，參加他都一樣討厭的晚宴、接待會和頒獎典禮，但也經常遇到有趣的人和老朋友。他以他獨特的直率，記錄下他的經驗與感想。而在公開曝光的活動之間，他持續在飯店裡或船上艙房裡，埋首尋找他貢獻了生命最後三十年，卻仍捉摸不定的統一場論。他不時會伸出手，抓到它的尾巴，但它隨即又從他手中溜走。他最大的安慰是他的小提琴：他不論到哪裡，都會設法找到職業或業餘的音樂家，整晚欣喜地一起演奏莫札特、海頓或布拉姆斯的四重奏與奏鳴曲，而感到心神振奮，再度充滿活力。

或許最讓人注目的，是愛因斯坦永無止境的好奇心，以及他轉個不停的頭腦。他會思索當地的植物、鳥類與魚類，海上的反光，還有穿透濃霧的光線。當搭乘的船遭遇暴風，艾爾莎和其他乘客都躺在床上動彈不得時，愛因斯坦卻站在浴室的磅秤上，觀察他的最高與最低體重比例為三比二，並藉此算出當船墜入兩波海浪中間的凹處時，船隻的加速度。但這本書包括的內容不只這些。愛因斯坦後來與當時政治圈、藝術圈，以及學術圈中許多知名人物來往密切，而記下他對他們的印象和看法，讓我們因此見證許多知名或不知名的特殊人物，看到他們躍然紙上，還有當時充滿科學革命與政治驟變的背景。此外，為了更清晰闡釋本文，艾辛格補充了許多趣味無窮又權威可信、引人入勝的注釋，描述那個動盪不安的重大歷史時代中的男女人物與事件。

（本文作者為倫敦國王學院榮譽教授）

推薦序

萊克斯（Peter Lax）

偉大的科學家很少是公眾人物或文化英雄。他們的成就通常跟日常生活與直覺距離如此遙遠，以致於一般大眾無法欣賞他們，甚至很少會想到他們。愛因斯坦卻是現代的例外；所有人都知道他的名字，認得他的臉；在他一生中，他只要公開露面，就是眾人奉承的對象；名人顯要都渴望認識他。

愛因斯坦毫無疑問地應該享有這樣非比尋常的名氣。他是二十世紀最重要也最有原創性的科學家。一九〇五年，當時還沒沒無名的他以三篇論文徹底改變了我們對空間、時間與能量的看法，震驚物理學界。但是他在一般大眾心中成名的時間晚了許久。當時是一九一九年，一個到巴西的實驗團隊證實了愛因斯坦根據相對論所做的預測，顯示太陽重力場確實會導致光偏折，而引起轟動。

大部分優秀的科學家都會遵循自己的理念，不顧科學圈同儕的意見；愛因斯坦就有很強烈的這項特質。例如當所有卓越的物理學家都熱烈迎接量子力學時，他卻拒絕相信這是最終的理論，因為他無法接受不確定性原理。

在科學生涯的後半段，他則是個離群索居的人；下面這個由數學家西佛（Max Schiffer）告訴我的故事，顯示了他有多孤立。愛因斯坦去找高等研究院院長歐本海默（Robert Oppenheimer），建議研究院可以邀請一些對廣義相對論有興趣的傑出年輕物理學家來訪問一年或兩年。結果歐本海默的回答是：「愛因斯坦教授，沒有傑出的年輕物理學家對廣義相對論有興趣。」

愛因斯坦不在乎許多社會常規，而且不只是在服裝儀容上，因為不論是他或兩人同住在柏林時的親近同事薛丁格（Erwin Schrödinger），就如本書作者所指出，都不是很尊崇一夫一妻制。

你現在拿在手中的這本書是一本有如小說的精采傳記。你將陪著愛因斯坦踏上旅途，聽到他的想法，見到他遇到的人。你會知道他對音樂的熱愛——看到在忙碌的生活中，他還是找出時間演奏室內樂；職業音樂家都想跟他合奏。這份對愛因斯坦日常生活的描述有無可比擬的私密性。而每章的注釋則為愛因斯坦身處的歷史時代提供了有趣又經常出人意料的資訊——例如艾利．魯登道夫將軍（General Erich Ludendorff）在一九三三年時對希特勒的看法（參見第六章注釋3）。

愛因斯坦對於各式各樣非科學的主題都有強烈的意見，也不吝於表達。他強烈反對任何形式的國家主義，認為這是導致非必要衝突的源頭。一九四二年，當時十六歲的敝人有幸經由了不起的匈牙利數學家艾狄胥（Paul Erdős）介紹認識愛因斯坦，他在介紹時說：「愛因斯坦教授，我想跟您介紹一位年輕優秀的匈牙利數學家。」而愛因斯坦回答：「為何要說匈牙利？」

（本文作者為紐約大學庫朗數學學院〔Courant Institute〕榮譽教授）

前言

我經常被問到我怎麼會開始整理愛因斯坦的旅行日記，又是什麼原因激發我用這樣旅行見聞錄的形式，將這些日記重新呈現。我跟大多數物理學家一樣，長久以來都對愛因斯坦非常著迷，但我之所以會著手寫這本書，其實源自我跟他之間很遙遠的私人關聯。

這個故事的一開頭是在幾年前，我接到安德·卡瑞斯先生（Mr. Andor Carius）打來的一通電話。他是一位學者，也是藝術家。我當時並不認識他，但後來我們成為朋友。安德當時是研究孟加拉文化與音樂的學生，因此對愛因斯坦跟知名孟加拉藝術家、哲學家、詩人暨作曲家泰戈爾之間的兩段正式對話很感興趣。這兩段對話是在一九三〇年於柏林進行。當時歐洲學術圈對東方藝術與文化有極大興趣，並經常將泰戈爾與愛因斯坦分別視為東西方文化的卓越代表。他們兩人在對話中比較了東方與西方對藝術、科學、音樂和宗教的概念，不過最後沒有達成太多共識。[1]

安德在他的研究中發現愛因斯坦與泰戈爾的兩次會面是由布魯諾·曼德爾博士（Dr. Bruno Mendel）安排，而且其中一次會面的地點就在柏林郊區萬湖（Wannsee），曼德爾博士與妻子賀莎（Hertha）、他們的三個孩子，以及賀莎寡居的母親，東妮・曼德爾太太（Mrs. Toni Mendel），同住的華麗別莊。[2]曼德爾一家人跟從一九一四年至一九三三年住在柏林的愛因斯坦夫婦是好友，尤其東妮・曼德爾更是愛因斯坦的親近好友，兩人經常來往。她跟愛因斯坦有許多共同興趣，從政治到音樂；他們也常一起搭乘愛因斯坦的豪華帆船「杜樂號」（*Tümmler*）出海漫遊。布魯諾・曼德爾對政治狀況的觀察很敏銳，很早便察覺到希特勒會帶來的威脅，因此納粹掌權不久，他就帶著家人逃離德國。他在法國和荷蘭短暫工作過一段時間後，認定歐洲國家都不安全，於是又帶著家人橫渡大西洋。他們在多倫多定居，布魯諾在此擔任醫療研究人員。

安德追蹤了曼德爾家族接下來的遷徙，雖然布魯諾和賀莎都已不在人世，但他還是找到了他們仍在世的兩名子女，露絲（Ruth）和傑若（Gerald），而得知在二次大戰期間，他們位於多倫多的家還收留了兩個來自奧地利的難民學生。這兩個難民學生因為有曼德爾夫妻對當局作保，才得以從加拿大拘留營中釋放出來。其中一個年輕難民是我的朋友柯恩（Walter Kohn，一九九八年諾貝爾化學獎得主），另一個就是我。

我在一九三九年四月，希特勒併吞奧地利一年後，從維也納逃到英國時，才剛滿十五歲。法國淪陷之後，英國人普遍恐懼德國不久也將入侵英國，因此邱吉爾下令將所有住在海岸附近的「敵對外國人」拘留起來。我當時在布萊頓一家飯店當洗碗工，被按照命令逮捕並拘留，柯恩也是。我和柯恩曾在維也納唸同一所高中，如今在曼島（Isle of Man）上的拘留營重逢。我們接下來被送到位於加拿大的各個拘留營，最長的時間是待在新布朗斯維克（New Brunswick）森林深處的拘留營，在那裡當伐木工。這個拘留營雖小，卻有第一流的工作人員，他們幫助包括柯恩和我在內的十幾個學生準備麥基爾大學（McGill University）的入學考試。我們在被拘留期間就去考了。假以時日之後，加拿大政府終於確認這些被拘留平民根本無害，批准釋放無敵意的學生——但必須有加拿大人的擔保。

我還在新布朗斯維克的拘留營時，接到一位來自多倫多的賀莎．曼德爾太太的信，通知我和柯恩說，她跟她先生想擔任我們的保證人，並邀請我們在被釋放後跟他們家人同住。他們之所以選擇我們，是因為之前的一個被拘留者告訴他們，我們曾在拘留營裡表演直笛二重奏。曼德爾家人熱愛音樂，因此模糊地認定如果我們是業餘音樂家，應該就不會太壞。

經過許多延遲之後，我終於重獲自由，跟曼德爾家的人一起住在他們位於多倫多的可愛的家。這房子的裝潢都來自他們先前在柏林的家，當中隨處可見他們對藝術與音樂的愛好。雖然當時對抗希特勒的戰爭很不順利，使一切都籠罩上一層陰影，但我真的不可能想像有比這裡更溫暖的家或收容國了。我成為曼德爾家的一分子，在這裡度過了快樂的一年半時光，之後加入加拿大軍隊。

曼德爾家的大家長是我們口中稱呼的「東妮奶奶」。她的家在多倫多城郊的奧克維爾（Oakville），裡頭堆滿了她從柏林帶來的書和藝術品。她仍保持著對政治的高度興趣，並持續與當時住在普林斯頓的老朋友愛因斯坦通信。很遺憾的是，東妮奶奶過世後，幾乎所有愛因斯坦寫給她的信都被銷毀了，但在少數僅存的信中可以看到，他在一九四八年的一封信裡哀嘆當時令人沮喪的政治狀況。在另一封寫於一九五四年的信裡，他則謝謝東妮讚許他公開譴責麥卡錫聽證會，並回憶他們在許久前的威瑪共和年代，曾一起進行的政治活動與反戰抗爭。[3]

大戰結束後，我完成學業，最終在美國定居。我試著跟曼德爾家族保持聯繫，但是我們不久就分散各地。布魯諾和賀莎搬回他們摯愛的荷蘭，住在布森（Bussum）附近一條運河旁的一間小屋。我和妻子每次有機會到歐洲，都會去探望他們。我還記得一九六〇年代時，我們有一次跟賀莎坐在她的花園裡，享受田園寧靜，同時哀嘆冷戰時期令人氣餒的政治氣氛。愛因斯坦和曼德爾家族在威瑪共和時代如此熱切期盼的開明未來，仍舊未能實現。

距離我身為曼德爾家一分子的那段時間七十年後，我接到安德來電，要我從記憶中找尋對曼德爾家的回憶。相對地，他則介紹我得知了普林斯頓大學豐富的愛因斯坦文獻資料，而其中的愛因斯坦旅行日記很快吸引了我的注意。它們在我眼前鮮活呈現的，不僅是這位非比尋常的日記作者，還有它們寫成時那動盪不安的年代。它們也帶回了關於東妮奶奶的記憶，例如愛因斯坦在前往紐約的船上謝謝東妮送給他在路上吃的甘草糖。這有誰會料想到呢？

艾辛格
紐約

二〇一一年三月十九日

注釋

1. 愛因斯坦與泰戈爾的對話英文內容，包括一篇評論，參見 Wendy Singer, "'Endless dawns' of imagination," *The Kenyon Review* 23, no. 2 (Spring 2001): 7–33。
2. Andor Carius, *Das Goldene Boot*, ed. M. Kämpfchen (Düsseldorf: Artemis & Winkler, 2005): 648–55.
3. 信件由傑若．曼德爾所有。

謝辭

我很感激普林斯頓大學圖書館的「愛因斯坦檔案庫」（Albert Einstein Archive）讓我得以看到愛因斯坦旅行日記的影本、抄本，以及其他愛因斯坦的相關資料。[1]我同樣感謝耶路撒冷希伯來大學的「愛因斯坦檔案館」（Einstein Archive）准許我在本書中簡短引用這些旅行日記中的字句。

我要謝謝牛津大學博德利圖書館（Bodleian Library）的工作人員讓我看到本書第六章與第八章所使用的德內克家族的資料；更感謝葛琳（Jenifer Glynn）准許我引用她母親的信；還有肯特（Paul Kent）跟我分享他所知的愛因斯坦在牛津時的生活。此外，我由衷感謝戴森（Freeman Dyson）告訴我關於愛因斯坦遊覽溫徹斯特公學（Winchester College）的事。

我要在此誠摯感謝愛莉絲．卡拉普斯（Alice Calaprice）一直擔任我的嚮導，在書籍出版與愛因斯坦生平研究的大海裡給我指引。謝謝安德．卡瑞斯的專精知識，尤其是關於愛因斯坦與泰戈爾的對話。

我的編輯蕾根（Linda Regan），以及 Prometheus Books 出版社的其他同仁給予的慷慨協助和建議都讓我銘記在心。謝謝德若伊（Will DeRooy）在編輯手稿時的仔細與睿智。

我要萬分感謝葛拉茲閱讀整份書稿後給予許多批評指教，並與我分享他對科學和科學家歷史的無盡知識寶藏。

最後，我要感謝我的妻子史黛拉・艾文（Styra Avins）忍受我很長一段時間把心力都專注在愛因斯坦上，並給我有關音樂的忠告。我還要謝謝我的女兒艾莉森（Alison）和我的兒子賽門（Simon）給予我溫暖的支持與巧妙的編輯建議。

注釋

1. 旅行日記和各章內容的愛因斯坦檔案庫編碼如下：5-253.00: Chapters 2 and 3. 5-255.00: Chapter 4. 5-256.00: Chapter 5. 5-257.00: Chapter 6. 5-258.00: Chapter 7. 5-259.00, 260.00, and 29-144.00: Chapter 8。

序言

我希望這本小書能為讀者描繪出愛因斯坦在一九二二年至一九三三年間，尤其是在那些遍及世界各地的旅行中，所親身感受的世界。就愛因斯坦的年代而言，他可算是遊歷廣闊的旅行家，而每次他「上路」時，都習慣寫旅行日記，德文所稱的「Reisetagebuch」。愛因斯坦在這些日記中——他一生中唯一內容紮實的日記——按日記下每天的活動，以及他對當時的人與事的觀察，但他也記下了他對各種主題的思索，包括物理、政治、藝術和音樂。這些他以整齊字跡寫下、幾乎每天不間斷的日記，讓我們得以鮮活地想像出他如何度過每一天，以及他如何看待周圍的世界。

寫作這些日記時，愛因斯坦是四十多歲。雖然他畢生最重大的成就已經是過去式，他仍積極參與當時的科學研究，並繼續追尋他最終仍未找到的統一場論（unified field theory）。他從一九一四年後就定居柏林，在當地的政治圈與社交圈也很活躍。愛因斯坦在一九〇五年，他的重大年代，如一顆流星大大衝擊物理學界後，開始受到科學家同儕的景仰，但是他直到一九一九年才成為知名程度前所未見的世界名人。他之所以突然成名，其實並非因為他累積了諸多對物理學的貢獻，而要歸功於一篇廣為人知的發現，因為這項發現肯定了相對論的一個關鍵預測：由愛丁頓在一九一九年巴西日蝕時測量到的，太陽重力場造成的光偏折。

愛因斯坦本性重視隱私，如果可以由他選擇，他會偏好波希米亞式的生活，穿著上幾乎用不到襪子和燕尾服，並留著他自己設計的髮型。但可惜的是，他心裡背負著沉重的社會良知，因此當名聲被冠到他頭上時，他沒有退卻隱居起來，而是決定用他的知名度來促進他偏好的人道志業。於是絕大多數時候，他都願意付出代價，在宴會中握上數百人的手，被記者和攝影師追逐，聽著對他而言毫無意義的數不清的讚美之詞。

愛因斯坦旅行的這段時間，正逢德國勇敢的民主試驗，也就是威瑪共和，正逐漸傾頹，而希特勒同時趁勢崛起的年代。但是此時同樣值得注意的是它孕育出的活躍的藝術、建築、文學、電影、音樂，以及後來影響深遠的物理學上和天文學上的發現。

在愛因斯坦長達十年的旅行生涯剛開始時，歐洲還沒完全從一次大戰的創傷中恢復。德國的舊政治秩序隨著獨裁皇室被一起推翻，取而代之的共和國體制卻只得到大眾心不甘情不願的支持，並不斷受到極右與極左派挖牆腳暗中破壞。而在國際上，先前戰爭的兩方都持續對德國懷抱深刻的怨恨：例如德國的運動員被一九二二年的奧運排拒門外，被拘留在法國的德國戰俘則直到這一年才被遣返。愛因斯坦的旅程結束時，威瑪共和已經岌岌可危，希特勒在一旁虎視眈眈。

在一九二〇年代的這些政治動盪中，愛因斯坦極高的知名度，加上他的猶太血統、他對和平主義與人道志業的投入，都讓他在德國成為備受爭議的人物。愛因斯坦踏上他最長的一次旅程，到遠東與近東的五個月旅途時，他的政治立場和物理理論正在德國備受惡毒的抨擊，他本人也受到暗殺威脅。一九二一年，他受邀到日本演講，這不僅讓他有機會造訪充滿異國風味的新地方，也讓他可以逃離柏林的騷動，並賺到可觀的強勢貨幣收入。搭船到日本的來回航程讓愛因斯坦從此愛上這種交通方式，因為遠洋航行讓他得以享受他珍愛的寧靜，遠離記者和攝影師。

愛因斯坦的日記本來只是寫給他自己的，因此他對人與事的評論非常直率，就不足意外，而其中有些評論在種族議題上不是很謹慎，甚至令人不快，不過我們必須將時代脈絡納入考量。愛因斯坦在日記中揭露的許多令人吃驚的層面之一，是他對音樂和演奏音樂的熱愛——他出門時幾乎從來不會忘記帶他的小提琴。不論在海上或陸地上，找到人跟他一起演奏室內樂，總是他最優先想做的事。

雖然這本關於愛因斯坦旅途的紀錄極度仰賴他的旅行日記，但我也用蒐羅自其他許多來源的資料加以解釋補充，包括當時的報紙報導。要在此特別聲明的是，每當書中用到例如「他認為」、「他很驚訝」、「他認定」、「他心想」或「他思索」等字句時，這些片段都是根據他在日記中明白寫出的評論。同樣地，當書中提到夜空迷濛或海面波濤洶湧時，這類資訊也是來自愛因斯坦。直接（經翻譯）引述自日記中的字句一定會用引號標示出來（例如：「在萊登的日子真是美好」）。作者偶爾插入的評論一定會與愛因斯坦的評論明顯區隔，清楚標示出來。

回溯愛因斯坦的旅途時，很重要的一點當然是要謹記當時的歷史背景與愛因斯坦的個人歷史，因此第一章「時代背景」將為接下來的章節揭開序幕，概要說明在愛因斯坦的十年旅行生涯開始前的重大歷史事件，以及愛因斯坦的生平與成就。其他關於傳記、科學和歷史的資訊，請參閱各章的注釋和書末「精選傳記」中列出的資料來源。

時間軸

一八七九　三月十四日，亞伯特・愛因斯坦出生於烏爾姆（Ulm）。

一八九六　愛因斯坦在阿勞（Aarau）通過高中畢業考試，進入蘇黎世聯邦理工學院（ETH）就讀。

一九〇〇　愛因斯坦從蘇黎世聯邦理工學院畢業，但是無法獲得助理工作。

一九〇三　愛因斯坦在伯恩的專利局任職，與米列娃・梅麗奇（Mileva Marič）結婚。

一九〇五　愛因斯坦的重大之年。發表狹義相對論。

一九〇九　任教授職，於蘇黎世大學；布拉格大學（一九一一）；蘇黎世聯邦理工學院（一九一二）。

一九一四　愛因斯坦遷居柏林，與米列娃分居。一次大戰爆發。

一九一五　發表廣義相對論。

一九一八　一次大戰結束。威廉二世退位。威瑪共和誕生。

一九一九　愛因斯坦與米列娃離婚；與艾爾莎・洛玟韶（Elsa Löwenthal）結婚。成為世界名人。

一九二一 第一次美國之旅，與魏茲曼（Chaim Weizmann）同行。愛因斯坦與艾爾莎搭乘「鹿特丹號」（TSS *Rotterdam*），在四月二日抵達紐約。五月三十日，搭乘「塞爾特號」（SS *Celtic*）離開紐約。

一九二二 十月七日，愛因斯坦與艾爾莎搭乘「北野丸」（SS *Kitano Maru*）從馬賽啟程。他們沿途造訪了可倫坡、斯里蘭卡、新加坡、香港、上海，並在日本各地旅遊。十二月二十九日，他們搭乘「榛名丸」（SS *Haruna Maru*）離開日本；十二月三十一日，抵達上海。

一九二三 一月二日，愛因斯坦與艾爾莎搭乘「榛名丸」離開上海。中途在香港、新加坡、麻六甲、檳城和可倫坡停留。二月一日，於埃及塞德港（Port Said）下船。二月二日至十四日，造訪巴勒斯坦（耶路撒冷、台拉維夫、海法）。二月十六日，在塞德港搭乘「奧蘭治號」（SS *Oranje*）離開。二月二十一日，抵達法國土倫（Toulon）。遊覽巴塞隆納、馬德里和薩拉戈薩（Zaragossa），然後於三月十四日啟程返家。

一九二五 三月六日，愛因斯坦搭乘「波羅尼奧號」（SS *Cap Polonio*）離開漢堡。中途停靠布倫（Boulogne）和畢爾包（Bilbao）。三月二十一日，抵達里約熱內盧。接下來兩個月內造訪了布宜諾斯艾利斯、科多瓦（Córdoba）、烏拉圭首都孟都

（Montevideo）和里約熱內盧。五月十二日，搭乘「北方號」（SS *Cap Norte*）從里約啟程返家。

一九三〇 十二月二日，愛因斯坦、艾爾莎、祕書杜卡絲（Helen Dukas）和邁耶（Walther Mayer）搭乘「比利時號」（SS *Belgenland*）從安特衛普出發。十二月十一日至十五日，停留紐約，接著經由哈瓦那、巴拿馬運河和聖地牙哥到達帕沙第納。十二月三十一日至一九三一年二月二十八日，停留帕沙第納，其間一度到棕櫚泉遊憩。

一九三一 三月四日，愛因斯坦與艾爾莎坐火車抵達紐約，在同一天搭乘「德意志號」（SS *Deutschland*）返家。三月十五日，抵達漢堡。

四月三十日，愛因斯坦搭乘「亞伯特．巴林號」（SS *Albert Ballin*）從漢堡出發。

五月一日，抵達南安普敦；在牛津任訪問學者四週。五月二十八日，在南安普敦搭乘「漢堡號」（SS *Hamburg*）返家。

十二月二日，愛因斯坦與艾爾莎搭乘「波特蘭號」（MS *Portland*）從安特衛普啟程。中途在巴拿馬、宏都拉斯、薩爾瓦多和洛杉磯停留，最後在十二月三十一日抵達帕沙第納，並在這裡待到一九三二年三月，其間又去了一次棕櫚泉。

一九三二 三月四日，愛因斯坦與艾爾莎搭乘「舊金山號」（MS *San Francisco*）從洛杉磯啟程。三月二十九日，抵達漢堡。

約四月二十日，抵達劍橋。四月二十九日至約六月一日，於牛津任訪問學者。

十二月十日，愛因斯坦與艾爾莎搭乘「奧克蘭號」（MS *Oakland*）從布萊梅啟程。十二月十一日，抵達安特衛普。十二月十四日，離開安特衛普。

一九三三 一月九日，愛因斯坦與艾爾莎抵達洛杉磯。在帕沙第納停留至三月十一日，其間又去了一次沙漠。搭火車到芝加哥和紐約。三月十八日，搭乘「比利時號」離開紐約。三月二十八日，抵達安特衛普。

約四月一日至九月八日，愛因斯坦與艾爾莎停留比利時的勒考克鎮（Le Coq sur Mer）。九月八日，愛因斯坦前往諾福克（Norfolk）的克羅默（Cromer）。十月七日，搭乘「西方大地號」（SS *Westernland*）從南安普敦啟程。十月十七日，抵達紐約。接著前往普林斯頓。

一九三五 五月二十五日，愛因斯坦、艾爾莎、繼女瑪歌（Margot）、瑪歌的先生，以及杜卡絲，搭乘「百慕達皇后號」（SS *Queen of Bermuda*）從紐約啟程。五月二十七日，抵達百慕達的漢米爾頓（Hamilton）。六月一日，搭乘「百慕達皇后號」離開漢米爾頓。六月三日，回到紐約。

一九三六 艾爾莎．愛因斯坦逝世。

一九四〇 愛因斯坦成為美國公民。

一九五五 四月十六日，亞伯特．愛因斯坦逝世。

愛因斯坦
在路上

1 時代背景

一九一二年，愛因斯坦在布拉格的德國大學（German University）擔任理論物理教授時，首次造訪了柏林。在這個階段，他已經因為在量子物理方面的研究和他的狹義相對論，在物理學家當中獲得廣泛的肯定，但絕對不像一九二〇年代後那樣世界知名。他在柏林待了一星期，柏林此時是歐洲首屈一指的物理研究中心，他因此有機會見到將量子引入物理界而讓他極為景仰的普朗克（Max Planck），以及其他當時在柏林工作的知名科學家。[1]但是愛因斯坦也利用造訪的機會，跟自小相識的表妹艾爾莎．洛玟韶（Elsa Löwenthal）開心地重聚。她這時剛離婚，和兩個十幾歲的女兒住在柏林。

兩年後，愛因斯坦得到一個慷慨的提議，得以到柏林擔任一個學術職位。這確實是他難以拒絕——也沒有拒絕——的提議。他因而在一九一四年與妻子米列娃（Mileva）及他們兩個幼小的兒子，一起來到這普魯士王國的首都，定居下來。這樁婚姻不久在反目成仇中結束。幾個月之後，一次大戰爆發。愛因斯坦的離婚手續一直到一九一九年才正式完成。手續一完成，他就娶了艾爾莎。這對夫妻在柏林建立他們的愛巢，一直以柏林為家，直到納粹在一九三三年一月掌握政權為止。因此，愛因斯坦是以柏林人的身分經歷了一次大戰的黯淡歲月、戰後的慘烈餘波，以及振奮人心卻又騷動不安的短暫威瑪共和年代，直到它崩潰瓦解。

本章將簡述愛因斯坦在遊歷世界的十年之前，所發生的歷史事件，並回顧愛因斯坦早期的生活與成就，以提供相關背景。

背景：帝國時代的柏林與戰爭熱潮

愛因斯坦在一九一二年前往柏林訪問時，德意志帝國才剛滿四十歲。它是由數個日耳曼公國組合而成，其中大部分公國是在帝國最強大的成員普魯士公國的強勢領導下被統合起來。統一的德意志帝國於一八七一年創立，那是奠基於普魯士對丹麥、奧匈帝國和法國的三場戰爭，以及普魯士首相俾斯麥伯爵（Count Otto von Bismarck）孜孜不倦的外交努力。這個新創立的德意志帝國名義上是由議會統治的君主立憲國家，選舉選出的國會僅能貢獻有限的建言。不過實際上絕大多數的權力仍在皇帝身上，因為他有憲法賦予的權力，可解散統治議會和國會。俾斯麥從帝國誕生開始一直是帝國的精神領袖，直到一八九〇年失去新登基的皇帝威廉二世的寵信為止。新皇帝從各方面來看都是個好大喜功，缺乏安全感，不想處於首相陰影下的年輕人。兩人因為一項關於社會政策的爭執而決裂，但決裂後最深遠的影響是在外交政策上，因為威廉皇帝瓦解了俾斯麥與其他歐洲強權協商交錯制衡的結盟，以確保德國安全的策略。

威廉二世取而代之地實行積極進攻的政策：他拒絕延續俾斯麥先前與俄羅斯簽訂的條約，並強烈要求德國要跟其他擁有令人垂涎的殖民地的歐洲帝國一樣，「在太陽下占有一席之地」。最主要的，威廉很嫉妒外祖母維多利亞女王所統治的大英帝國享有的全球勢力。他尤其嫉妒舅舅，也就是威爾斯王子亞伯特（Albert）。威廉在吸引全歐洲顯赫貴族每年前往威特島（Isle of Wight）的奢華聚會「考斯帆船賽」（Cowes regatta）中，以喧鬧行徑和缺乏運動精神惹惱了他的「亞伯特舅舅」（Uncle Bertie）。威廉與亞伯特在一八九〇年代的競爭，於競賽中爆發出來。威廉之後甚至在基爾（Kiel）創辦自己的大型帆船賽，企圖勝過考斯帆船賽，但並未成功。維多利亞女王試圖修補這兩個王室家族之間的關係。她甚至願意給這個麻煩的外孫威廉「皇家艦隊榮譽上將」的頭銜，卻仍協調無效。在威廉插手南非波爾戰爭（Boer War），致電恭賀短命的波爾共和國總統克魯格（Paul Kruger），暗示德意志帝國支持其對抗大英帝國時，兩個王朝之間的嫌隙更加惡化。[2]

威廉認為對德意志帝國而言，英國是比俄羅斯和法國更大的威脅，於是下令急速擴張他的皇家海軍，以挑戰亞伯特王子引以為傲且視為珍寶的皇家海軍的優越地位。提爾皮茨上將（Admiral Alfred von Tirpitz）奉命建立一個強大的新艦隊——這是在遙遠地區擁有許多殖民地的英國不能忽視的挑釁舉動。英國的回應是委託建造速度更快、配備更好的武裝、擁有更佳防禦的戰艦，例如「無畏號」（HMS *Dreadnought*），德國立刻起而效尤。隨著兩國海軍的軍備競爭不斷升高，當時的觀察家都認為雙方是要爭奪統治世界的霸主地位。

在陸地上，威廉指派施利芬（Alfred von Schlieffen）為陸軍總司令，接任普法戰爭中的著名英雄毛奇（Helmuth von Moltke）。施利芬打算一舉擊潰法國的戰略包括德國軍隊要先向西推進，穿過比利時，然後再向南推進，朝巴黎進攻，同時在西方部署一支阻擋的軍隊，來嚇阻俄羅斯。[3]這項計畫中，在西邊快速獲得勝利非常重要，因為德國不可能打贏時間拖得太長的戰爭。以施利芬的計畫為基礎，德意志、奧匈帝國與義大利建立了三國同盟，對抗協約國三強：英國、法國和俄羅斯。歷史學家對於德國為何義無反顧地投入戰爭有很多解釋，但是威廉的個性缺陷和他對軍國主義的擁護，確實扮演了重要的角色。愛因斯坦對於威廉時期的德國歷史當然很熟悉，而這位皇帝的政策讓生性愛好和平的他甚為反感。

最後我還必須一提威廉時期德國的內政政策。十九世紀後半葉的工業化與都市化導致德國人口大幅移動，也讓工人階級和社會民主黨（Social Democratic Party, SPD）的影響力與日俱增。俾斯麥曾經試圖限制社會主義政黨的政治勢力，甚至一度立法禁止該類政黨，但是一九一二年的大選之後，社會民主黨成為國會中的最大黨。由於在這次大選之後，德國一直到戰後才進行下一次大選，因此社會民主黨在威瑪共和的建立中，有相當大的發言權。

柏林之前（一八七九～一九一四）

愛因斯坦在柏林定居後不久，許多人認為無可避免的戰爭變成赤裸裸的現實。他非常驚駭德國民眾居然歡欣鼓舞地迎接戰爭到來，更驚訝這種對戰爭的狂喜甚至感染許多學術界的同僚。維也納、倫敦和巴黎以同樣的熱烈情緒歡迎戰爭爆發。愛因斯坦終其一生厭惡軍國主義和一窩蜂的行徑，因此他的驚愕不難理解。許多年後，他寫道，任何喜歡排成固定隊形集體行進的人都令他厭惡，因為這種人顯然不該有大腦。「動不動就興起的英雄主義、毫無道理的殘酷、令人厭倦的愛國主義，我都由衷地鄙視，而戰爭在我眼中更是如此低劣可鄙。我寧可自己被千刀萬剮，也不願參與這樣邪惡的行為！」[4]直到希特勒的崛起已成定局，愛因斯坦才修改了他堅持和平的原則。

就是因為厭惡這種普魯士風格的軍國主義，促使十五歲的愛因斯坦在一八九四年離開出生的德國，並在兩年後放棄他的符騰堡州與德國公民身分。愛因斯坦從此處於無國籍狀態，直到四年後獲得他非常珍惜的瑞士公民身分。

那麼，為什麼二十年後，愛因斯坦會接受普魯士政府的雇用，並住在它的首府？要了解這項矛盾，必須回顧愛因斯坦定居柏林前的人生與工作。[5]

「動不動就興起的英雄主義、毫無道理的殘酷、令人厭倦的愛國主義，我都由衷地鄙視，而戰爭在我眼中更是如此低劣可鄙。我寧可自己被千刀萬剮，也不願參與這樣邪惡的行為！」

＊＊＊

愛因斯坦的父母雙方都來自斯瓦比亞地區的猶太人家族（Swabian Jewry）。這些猶太人多年來居住於今日位於符騰堡州南部的斯瓦比亞地區，分散於許多小鎮。他父親那邊的家族數代以來都住在布豪（Buchau）這個小村莊，當時猶太人在居住上和職業選擇上都受到嚴格限制。拿破崙時代之後，德國猶太人逐漸獲得解放，許多限制漸次消失，因此到了十九世紀後半，有創業精神的猶太人開始能進入新的行業，並從出生的小鎮移居到大都市。布豪村的好幾個愛因斯坦家族遷居到鄰近的古老城市烏爾姆（Ulm）；愛因斯坦的父親赫曼（Hermann）是其中之一。赫曼在一八七六年迎娶了寶琳．柯克（Pauline Koch），她有相似的猶太—斯瓦比亞背景，不過她出身經營穀類生意很成功、比較見過世面的富有家族。

一八七九年三月十四日，赫曼與寶琳的兒子亞伯特出生在這個情感緊密，但地理位置上很分散的家族，這解釋了為什麼多年以後，愛因斯坦能在旅行途中去拜訪居住在數個不同遙遠地方的親戚。在別人的描述中，亞伯特是個親切可愛的孩子，很晚才開始講話，不過一旦開始講話，總會先默默組成完整的句子，才開口說出。小時候的亞伯特偶爾會大發脾氣；他不喜歡跟其他孩子一起玩，反而偏好獨處。據說他處在其他孩子當中時，會散發出一種孤立的氛圍——這是他一輩子都保持的氣質。

亞伯特出生後不久，赫曼開始跟他弟弟雅各（Jakob）一起經營一項生意，並為此全家搬到慕尼黑。不久後，亞伯特的妹妹瑪雅（Maja）誕生，讓這個家庭人口更為興旺。但即使這家人離開了烏爾姆，卻從未失去他們輕柔的斯瓦比亞方言，或斯瓦比亞地區在名字後頭加上表示「小」的字尾的習慣：對愛因斯坦的家人來說，他永遠都是他們的「小亞伯特」（Albertle）。愛因斯坦六歲時進入天主教的公立學校讀書，是班上唯一的猶太人學生，飽受同學的反猶太言語辱罵奚落。他在這間學校及後來的慕尼黑路易博德文理中學（Luitpold Gymnasium）都表現得很好，雖然不算特別傑出。他的數學成績卓越，但是學校的嚴格紀律讓他很煩躁，他也厭惡只為了通過考試而必須研讀某個科目。在路易博德文理中學，老師非常注重拉丁文和希臘文，甚少教授數學和科學，愛因斯坦因此自己研讀這些科目。

愛因斯坦的母親寶琳會彈鋼琴，也是她讓年幼的亞伯特認識音樂。他在六歲時上了第一堂小提琴課，不過對於老師「機械化」的教法很反彈。十三歲接觸到莫札特的小提琴奏鳴曲，他對音樂的熱情才被撩起，很快成為大多靠自學卻技藝高超的業餘小提琴手。到了愛因斯坦二十多歲，住在柏林和蘇黎世時，他是許多人爭相邀請的室內樂樂手。他終其一生都很熱愛音樂。

愛因斯坦的父母如同大部分相當融入德國的猶太人，樂意肯定自己的猶太文化傳承，但並不關注遵循宗教戒律。因此，亞伯特在路易博德文理中學才第一次接受到宗教教育，並歷經一段宗教狂熱的時期。在這段期間，他拒絕在家吃豬肉，寫聖歌讚頌神的榮光。但是就在他即將接受成年禮之前不久，他首次接觸科學，而棄絕了任何正式的宗教，這段宗教狂熱戛然而止。許多年後，愛因斯坦回憶說，他當時所閱讀的科普書籍讓他相信聖經裡的故事不可能是真的，這在他心裡留下不可抹滅的印象。他變成狂熱的自由思考者，「對所有當時社會環境中普及的各種信仰都抱著懷疑的態度」——他後來一生都保持這樣的態度。[6]

這些影響愛因斯坦如此深遠的科學書籍是由慕尼黑的一位醫學院學生塔穆德（Max Talmud）帶給他的。塔穆德每週四晚上都受邀到愛因斯坦家裡吃飯，這可能是為了大致遵循一項猶太傳統，也就是邀請一個窮苦的聖經學者共進每週的安息日晚餐。塔穆德帶給亞伯特一本歐幾里得的幾何學書籍，對這孩子影響至深：「這些主張……可以被如此確定地驗證，讓人無法有任何懷疑。這種清晰與確定在我心裡留下難以言喻的深刻印象。」[7]

赫曼的生意夥伴雅各是一位有學士學位的工程師，也是五個兄弟當中唯一受過高等教育的。他負責他們工程公司的技術層面，而赫曼負責經營。這間公司製造發電機、弧光燈和其他電力設備，大大受惠於十九世紀末剛萌芽的電力工業。公司剛開始生意興隆，不過當兩兄弟競標慕尼黑的照明系統，卻輸給一個規模大了許多的電力工程集團時，公司被迫關門。兩兄弟在一八九四年於義大利重起爐灶，開始另一家工程公司，於是兩家人搬到米蘭。亞伯特被單獨留在慕尼黑，跟一個遠親住，以便完成他的中學學業，獲得高中畢業證書——這是任何體面的德國中產階級家庭成員都要有的必需品。

「這些主張……可以被如此確定地驗證，讓人無法有任何懷疑。這種清晰與確定在我心裡留下難以言喻的深刻印象。」（對歐幾里得幾何書籍的看法）

愛因斯坦很想念他的家人，學校的嚴格教育方式也讓他反感，但他還是在中學裡撐了半年。後來他決心逃脫，設法從一個醫生——塔穆德的哥哥——那裡弄到一封信，說他處於精神崩潰中，要求學校讓他休假半年，在父母的照料下療養。學校勉強同意，於是愛因斯坦在一八九四年十二月毫無預警地出現在父母位於米蘭的家門口。他為了安撫父母的嚴重憂慮，承諾他會整個夏天自己讀書，然後申請進入聲望卓著的蘇黎世聯邦理工學院（ETH，今瑞士聯邦理工學院）。

愛因斯坦很開心地在義大利度過夏天，但是他沒有通過蘇黎世聯邦理工學院的入學考試。不過主考官發現他們面對的是一個神童，因此勸愛因斯坦去阿勞（Aarau）的州立中學就讀一年，補強他最弱的兩項科目，法文和化學，然後再來申請。愛因斯坦遵從了這項絕佳的建議，而他在阿勞的就讀經驗與他在路易博德文理中學的經驗截然不同。他很幸運地寄宿在郡立中學的一位教師溫特勒（Jost Winteler）家中，與他發展出一段親近又長遠的友誼，跟溫特勒的其他家人也是。他們讓愛因斯坦真的覺得有如家中的一分子，而溫特勒的自由主義政治觀點或許發揮了一定的影響力，促使愛因斯坦放棄他的德國國籍。數年後，愛因斯坦的妹妹瑪雅嫁給溫特勒的一個兒子，讓愛因斯坦真的成為這個家庭的成員；後來溫特勒的一個女兒嫁給愛因斯坦最親近也最長久的朋友之一貝索（Michele Besso）。

愛因斯坦在一八九六年通過了高中畢業考試，並得以進入理工學院就讀。身為學生的他靠著母親的親戚，柯克家族所提供的每月一百法郎微薄補助自立謀生，也當家教補貼收入。

一八九〇年代是科學界令人興奮的年代，X光、量子、電子被陸續發現，物理學開始從古典階段破繭而出。愛因斯坦研讀新物理學佼佼者的成果——亥姆霍茲（Hermann von Helmholtz）、基爾霍夫（Gustav Kirchhoff）、波茲曼（Ludwig Boltzmann）、馬克士威（James Clerk Maxwell）和赫茲（Heinrich Hertz）——但覺得他在理工學院的教授們的講課很沒有啟發性，因此經常蹺課。他也堅信光用基礎數學就足以擬出物理定律，所以沒有去聽閔可夫斯基（Hermann Minkowski）的數學課。諷刺的是，幾年後，就是閔可夫斯基擬出了直到今天物理學家都很熟悉的，用四維時空連續體表達的相對論的優雅公式。最吸引愛因斯坦的是韋伯教授（Professor Heinrich Friedrich Weber）的物理實驗室，但是愛因斯坦獨立的思考與對世俗常規的鄙視，都讓他不受韋伯或學院其他教授喜愛。多虧了他認真的同學葛羅斯曼（Marcel Grossmann）所做的一絲不苟的嚴謹上課筆記，他還是在考試中獲得高分。兩人後來一生都維持著友誼。

愛因斯坦與蘇黎世大學的學生米列娃·梅麗奇（Mileva Marič）發展出的友誼，更對他的命運有決定性的影響。她入學當時，蘇黎世大學是唯一一所收女學生的德文大學。她來自當時屬於奧匈帝國的伏伊伏丁那地區（Vojvodina）一個東正教家庭，母語是塞爾維亞語。令愛因斯坦的朋友驚訝，也令他父母驚愕的是，愛因斯坦後來對米列娃深深著迷，最終在家人的強力反對下娶了她。

愛因斯坦於一九〇〇年從理工學院畢業時，已經決心要在物理學界發展。他的優越成績讓他希望並預期，他的教授之一會提供給他助理的職位，這是進入學術界的一般管道。當沒有人主動提供他職位時，他於是對好幾所德國與荷蘭的大學申請助理職位，同樣沒有結果。他企圖找一份高中教職，仍徒勞無功，而他把這一切失敗怪罪於他在學生時代得罪的韋伯教授。結果愛因斯坦不僅沒有收入，又得與米列娃分離，因為她去了諾維薩德（Novi Sad），跟她的家人在一起，並在此生下他的女兒。這個小女兒被靜悄悄地送人領養。

在愛因斯坦落難的這個時刻，他的朋友葛羅斯曼再度出手相救。他介紹愛因斯坦認識在伯恩的瑞士專利局官員，對方對他印象很好，提供了專利審查員的職位給他。有了穩定收入之後，愛因斯坦要求米列娃來伯恩，兩人在一九〇三年一月六日結婚。這對夫妻一起建立了一個小康家庭。一年後，他們的第一個兒子漢斯・亞伯特（Hans Albert）出生。

愛因斯坦很滿意他在專利局的工作。工作內容很多樣化，有挑戰性，而且還讓他有充足的閒暇時間可以做他的科學研究。這份工作也讓愛因斯坦對發明與專利產生終其一生的興趣。許多年後，在他早已成為備受肯定的知名物理學家後，他仍致力於發明東西，擁有自己的專利，並因此有權利金收入。

在專利局的這些年讓愛因斯坦得以對當時的物理學現狀有全面性的知識。他固定閱讀當時最重要的物理學期刊《物理學年報》（*Annalen der Physik*），非常熟悉普朗克的量子假設，還有雷納（Philipp Lenard）所做的光電效應的實驗、馬克士威的電磁場論、波茲曼的統計力學，以及當時有關「以太」的各種理論——以太被認為充滿各個空間，並且是光的傳導所不可或缺。一九〇一年，《物理學年報》刊出了愛因斯坦的第一篇文章。在文章中，他由測量到的液體表面張力推論出分子的性質與力量——但是當時許多科學家都還沒有接受原子和分子是真實存在，更不用說量子。愛因斯坦早期的論文題目很廣泛，從統計熱力學到分子物理學都有，這些論文讓《物理學年報》的編輯印象深刻，因此請他擔任稿件審查人，讓他能接觸到更多最新的物理學文獻。

愛因斯坦的「重大之年」（一九〇五年）接著到來，他在這年發表了成為二十世紀物理學基礎的四篇論文：(1)狹義相對論，包括質能方程式（$E = mc^2$）；(2)液體的分子理論，這讓他可以從擴散與黏滯性的資料推導出分子的大小；(3)熱的統計理論，可以解釋懸浮在液體中的微小粒子的不規則（布朗）運動；以及最後一篇，(4)光的微粒理論，可以詳細解釋光電效應。總加起來，這幾篇論文堅實地證明了分子和光量子（光子）的存在，一舉將以太理論永遠放逐。

他在第一篇論文中所提出的能量與質量的等式是核子物理的先兆，並闡明了太陽與恆星的能量來源。愛因斯坦將第二篇論文遞交給蘇黎世大學，作為他的博士論文，而在論文被接受後，他終於跨越五年前自己無法跨越的學術生涯門檻。他在最後一篇論文中，認為光是由量子構成（類似粒子，後稱為光子）的主張，在物理學界很慢才被接受，因為它似乎與馬克士威的電磁場方程式，以及許多顯示光的本質的現象（繞射、干涉），有所矛盾。連傑出的物理學家，包括邁克生（Albert Michelson）和普朗克等人，都有很長一段時間對光子理論抱持著懷疑的態度。然而，數年之後，許多實驗證實了這個量子假設，愛因斯坦因而獲頒諾貝爾獎。

在這段時間，愛因斯坦仍持續盡忠職守地做他身為三級專利審查員的日常工作，完全沒有暫停喘息一下。接下來幾年裡，他又發表了重要性不相上下的好幾篇論文，處理輻射的性質、分子動力學、統計熱力學，以及狹義相對論。他也發展出固態量子論，以量子觀點解釋固態中構成原子的振動能量。剛開始時，這大膽的一步讓支持者都心存懷疑，包括此時也支持他的普朗克在內。但是能斯特（Walther Nernst）的低溫實驗驗證了愛因斯坦對固體比熱的預測，使能斯特成為愛因斯坦最早的擁護者之一。

到了這時候，大部分物理學家都認為愛因斯坦傑出非凡的科學研究成果，與他的專利局科員工作實在很不相稱。一九〇九年，克服了許多學術、政治和官僚體系的障礙後，蘇黎世大學終於提供愛因斯坦專為他設立的特殊教授職位。他和米列娃於是拋棄了他們在伯恩的半波希米亞生活，搬到蘇黎世。他們在這裡的花費大幅提高，收入卻沒有提高多少。當這對夫妻的第二個兒子愛德華（Eduard，小名「特特」〔Tetel〕）在隔年出生時，他們不得不收房客來平衡開銷。但他們很開心能回到他們在學生時代墜入愛河的城市。愛因斯坦並非以地位低下的「助理教授」身分，經過一般的實習期間而進入學術圈，因此對這份工作附帶的沉重教學負擔毫無心理準備：他一週要上七堂課，備課的負擔讓他比在專利局時更沒有時間做研究。

愛因斯坦此時已經被普遍認定是達到顛峰的傑出物理學家。一九〇九年，他獲邀在薩爾斯堡的一場科學會議發表重要演說，這是他第一次有機會見到當代物理學界的大師，包括索末菲（Arnold Sommerfeld）、普朗克，以及玻恩（Max Born）。讓與會的科學家們意外的是，愛因斯坦的演講主題並不是相對論，而是量子物理學當時令人不滿意的狀態。他認為這是物理學界要面對的最重大挑戰。聽眾中幾乎沒有人同意他的評估或他認為需要新的力學處理量子問題的預測——但是這項預測在十六年後量子力學發現時獲得肯定。[8]一九一一年著名的第一次索爾維會議（Solvay Conference）聚集了全世界最優秀的理論物理學家，愛因斯坦在會議中再度提出他們急需新的力學，不過再度得不到同儕的支持。

此時，重要大學對愛因斯坦提供全職教授職位，已經只是遲早的問題。一九一一年，歐洲最古老的大學之一，布拉格的德國大學（另外還有一所布拉格的捷克大學）的理論物理學教授職位出缺，弗朗茨·約瑟夫皇帝（Emperor Franz Joseph）批准了他就任。愛因斯坦的薪水大幅提高，但是他和米列娃並不喜歡在布拉格的生活，他們很想念摯愛的蘇黎世。愛因斯坦很厭煩沉重的文書工作（哈布斯堡王朝的官僚體系是出了名地重視文書工作），他也在給蘇黎世朋友的信中抱怨他布拉格的學生對他的領域缺乏興趣。布拉格說捷克文與說德文的市民之間相互的仇視，讓他很沮喪。他瑞士的朋友花了很大的力氣，想說服政府，提供他蘇黎世聯邦理工學院的教授職位。當他們的努力終於成功時，愛因斯坦全家人都欣喜若狂。愛因斯坦注意到當年拒絕給他低微助理工作的學校，多年後居然給他如此地位崇高的職位，實在相當諷刺。

愛因斯坦在布拉格相對孤立的生活讓他可以重返他心裡長久以來的問題，一個他和其他人都一直未能解決的問題：雖然一九〇五年版本的相對論涵蓋了力學和電磁學，但是至今無人能成功地將重力整合進去。愛因斯坦當然察覺到他的理論並不完整，或只能說是「狹義」，因為它只適用於互相以一致且線性方式移動的系統；它忽略了會加速的系統。在愛因斯坦後來稱為他「一生中最快樂的念頭」中，他想到，對於一個自由落體的觀察者而言，重力場就不存在了。他於是做出結論，認定重力和加速度是相等的，因為一個在密閉實驗室裡的觀察者無法分辨這兩者。愛因斯坦更進一步假定，狹義相對論的等效原理（principle of equivalence）——在同一個系統裡，所有物理定律，以及光的速度，都是等價的——也適用於一致加速的各個系統。但是在實行這兩個簡單的假定時，愛因斯坦遭遇了很大的數學上的困難，在蘇黎世或布拉格都無法解決。

所以愛因斯坦在一九一二年七月搬到理工學院的時機真是再適合不過。他一到蘇黎世就去拜訪他的老朋友，現在在理工學院當數學教授的葛羅斯曼，懇求他幫忙解決他的數學難題。葛羅斯曼再度伸出援手，因為他發現愛因斯坦的假定指向一個非歐幾何的「時空流形」（space-time manifold），而偉大的高斯（Karl Friedrich Gauss）和其他數學家對此已經有詳盡的研究。愛因斯坦急切地循著這條很有希望的線索前進，但他還是又經歷了四年辛苦的研究，才完成他的「廣義」相對論，這可能是最偉大的人類知性成就之一。

愛因斯坦在一九一二年造訪柏林時，當地的學術界名人已經醞釀將他吸引到這城市來的計畫，而在接下來那年，他們的計畫有了成果。愛因斯坦才剛在蘇黎世聯邦理工學院安頓下來不久，普朗克、能斯特和哈柏（Fritz Haber）[9]，以及他們在學會和柏林大學的同僚，對愛因斯坦獻上專為他量身打造，要讓他難以拒絕的學術獻禮。他們提供的內容包括普魯士科學院（Prussian Academy）的院士資格、柏林大學的教授職位、自己領導的物理研究機構[10]、一份非常慷慨的薪水，以及可能是最大的誘因：完全不用教學。

愛因斯坦在理工學院必須應付沉重的教學負擔，讓他幾乎沒有時間完成相對論。擺脫這繁重的義務絕對是接受這個提議的好理由，另一個好理由則是可以跟在柏林備受尊崇的科學同儕交流往來，更不用說還能接近他的表妹艾爾莎。他在不久之前跟艾爾莎重聚之後，彼此不斷有充滿感情的書信往來。當普朗克和能斯特專程到蘇黎世，對愛因斯坦提出他們誘人的提議時，這提議的吸引力壓過了他對普魯士的一切的反感，他很快就接受了。

在柏林：戰爭及其餘波（一九一四～一九二二）

愛因斯坦在一九一四年四月抵達柏林，就任他五年前離開專利局之後的第四份學術職位。但他將會持續保有這個職位十九年。雖然他已經克服對此次遷居的不安，米列娃卻非如此。她很擔憂如此靠近愛因斯坦的家人，因為他們始終沒有接納她。她的擔憂是合理的。在兩個月內，他們已經陷入麻煩一段時間的婚姻終於徹底瓦解。愛因斯坦的朋友貝索來到柏林，陪伴米列娃及分別是十歲和四歲的兩個男孩回蘇黎世。他們在火車站情緒激動地道別，愛因斯坦更是哭著回家——根據他新結交並陪他去車站的朋友哈柏所言。米列娃和兩個男孩為此次分離深受刺激；經過四年痛苦的協商後，離婚協議才終於塵埃落定，獲得雙方同意，而愛因斯坦在這段時間裡都無法探望他的兒子。

很驚人的是，愛因斯坦在婚姻分崩離析的騷動中，以及戰爭烏雲不斷累積的威脅下，還能對廣義相對論做最後的修整。雖然他此時身邊已經圍繞著好幾位知名科學家，他在普魯士科學院發表就職演說，說明這項新理論時，仍然幾乎沒有人表示支持。由於缺乏實驗證據，普朗克從一開始就非常懷疑。愛因斯坦的少數幾位支持者包括弗倫狄區（Erwin Freundlich），他計畫測量太陽重力場引發光偏折的理論。但是相對論預測的偏折程度微乎其微，幾乎不可能觀測到，唯一可能的觀測時間是在日全蝕，在強烈的太陽光都被月亮遮蔽時。首次可能實驗的時間點是一九一四年八月，可在俄羅斯南部看到的日全蝕。在愛因斯坦的幫助下，弗倫狄區終於籌措到足夠的經費，組成前往克里米亞的探勘隊。不幸的是，戰爭在日全蝕前幾天爆發，俄國逮捕了弗倫狄區和其他探勘隊成員，沒收了他們的設備。兩個月後，德國政府用一群俄羅斯官員，把他們交換回來，但是廣義相對論的驗證就得等到戰後了。

一九一四年八月，威廉皇帝下令執行施利芬計畫。德國軍隊入侵比利時，然後往南走，向巴黎逼近。一個月後，進攻部隊已經近到可以看到巴黎的燈光。但是法國和比利時的聯軍，還有驍勇善戰的比利時抵抗軍，逼得精疲力竭的德國軍隊退回到一條陣線，而在接下來四年裡，他們只能一直在這裡毫無進展地進行殘酷的壕溝戰。威廉二世並沒有辦法得到施利芬想像中的快速勝利，協約國享有的裝備優勢也讓戰爭結果大局已定。

愛因斯坦天性愛好和平，一向厭惡戰爭。當戰爭爆發後，他開始積極參與政治。他尤其對同事狂熱又毫不質疑的愛國主義感到沮喪：愛因斯坦甚為仰慕的普朗克還呼籲他的學生拿起刀劍，對抗英國，這個「滋養叛徒的溫床」。能斯特更志願到前線，用自己的車傳遞訊息。哈柏讓戰時政府可以任意使用他掌管的威廉皇帝研究學院（Kaiser Wilhelm Institute）裡的設備，他自己則忙於研究在前線製造及部署毒物等實際問題。諷刺的是，愛因斯坦的辦公室就在哈柏掌管的機構內，所以他一定知道哈柏在戰爭時所做的工作。但是他自己的生產力在戰爭的幾年裡沒有下降。他不僅完成了廣義相對論，還發表了有關宇宙學、熱力學、凝態物理，以及量子論的重要論文。

在戰爭剛開始的幾個星期，入侵比利時的德國軍隊被指控對平民百姓施暴，許多知名德國知識分子組成的一個集團發表了一份聲明回應這些指控，聲明的標題是「對文明世界的申訴」（Appeal to the Cultured World）。聲明中宣稱德國是「一個文明國家，有著歌德與貝多芬留下的神聖遺產」，不該為戰爭負責——所有殘暴行徑的指控都是子虛烏有。相反地，聲明中還指控是協約國驅使「蒙古人和黑人來對抗白人種族」。這項聲明由德國九十三位知名的藝術家、作家和學者共同簽署，其中包括普朗克、能斯特和哈柏。這樣明目張膽違背知識分子良知的行徑讓愛因斯坦驚愕不已。他跟有同樣想法的醫生尼可萊（Georg Nicolai）擬了一份相當克制的反對聲明，但最後只能再找到另外兩人一起簽署。在剩下的戰爭期間，愛因斯坦只能在寫給瑞士朋友，以及跟他一樣堅持和平主義的法國作家羅曼・羅蘭（Romain Rolland）的信中，咒罵圍繞著他的戰爭的瘋狂。

一九一六年，威廉指派興登堡將軍和艾利・魯登道夫將軍（General Erich Ludendorff）為德國的戰爭最高指揮官，而他們在政治圈的影響力很快就越來越大。魯登道夫是全面開戰的擁護者，下令發動無限制潛艇戰，即使這項政策很可能將美國捲入衝突中——事實上確實如此。在東邊，德國軍隊不斷勝利，魯登道夫於是跟俄羅斯（此時已是蘇維埃政府）協商簽訂了布列斯特—立陶夫斯克條約（Treaty of Brest-Litovsk），讓德國因此獲得從波羅的海一直到烏克蘭的廣大領土。同樣重要的成果是，這項協議讓魯登道夫得以將更多資源輸送到西方前線。

到了一九一八年，英國的海軍封鎖戰略有了明顯的效果，德國平民的每日麵包配給被減少到只有五盎斯。魯登道夫把他最後的勝利希望放在西邊的春天大舉進攻。這項進攻行動一開始很成功，德國軍隊推進到距離巴黎不到一百英里。但是接下來協約國的反攻將他們推回到起點。在亞眠戰役中，數百輛協約國的坦克突破了德國防線。魯登道夫認知到局面已無可挽回，告知皇帝戰爭大勢已去。最後達成的停戰協議要求皇帝退位，以及德國民主化（以現代辭彙來說，就是「政體轉換」），還有德國從東西兩邊所有戰爭中占領的領土撤軍。在接下來數月間旋風般的一連串事件中，皇帝潛逃出國，德國工人士兵起義，在柏林的皇宮屋頂升起紅旗，基爾的海軍暴動叛變，好幾個城市發生街頭打鬥。在這騷動當中，威瑪共和誕生了，並從一開始便飽受左翼與右翼的敵人威脅。

在此同時，魯登道夫努力要讓停戰協議重新成立，由艾伯特（Friedrich Ebert）領導的社會黨民主政府執行，而非由軍方執行。由於直到最後一刻，德國的大眾都被引導相信德國已經勝利在望，而且德軍長驅直入法國和俄羅斯，因此突然的大軍潰敗讓平民百姓極為震驚。許多人把結果歸咎於所謂的「暗箭傷人」（Dolchstosslegende），認為軍隊不是被敵人擊敗，而是被政客從背後捅了一刀。這個主張後來變成納粹的口號。

愛因斯坦在一九一九年二月簽了離婚協議，裡頭包括一個條款，亦即如果愛因斯坦獲得諾貝爾獎，獎金將歸米列娃所有。四個月後，愛因斯坦娶了艾爾莎，而發現自己成為一大家子的主人，這個家包括艾爾莎及艾爾莎的兩個分別是二十二歲和二十歲的女兒。

在他們結婚前幾天，愛丁頓在倫敦皇家學會的一場會議上宣布，他已經測量到太陽重力場造成的星光偏折。他觀測到的星光偏折符合廣義相對論的預測，於是愛因斯坦在一夜之間成了世界名人。

初訪美國（一九二一）

愛因斯坦欣喜迎接古老帝國秩序的駕崩，成為德國這個年輕民主國家的熱烈支持者。在日漸興起的反猶太氣氛中，愛因斯坦一直受到惡意攻擊，一方面是對他的和平主義想法，一方面甚至是對他的科學研究。他公開的物理學演講經常受到群眾的抗議和干擾，因此他被說服相信在未來，錫安主義是歐洲猶太人最好的希望——雖然他並不隱藏他對宗教性猶太主義的冷漠，也未自認是錫安主義者。一九二一年，本身是科學家，並剛當選錫安主義組織理事長的魏茲曼（Chaim Weizmann），請愛因斯坦加入他到美國的募款之旅。[11]愛因斯坦儘管有些保留，還是同意了。魏茲曼察覺到愛因斯坦曖昧不明的態度，因此沒有邀請他一起公開露面。他只是利用他和他如日中天的聲望來吸引聽眾與捐款者，支持錫安主義的志業——尤其是計畫中的耶路撒冷希伯來大學。愛因斯坦後來在給朋友貝索的一封信裡寫道：「我必須讓自己像頭得獎乳牛一樣被展覽。」[12]

艾爾莎陪伴丈夫去了這趟旅行，這是他們第一次去美國。雖然愛因斯坦沒有寫旅行日記，但從大量的新聞報導看來，他和魏茲曼顯然在所到之處都受到熱烈歡迎。他們抵達紐約時，受到了錫安主義組織的官員歡迎。大批餓虎撲羊般的記者逼問愛因斯坦關於他的理論，直到他開玩笑說：「希望我通過了你們的測驗。」他接著還要忍受半個小時被鉅細靡遺地拍照，才終於

「我必須讓自己像頭得獎乳牛一樣被展覽。」
「希望我通過了你們的測驗。」

脫逃。在此時，艾爾莎出面應付記者，解釋說她先生並不喜歡被當成公開展示品，他寧可好好工作，拉小提琴，或到森林裡散步。被問到她是否懂他的理論時，艾爾莎笑著回答：「喔，不，雖然他已經跟我解釋過很多次，但我只能大致了解。那些細節對一個女人而言太難掌握了。不過這對我的幸福並不重要。」在另一篇報紙的訪問中，艾爾莎告訴記者，當她先生沉浸在某個問題裡時，會「晝夜不分，廢寢忘食」，但是其他時候，他會好幾個星期不做什麼特別的事，只是做白日夢和拉小提琴。每當他工作到疲憊時，就會去彈鋼琴，或拿起小提琴，用音樂撫慰他的頭腦。她補充說他尤其喜歡莫札特，布拉姆斯是他的另一個最愛。[13]

愛因斯坦毫無預料自己會在美國面對這麼大的騷動。他在美國國家科學學會（National Academy of Sciences）的演講中解釋說，當一個人在多年尋找後，偶然找到一個想法，得以揭露這神祕宇宙的某些美妙之處，他個人並不應該因此受到讚譽，因為這尋找與發現的經驗已經給了他足夠的回報。更重要的是，在科學上，一個人的成果是如此建立在其他科學前輩的成果上，因此個人的成就幾乎等於這所有人的成就。[14]

回程途中，愛因斯坦與艾爾莎在倫敦停留了幾天，預定在此接受英國皇家天文學會（Royal Astronomical Society）要頒發給他的金獎章。但是這項典禮遭到戰後仍對德國感到敵意的學會成員阻擋。愛因斯坦到西敏寺牛頓的墓前獻花，並在國王學院發表關於相對論的演說。演說剛開始時冰冷的歡迎氣氛，在他演說結束時演變成全場起立鼓掌。他已經變成技巧純熟且效果強大的親善大使，促使各國對前敵國的科學家友善看待，致力於促進兩國之間的互相了解。

但在德國，愛因斯坦在外國的和平運動被投以懷疑的眼光。相對論持續被諾貝爾獎得主雷納與斯塔克（Johannes Stark）領導的右派狂熱分子攻擊。他們的主張剛開始是哲學性質的，後來卻變得越來越沙文及反猶太。[15]一九二〇年，當愛因斯坦與雷納在新聞媒體和公開會議上捲入爭論筆戰時，愛因斯坦曾考慮離開德國，不過許多聲音勸說他留下來。

愛因斯坦家的晚餐

外交官與藝術收藏家凱斯勒伯爵（Count Harry Kessler）的父親是一位傑出的銀行家，與普魯士貴族關係緊密。凱斯勒可觀的財富與人脈讓他可以自由出入各個社交圈。他是重要的藝術與藝術家贊助者，但是今天他最為人所記得的一點是，他是戰後柏林藝術、社會和政治圈的敏銳觀察家與忠誠記錄者。德意志帝國瓦解之後，凱斯勒戮力支持威瑪共和，被稱為紅伯爵（Red Count）。他的政治哲學跟愛因斯坦很相近，兩人在不同的社交與政治聚會中見過幾次後，便結交為朋友。凱斯勒從一九一八年至一九三七年過世前所寫的日記，深入敏銳地記錄了許多威瑪時期的重要事件與人物，鮮活捕捉了那個時代的氛圍。

凱斯勒在一九二二年三月二十日的日記中[16]，描繪了愛因斯坦與艾爾莎即將出發去遠東長途旅行前的心情。當天早上，凱斯勒到外交部作客，與拉特瑙（Walther Rathenau）共進早餐。拉特瑙是自豪、聰明又富有的商人，最近剛被派任為威瑪政府的外交部長。拉特瑙與凱斯勒是朋友，也是政治盟友。拉特瑙因為他的猶太血統而一直飽受極右派的惡毒攻擊，在早餐時，他也向凱斯勒抱怨這項職務的沉重負擔。他說這職位最糟糕的一面是他在德國內部受到的惡意反對，還有他只能默默忍受的對他個人的公然辱罵。他還講到要說服與他協商的法國對手相信德國會堅持解除武裝的精神有多困難，尤其是一整個世代的德國年輕人越來越傾向採取最惡劣的反應。拉特瑙提到他每天都接到恐嚇信件，警方嚴重警示他要小心。說到這裡，拉特瑙從口袋抽出一把白朗寧手槍，告訴凱斯勒說，情況已經惡化至此：他每次出門時都一定隨身帶著「這個小工具」。兩人接著談到即將在熱內亞進行的德國與蘇聯的談判，拉特瑙很高興聽到凱斯勒也將出席會議，雖然是以非官方的身分。[17]

這天晚上，凱斯勒應邀去剛從美國之旅回來的愛因斯坦家裡參加晚宴。他的日記裡對這對即將前往日本的主人有栩栩如生的描繪：「晚上在愛因斯坦家用餐。在西柏林一間漂亮安靜的公寓裡（哈伯蘭街〔Haberlandstrasse〕五號），有點太過豐盛，並肯定過度奢華的餐食，顯露出這對親切可愛、近乎孩子氣的夫妻的某種天真。」其他晚宴賓客幾乎都是柏林的社會精英[18]，而且根據凱斯勒的觀察，這兩位主人身上散發出來的善良與單純甚至讓這些典型的柏林社交名人都提升到超乎平常的層次——這對夫妻幾乎像是大家長一般，讓他對他們深深著迷：「在愛因斯坦夫妻上次的那趟遠行之後，我直到現在才見到他們，而他們毫不扭捏地回答我的問題，描述他們在美國和英國受到的盛大歡迎。他們的出訪確實是一大勝利，愛因斯坦一直對這件事抱著有點諷刺懷疑的態度，說他真的不明白為什麼這麼多人對他的理論感興趣。他的妻子則說，她丈夫常跟她說，他自覺像個騙子，像個江湖郎中，並沒有真正給別人他們期望從他身上獲得的東西。」

愛因斯坦即將在下一週前往巴黎，到法國學院（Collège de France）發表一場演說，而最近剛從巴黎回來的凱斯勒向愛因斯坦轉達了潘勒韋（Paul Painlevé）對於相對論的詳細看法。潘勒韋非常特別，他同時是研究廣義相對論的數學家，也是法國戰時的總理。[19]即使戰爭結束已經四年，但一位知名的德國人出訪法國還是非常敏感的事，即使愛因斯坦此行所宣稱的目的是在修補法國與德國科學家之間的嫌隙。愛因斯坦原本很不想去，只因為拉特瑙的一再勸說才同意。在晚餐中，愛因斯坦告訴凱斯勒，他此行可能會在德國學術圈引起懷疑，因為這些圈子「非常可怕，光想到就讓我充滿厭惡」。（愛因斯坦對德國學術圈的反應評估得很正確，因為他從巴黎回來之後，學會裡的同僚都對他相當冷漠。）他也告訴凱斯勒，他已經受邀去中國和日本演講，而且他告訴妻子：「既然這騷動還在持續，我得趁機去看看東亞；我至少要從中得到這點好處。」

「非常可怕，光想到就讓我充滿厭惡。」（對德國學術圈的看法）

其他賓客離開之後，愛因斯坦與艾爾莎請凱斯勒留下來，三個人坐在沙發上聊天。凱斯勒告訴愛因斯坦，他可以意識到廣義相對論的重要性，但是無法真的了解。愛因斯坦微笑說這其實很簡單，然後他以蟲子在發光玻璃球體上時，在平面投下的陰影舉例，做了很長的解釋。當凱斯勒仍然無法明白時，愛因斯坦指出這個理論真正的重要性在於它建立了物質、空間與時間之間的關聯：這三者都不是單獨存在，必須仰賴其他兩者存在，而**這一點**就是廣義相對論新穎之處。不過他不了解為什麼大家對此這麼興奮！愛因斯坦說，當哥白尼罷黜了地球處於世界中心的地位時，引發的騷動是可想而知的，因為這理論徹底改變了人們如何看待自己在宇宙中的位置，但他現在的理論對於人對世界的了解有何改變呢？**他的**理論事實上符合所有理性的世界觀或哲學。不論你是物質主義者、務實主義者，或其他任何一種人，都應該可以對此安然接受。

* * *

愛因斯坦認為他的名聲引起的騷動很快就會消退，因此他最好趁騷動還持續時從中獲得一點好處，這預測當然是大錯特錯。他一生都是世界名人。他之所以聲名大噪，其實跟那個時代的精神很有關係，因為當時許多人迫不及待地想把悲慘的戰爭拋在腦後，尋求比較遠大又不那麼世俗的遠景。除此之外，廣播和電影這些新興科技也有助於快速廣泛地傳播愛因斯坦的名氣；它們將愛因斯坦的話語和影像傳播到全世界。更有幫助的一點是，對攝影師而言，愛因斯坦是富有同情心又有耐心的攝影主題，他的眼睛似乎總是散發著智慧、善良、幽默和某種叛逆。

注釋

1. 愛因斯坦在柏林見面的科學家包括下面幾位：能斯特，愛因斯坦量子物理學的最早擁護者之一；哈柏，優秀的化學家和諾貝爾獎得主；弗倫狄區，試圖測試廣義相對論的預測的天文物理學家；勞厄（Max von Laue），X光繞射現象的發現者，並且是愛因斯坦在哲學上的盟友。這些人和普朗克可能當時就在思考如何引誘愛因斯坦到柏林。
2. 關於導致一次大戰的種種事件更詳盡的紀錄，參見 Thomas Levenson, *Einstein in Berlin* (New York: Bantam Books, 2003), pp. 50–60。另參見 Robert K. Massie, *Dreadnought: Britain, Germany, and the Coming of the Great War* (New York: Random House, 1991)。
3. 一九一四年，希特勒下士參與實踐施利芬計畫的行動，但沒有成功。他將在一九四〇年獲得更壯大的成功。
4. Albert Einstein, *Mein Weltbild* (Zurich: Europa Verlag, 1934), p. 9.
5. 以下的生平簡介仰賴這些紀錄豐富詳實的愛因斯坦傳記：Albrecht Fölsing, *Albert Einstein: A Biography*, trans. E. Osers (New York: Viking, 1997); Philipp Frank, *Einstein: His Life and Times* (New York: Knopf, 1947); and Walter Isaacson, *Einstein: His Life and Universe* (New York: Simon and Schuster, 2007)。
6. Albert Einstein, "Autobiographisches," in *Albert Einstein, Philosopher-Scientist*, ed. P. A. Schilpp (New York: Tudor Publ. Co., 1949), p. 4.

   很有趣的一點是，堪稱二十世紀最偉大生物學家的克里克（Francis Crick），在大約同樣的年紀成為終其一生的無神論者。他失去信仰，拒絕上教堂，因為科學向他揭示了聖經裡的一些說法是虛假的，而既然聖經有一部分是假的，那麼其他部分又如何可以相信？M. Ridley, *Francis Crick: Discoverer of the Genetic Code* (New York: HarperCollins, 2006), p. 9.

7. Einstein, "Autobiographisches," p. 8.

8. 愛因斯坦堅持科學家迫切需要研究量子的概念出現後所顯示的問題，但幾乎沒有人支持他。接下來這個故事顯示出他對當時的量子物理學的感受。愛因斯坦在布拉格的辦公室可以看到一座精神病療養院的花園，病人會在花園裡漫步。他常帶訪客去窗戶旁邊，解釋說下面那些瘋子就是不在乎量子論的人。Fölsing, *Albert Einstein*, p. 283.

9. 優秀的物理化學家哈柏（1868–1934）最知名的一點應該是發明了哈柏—波希法（Haber-Bosch process），可以藉此「固定」空氣中的氮，並合成阿摩尼亞。他因這項研究成果獲頒諾貝爾獎。這個方法對於肥料和軍火的製造有很大的經濟重要性。哈柏對化學有很多重要貢獻，也在德國於一次大戰的戰事中扮演重要角色，尤其是負責籌劃第一批毒氣的部署。他是愛因斯坦很親近的朋友，雖然他們的政治觀點大相逕庭。哈柏是猶太人，因此在希特勒掌權後就辭去了研究機構的職位，雖然身為戰爭英雄，本來可以再待久一點。他在一年後逝於瑞士。

10. 這個物理研究機構是在致力於科學研究的威廉皇帝協會（Kaiser Wilhelm Society）之下成立。該協會創立於一九一一年，是威廉二世留存下來的成就之一。它現在名為馬克斯普朗克學會（Max Planck Society），其支持的各個研究機構至今仍蓬勃發展。威廉皇帝是從來訪的美國人那裡知道，富有的商人，例如卡內基（Carnegie）、洛克斐勒（Rockefeller）和古根漢（Guggenheim）都捐了大筆金錢給贊助藝術與科學研究的基金會，而且他認識到科學研究對於增強德國國力的重要性。以他為名的這個學會是由實業家和銀行家贊助，但最終仍由政府控制。學會成員只要付兩萬馬克的入會費，就可以獲得「參議員」的頭銜，並穿著一件體面的學者袍。他們偶爾會受邀與皇帝共進早餐，聽學會解釋為什麼他們還需要更多研究贊助。跟皇帝共進早餐可不便宜。Frank, *Einstein*, p. 106.

愛因斯坦主持的這個物理研究中心在一九一七年成立——至少名義上如此。由於愛因斯坦厭惡任何行政職務，因此研究中心的地點就是他位於哈伯蘭街五號住所的閣樓書房。這個機構沒有一棟建築，更沒有工作人員，所以它只贊助真正值得的研究計畫。而它最早贊助的計畫之一，便是弗倫狄區要測試廣義相對論預測的實驗。

11. 魏茲曼（1874–1952）是生化學家，對同盟國在一次大戰中的戰事有重大貢獻，並在巴爾福宣言（Balfour Declaration）的誕生中扮演重要角色。

12. Thomas Levenson, *Einstein in Berlin* (New York: Bantam, 2003), p. 259. 關於新聞媒體如何看待愛因斯坦的來訪，參見 *Albert Meets America*, ed. József Illy (Baltimore: Johns Hopkins University Press, 2006)。

13. *The New York Times*, April 3, 1921.

14. *The New York Times*, April 14, 1921.

15. 雷納（1862–1947）和斯塔克（1874–1957）都在一九二四年就宣告效忠希特勒與納粹黨，雖然他們一開始很具影響力，但一九三三年後在政治圈失去青睞。他們宣揚一種棄絕理論，強調直覺觀察的「德意志物理學」。雷納在一九三六年出版、厚達四冊的《德意志物理學》（*Deutsche Physik*）中絕口不提他認為是「猶太物理學」的相對論或量子力學。參見 Fölsing, *Albert Einstein*, p. 464 and p. 523。關於雷納和斯塔克的職業生涯，以及其他納粹掌權下的科學、醫學與數學的怪異面向，下面這本書有引人入勝的描述：Walter Gratzer, *The Undergrowth of Science* (Oxford: Oxford University Press, 2000), pp. 219–80。

16. Harry Graf Kessler, *Tagebücher 1918–1937* (Berlin: Deutsche Buch-Gemeinschaft, 1967), pp. 278–80.（此處是由本書作者翻譯。）凱斯勒生於一八六八年，逝於一九三七年。

17. 凱斯勒提到的協商最後促成了拉巴洛條約（Treaty of Rapallo）的簽署，讓德國與蘇聯必須放棄要求任何戰爭賠償。這項條約在同盟國和波蘭引發極大的憂慮，並被德國國家主義者視為叛國條約。

18. 愛因斯坦邀請的其他客人包括：馬克斯．華寶（Max Warburg, 1867–1946），漢堡頗有影響力的家族銀行華寶銀行（M. M. Warburg）董事長，也是過去威廉二世的心腹之交；「超級富有」的銀行家及慈善家柯沛爾（Leopold Koppel, 1854–1933），也是科學研究的慷慨贊助者；孟德爾松（Erich Mendelsohn, 1887–1953），被稱為

「愛因斯坦塔」（Einstein Tower）的現代主義風格太陽觀測站的建築師；以及德恩伯格（Bernhard Dernburg, 1865–1937），金融家及國會議員，曾在一次大戰前擔任德國的殖民局事務官。

19. 愛因斯坦請凱斯勒重複唸了潘勒韋的訊息好幾次，因為潘勒韋宣稱他找到了愛因斯坦場方程式的解答，也就是後來所知的黑洞的「事件視界」（event horizon）。凱斯勒記述說，愛因斯坦認為這件事沒什麼重要。愛因斯坦到巴黎訪問時確實有在法國學院演講，但他取消了在法國科學學會的演講，因為他被告知，有些學會成員打算中途離席，以抗議學會邀請德國教授前來。

2 遠東旅程（一九二二）

離開

一九二二年六月二十四日，屬於極端國家主義組織「政務官團」（Organisation Consul）的兩個年輕德國陸軍軍官，在拉特瑙乘坐司機開的車去上班時，把他的敞篷式汽車攔到路旁，將他射殺致死。拉特瑙的名字，以及愛因斯坦的名字，早就在君主主義和極端國家主義組織的死亡名單上，拉特瑙的謀殺不過是他們犯下的數百起政治謀殺中的最新一件：一年前，另一名政府官員艾茲伯格（Matthias Erzberger）遭到暗殺，而在拉特瑙被殺後不過一週，對威廉二世批評嚴厲的猶太記者及評論家哈登（Maximilian Harden），也遭到攻擊而受重傷。[1]愛因斯坦警覺到事態嚴重，停止最有爭議性的政治活動。

幾個月前，專門出版先進文獻的日本出版公司改造社邀請愛因斯坦到日本進行一系列公開演講。這項大膽的計畫，是由該出版社的社長山本實彥提出，並且有個有趣的源頭：山本之前曾邀請知名的英國哲學家羅素（Bertrand Russell）到日本演講，並請羅素告訴他還在世的全世界最重要的三個人物，因為他想邀請他們到日本演講。羅素只給了他兩個名字：列寧和愛因斯坦。既然列寧當時忙於別的事，邀請函便到了愛因斯坦手上。[2]

漫長的海上旅途以及到遠東旅行顯然很吸引愛因斯坦，其中一大原因當然是他想逃離在柏林無所不在的注意。而且這項邀約十分慷慨：愛因斯坦將由艾爾莎陪同出訪，並將獲得兩千英鎊的酬金，扣除七百英鎊的旅行開銷。在德國通貨膨脹如此劇烈的當時，愛因斯坦一定很高興有機會賺取以強勢貨幣支付的報酬。他需要這筆錢來扶養住在瑞士的米列娃和他的兩個兒子。

愛因斯坦的日本之旅紀錄顯示他這筆可觀的報酬是很辛苦賺來的。幫他與改造社聯繫的中間人讓他必須履行非常緊湊的行程，包括講課、接待會、演說，以及晚宴等，使他經常疲憊不堪。合約中還有一項條款要求愛因斯坦不得在其他公開場合說話。不過山本是招待周到的東道主——也是非常精明的經理人和生意人，他以非常高的金額販售愛因斯坦極受歡迎的公開演說入場券。

一九二二年十月初，愛因斯坦與艾爾莎從柏林啟程前往馬賽，從那裡開始他們的海上旅程。他們途中在蘇黎世和伯恩停留了幾天，讓愛因斯坦有機會去看他在蘇黎世唸書時期認識的兩個老友，貝索與夏溤（Lucien Chavan）。[3]他跟米列娃八年前分手時惡言相向的尖刻關係如今似乎改善了些，因此他很可能探望了米列娃和兩個兒子，雖然他沒有在日記中提到。過去這一年裡，愛因斯坦去過蘇黎世好幾次，看他的兒子，還帶他們去義大利，以及到波羅的海沿岸駕帆船出海。在這幾次探訪中，他還曾經留在米列娃的公寓過夜，並邀請朋友去那裡一起演奏音樂——這些安排可能讓艾爾莎不是很開心。[4]

十月六日這天，愛因斯坦與艾爾莎離開蘇黎世，帶著他們接下來五個月會需要的所有行李。他們搭到馬賽的夜車擁擠不堪，但是在接近目的地時，愛因斯坦最擔心的是如何將他們的行李安全地從火車站運送到港口。雖然戰爭已經結束四年，但他最近的巴黎之旅讓他知道，法國人還沒有準備好歡迎德國訪客。在火車站時，一個看來誠實的年輕人來接了愛因斯坦與艾爾莎，卻把他們丟在一間「可怕的旅店」，愛因斯坦還在早上喝咖啡時，發現裡面有一隻蟲子。最後的羞辱是，他們在前往港口時，還得坐上沒有避震彈簧的行李車，走過極度顛簸的石子路，才終於到達他們的船「北野丸」（SS *Kitano Maru*）停泊的碼頭。[5]一等他們安全上船後，愛因斯坦便對這個擔任他們的導遊的無賴，「激昂暢快地」一吐他的心聲。他應該是講法文，而他滔滔不絕的斥責顯然讓這傢伙很生氣。

往東方的海上旅程

愛因斯坦與艾爾莎受到「北野丸」上官員的親切歡迎。愛因斯坦被舒適地安置到他的艙房後，心情和緩了許多，便出去探索他的新環境，認識同船的乘客。他很快就認識了一個正要從慕尼黑返回日本的「歐洲化」年輕日本醫生三宅（Hayasi Miyake）。愛因斯坦會在待在日本的最後一段時間再度見到三宅。他也受到一位「豐腴的俄羅斯猶太女人」的熱烈歡迎，她很高興見到同為猶太人的愛因斯坦。後來他發現，幾乎所有乘客都是英國人或日本人——「一群安靜、細緻的人」，愛因斯坦寫道。船在十月七日正午起錨時，他站在甲板上，看著燦爛照耀的太陽。愛因斯坦的新朋友三宅會講德文，因此兩人一邊閒聊，一邊看著馬賽和城市周圍的山丘逐漸遠去。

到了下午四點，他們必須按照規定實行救生演習，所有乘客都要穿上救生衣，聚集在救生艇站旁。這次演習讓愛因斯坦首次有機會觀察日本船員；他發現他們很友善，很精確，不賣弄，但缺乏個人特質。他的結論是，日本人不會質疑，也不在乎個人，很樂意擔任他們被分配到的社會職責。他們不會自命不凡，但對自己的社群與國家極為自豪，而且即使他們拋棄了自己獨特的傳統，偏好歐洲的方式，對自己國家的驕傲並未減損。他覺得日本人基本上是社會性的生物，並沒有擁有任何非常個人化的特質，必須設法隱藏或禁錮。

愛因斯坦此時首次寫旅行日記，他忠實地記錄下每天的活動——至少在漫長旅途的剛開始是如此。他擺脫了平常在陸地上時，私人與工作上的種種牽絆，轉而關注從「北野丸」上可以觀察到的宇宙，每天詳細記錄船的狀況（每天早上被「清洗得一塵不染」），以及天氣、海洋和天空。但他對物理學的熱衷不受環境改變影響，每天都會花時間鑽研統一場論。[6]

從馬賽出海兩天後，「北野丸」經過了沐浴在晨光中、景色燦爛的斯通波利島（Strom-boli）。它四周海上突出的小火山島尤其吸引愛因斯坦，他還在日記裡素描了其中一座火山，火山錐上懸浮著一片蒸汽形成的雲。船穿過墨西拿海峽（Strait of Messina）時，愛因斯坦在甲板上，而他對於海峽兩岸城鎮與地景顯得如此「嚴苛」，感到很驚訝。不斷升高的氣溫與「令人昏沉的空氣」讓他深思起來：他猜測古典時代的希臘人與猶太人在此生活時，氣候應該沒有這麼令人身心倦怠，因為之後知性活動蓬勃發展的地方就往北移動，一定不是巧合。

同船的日本乘客十分吸引愛因斯坦的注意，尤其是帶著幼小孩子的母親，他很喜歡看著小孩子在甲板上跑來跑去。他們驚訝的臉部表情總讓他想到花朵。

在愛因斯坦帶的書中，有一本是柏格森（Henri Bergson）最新的哲學作品[7]，這是他在旅程中閱讀的第一本書。他讚譽這個作家對相對論有相當確切的掌握，對柏格森的哲學觀點則敬而遠之。接下來他看的是克雷奇默（Ernst Kretschmer）新近出版的一本書。克雷奇默到今天可能還會被記得的貢獻是設計出一個系統，將心理疾病跟特定的身體類型連結起來。愛因斯坦是否接受克雷奇默的理論，我們不得而知，但是他的書中對某個特定人格類型的一段描述，在他心裡留下很深刻的印象：這描述讓愛因斯坦很驚愕，因為這跟他對自己的描述幾乎一模一樣。愛因斯坦在難得的私密評論中這樣總結：「高度敏感轉變成冷淡不在乎。年輕時，內向而純真。自己與世界之間隔著一面玻璃。莫名的不信任人。紙糊的虛假的世界。想過禁慾生活的衝動。」在愛因斯坦二十年前寫給米列娃的一封信中，就用了極為相似的辭彙描述自己。[8]

離開馬賽五天後，「北野丸」抵達蘇伊士運河北端的塞德港

「所有人對我而言都像陌生人，彷彿他們跟我之間隔著一道隱形的牆。」

（Port Said），愛因斯坦在此初嘗東方的異國風味。港口蜂擁著「一船船吼叫著，比著手勢，各種膚色的黎凡特人」，像是從地獄裡冒出來的生物般，七手八腳地爬上船來。他們發出震耳欲聾的噪音，將船的上層甲板變成一個大市集，雖然似乎都沒有人買東西。唯一生意興隆的是幾個健壯漂亮，幫旅客預測命運的男孩子。

在塞德港，「北野丸」跟一艘姊妹船相遇。兩邊船員隨後顯現的愛國熱情讓愛因斯坦相信，日本人真的熱愛他們的國家。傍晚帶來了燦爛的日落：被火紅天空照亮的建築與屋牆讓愛因斯坦想到他經常在熱帶風景畫中看到的強烈色彩。他第二天早上醒來時，船已經在運河裡，正經過一大片遼闊的明亮黃色沙漠，當中點綴著矮小灌木叢、棕櫚樹和偶爾出現的駱駝。蜿蜒穿過大苦湖（Great Bitter Lake）的綠色湖水，以及運河的最後一段之後，這艘船抵達了運河最南端的蘇伊士港。這城鎮被棕櫚樹圍繞的漂亮小屋，讓愛因斯坦在看了這麼多沙漠之後耳目一新。阿拉伯商人乘著帆船來到，上到船上，但是這回愛因斯坦覺得他們是「美麗的沙漠之子，體魄強健，皮膚黝亮，有著黑色的眼睛，也比塞德港的那些人有禮貌」。

十月十四日這天，這艘船再度啟程，在紅海裡往南航行。日落時，一道連綿不斷的壯麗山嶺映入眼簾，襯著紅紫色的天空。這讓愛因斯坦有點矛盾地想到烏特力山（Uetliberg）。這是蘇黎世市郊的一座小山及熱門健行地點。他過去在蘇黎世聯邦理工學院時，從辦公室窗戶就看得到這座山。接下來這天晚上星光耀眼，愛因斯坦說他從未如此清晰地看過銀河，而銀河似乎包含了邊緣尖銳的黑暗區域，其中有些區域好像從銀盤（galactic disc）突出來。

（在當時，我們的銀河仍是天文學家唯一知道的銀河系。）夜晚燠熱難耐，愛因斯坦只好裸睡，開著風扇保持涼爽。

出了紅海和亞丁灣後，這艘蒸汽船往東橫越阿拉伯海。愛因斯坦注意到海灣內一直伴隨在船附近的鯊魚和飛魚不見了，而他在日記中解釋說，深度深了許多（數千公尺深）的海洋讓陽光無法穿透到海底，因此海底幾乎不會有動植物，海洋表層的生物也就較少。

這艘船此刻將接近赤道，獨特的熱帶氣候模式引起愛因斯坦的注意。他發現，隨著氣溫上升，空中覆蓋的雲層會增加。他提醒自己，在一年中這個時候，赤道區域接收到最強烈的太陽輻射，導致飽含水分的空氣團升起，形成雲層——愛因斯坦還在日記裡畫出這些天氣現象。當這些雲釋放出水分，降下熱帶大雨，北方與南方的氣團都會流向赤道。這些氣團會受到地球自轉而偏折，導致颶風或氣旋。[9]愛因斯坦繼續做氣候分析：在一年中其他時間，接收最強烈太陽輻射的區域會往北或往南移，導致整個複雜的氣候現象——因為陸地上的氣溫升高幅度比在海上大了許多。幾天後，在蘇門答臘海岸外，愛因斯坦第一次看到海市蜃樓，他於是再度開始他的氣象學思索：接近水平線的船隻看起來像是浮在空中，因為到達一個人眼睛的光受到氣溫與空氣中水分的影響，而有異於平常的折射。

一天晚上，愛因斯坦和其他乘客被船上的警報聲驚醒，他們以為出了意外。結果是因為熱帶暴雨讓能見度幾乎降到零，他們不得不鳴放警報汽笛，以警示周圍其他船隻。

愛因斯坦的艙房位於郵輪的輪機房與太陽烘烤的船殼之間，因此極度悶熱。此外，他還因為腹瀉與「恐怖的痔瘡」而飽受折磨，不得不向船醫求助。但不論是身體不適或高溫，都沒有阻止他繼續統一場論的研究，不過他沒有記錄任何進展。當愛因斯坦偶爾出現在甲板上時，就得忍受一直被拍照，有時候單獨，有時候被其他乘客包圍。這讓他得以先感受預習即將在日本面對的情景。

可倫坡與新加坡

十月二十八日，「北野丸」抵達第一個停靠港：當時由英國統治的錫蘭（今斯里蘭卡）的首都可倫坡。在他們還沒看到海岸線時，又一陣強烈的熱帶暴風雨迫使船隻下錨，等待風暴過去。最後，到晚上九點時，一個領航員搭著用槳划的小船來到船上，引導船隻進入港口，停泊在另一艘日本汽船旁。一個年老的斯里蘭卡人——但愛因斯坦稱斯里蘭卡人為印度人——有著灰白的鬍子和優雅突出的五官，上船來送兩封電報給愛因斯坦，並懇求他給一點小費。這些「印度人」有著從褐色到黑色各種層次的膚色，雖然他們的五官和身體都傳達出強烈的情緒，他們的態度卻很溫順。愛因斯坦因為眼中所見的這種極度自豪與卑屈處境的結合，而將他們比喻成是潦倒成為乞丐的貴族。

愛因斯坦與艾爾莎此時已經在海上三個星期，很期待再度踏上陸地。他們一大早就跟另一對夫妻一起出發去探索可倫坡的印度區，並參觀了一座佛教寺廟。他們的交通方式是一人一輛的人力車，由「大力士般的高雅的人」跑步拉著。愛因斯坦對於自己成為從犯，縱容以這樣令人厭惡的方式剝削人類，深感羞愧。但他實在別無他法，因為這些「有著貴族外表的乞丐」會對任何陌生人蜂擁而上，直到他屈服為止。他們如此善於乞討央求，任何人的心都會融化。

在這裡，以及之後在中國，愛因斯坦都對窮苦人民原始的生活處境感到驚愕。他把他們可悲的境況歸咎於熱帶氣候，認為是這種天氣讓人們無法思考過去或一刻鐘以後的未來。他們生活在赤裸的泥土上，在汙物和臭味之中，做的事很少，需要的也很少。然而，他認為在這樣擁擠的環境下，沒有人有機會發展出獨特的個人特質。但是從另一方面看來，他們不會像他在塞德港看到的人那樣粗暴、尖叫或嘶吼。這些人不是市場裡扯著喉嚨叫賣的小販；他們過著安靜謙卑的生活，也不完全缺乏嬉鬧歡樂。愛因斯坦想道，相形之下，歐洲人反而受苦，因為他們比較脆弱，比較粗暴，又比較貪婪。但他繼續寫道，這些特質讓歐洲人在現實中占了上風，並有能力執行偉大的工作。愛因斯坦最後想到，歐洲人如果在這樣的熱帶氣候下長大，會不會跟這些印度人一樣。

隔天早上，港口變得非常熱鬧。愛因斯坦看著「有著黝亮黑色身軀、大力士般的碼頭工人」卸下船上的貨物。他處則有小孩子表演潛水的特技，「為了幾個臭錢」，也為了娛樂那些粗鄙到會喜歡這種表演的乘客。到了正午，「北野丸」離開可倫坡，愛因斯坦總結了他對錫蘭的印象：「一座繁花盛開的天堂，以及人類苦難的展示場。」他和艾爾莎將在回程時再度造訪這裡。

十月三十日是日本天皇的生日，在上層甲板舉行的盛大慶祝讓空氣中響徹此起彼落的「萬歲」呼聲和日本國歌歌聲。日本人顯然都因此情緒高昂。愛因斯坦想道，這些傢伙真詭異，對他們而言，國家也就是他們的宗教。當天晚上有乘客帶來的音樂表演；這是愛因斯坦第一次接觸到日本音樂。他把一位乘客朗誦式的歌唱比喻為像是貓被踩到尾巴時發出的尖叫聲。這位歌者偶爾會在一把狀似吉他的樂器上彈一個音符，但那跟他的歌聲並沒有什麼可辨識的關聯。他還一邊唱，一邊伴隨著瘋狂的姿勢。一輩子聽著莫札特和巴哈長大的愛因斯坦一開始實在無法理解這種音樂。他尤其痛恨當中完全缺乏和聲或音樂結構。幾天後，愛因斯坦寫道，他無意中聽到一個日本乘客自顧自地唱歌，讓他覺得暈眩作嘔。

一天，愛因斯坦去船橋拜訪船長，這是他在海上旅程中從來不會省略的儀式。他表示對航海儀器很有興趣，因此被帶領參觀了這艘船的六分儀、經線儀、拖在船後的計速器，以及他認為相當原始的羅盤。很多人也許不知道，愛因斯坦有很多年相當投入電羅經（gyrocompass）的實際設計。在當時及後來許多年裡，電羅經都是最先進複雜的航海儀器。愛因斯坦一直是安舒茲（Hermann Anschütz）的好友與合作夥伴，而安舒茲擁有的超大公司就製造電羅經。[10]愛因斯坦對於這種羅盤的設計有很大的貢獻，並擁有一些專利。

新加坡是「北野丸」的下一個停靠港，一項特殊的任務也在這裡等著愛因斯坦。前一年他曾經伴隨魏茲曼到美國進行一趟募款之旅，支持魏茲曼念茲在茲的在耶路撒冷設立希伯來大學的計畫。愛因斯坦公開反對國家主義，因此如前所述，他並不認為自己是錫安主義者，但是他很樂意幫忙建立這所大學。當魏茲曼聽說愛因斯坦搭乘的這艘船會在新加坡停留一天時，立刻覺得這是為希伯來大學募款的大好機會：愛因斯坦被安排去見梅耶爵士（Sir Menasseh Meyer），住在新加坡的一位家財萬貫的猶太人。[11]

「北野丸」蜿蜒穿越了美麗的綠色群島後，十一月二日停泊在新加坡。愛因斯坦與艾爾莎受到當地猶太社群的代表歡迎，他們是收到魏茲曼通知愛因斯坦即將到來的消息。他們隨即由阿佛瑞・孟托（Alfred Montor）與他的妻子伴隨，開車載到他們寬敞的家。[12]孟托夫妻被選為他們在岸上期間的接待東道主，顯然是因為他們會說德文——他的家族來自漢堡，她則來自維也納——但是如愛因斯坦後來發現的，他們其實並非新加坡猶太社群的典型成員。最早到新加坡定居的猶太人是一八三〇年從加爾各答過來的。許多原本世居巴格達的猶太人因為受不了一八一七年至一八三〇年間巴格達與美索不達米亞酋長達烏德（Daud Pasha）的嚴苛統治，而遷徙到加爾各答。有些塞法迪猶太人（Sephardic Jews，祖籍伊比利半島的西班牙裔猶太人）從聖經時代就已經住在巴格達，也說阿拉伯語，其他人則是在被西班牙驅逐之後定居此地。巴格達有很長一段時間都是新加坡很小的猶太人社群的心靈家鄉。隨著汽船的出現和蘇伊士運河在一八六九年開通，新加坡身為貿易中樞的重要性與日俱增，而中東歐猶太人，例如孟托的家族，就來到這裡，加入這個講數種語言的猶太社群。雖然中東歐猶太人和塞法迪猶太人講不同的語言，不互相往來，但是他們去同樣的會堂，參與用阿拉伯語進行的儀式。在愛因斯坦來訪的此時，這個猶太社群大約只有幾百人，其中絕大多數還是來自巴格達。

愛因斯坦與艾爾莎一抵達孟托家，就發現「不屈不撓的魏茲曼」打算利用愛因斯坦此行到什麼地步。愛因斯坦在旅行日記中很詳細，也有些困惑地記錄了接下來二十四小時的活動。愛因斯坦雖然絕對不喜歡演說和握手的行程，這次還是很有風度地接受，因為他認為這是為了一項高尚的目標：讓梅耶爵士拿出一筆可觀的捐獻。愛因斯坦不敬地將梅耶比喻成古呂底亞王國（Lydia）財富驚人的國王克羅伊斯（Croesus），稱他是「猶太克羅伊斯」。

在他們抵達的這天下午，愛因斯坦與艾爾莎被載去梅耶位於一座山頂、猶如宮殿的豪宅，從這裡可以俯瞰整座城市和大海。正下方是一座富麗堂皇的猶太會堂，那是專為克羅伊斯建造的，愛因斯坦寫道是「為了跟耶和華溝通」。愛因斯坦描述說梅耶是個纖瘦直挺、頭腦固執的八十歲老人，留著一撮灰白的小山羊鬍，狹窄的臉帶著紅色，還有個窄而勾的鷹勾鼻。他有一雙聰敏又略帶狡猾的眼睛，突出的額頭上方戴著黑色小帽。愛因斯坦覺得梅耶長得有點像他很仰慕的知名荷蘭物理學家勞倫茲（Hendrik Antoon Lorentz），但是勞倫茲有雙發亮而善良的眼睛，這個克羅伊斯的眼睛卻是警戒狡詐。他的表情暗示著規律的秩序與工作，不像勞倫茲那樣散發著人性的大愛與同舟共濟的精神。不過對美麗女人反應敏銳的愛因斯坦很高興見到梅耶的女兒：她有張貴族氣質的蒼白小臉，而且是他所見過「最美的猶太女人」。

在下午的接待宴會開始之前，先是一段冗長的攝影時間，不過愛因斯坦似乎難得地樂在其中。他坐在正中央，梅耶在他旁邊；兩人四周圍繞著梅耶的家人和其他好幾對夫妻。在看來似乎非常重要的攝影時間結束後，他和艾爾莎進入一間寬敞的「東方度假屋」，裡頭有馬來西亞樂團以「歐式濫情咖啡廳」的風格，演奏著維也納華爾滋和爵士。愛因斯坦座位的一邊是梅耶，另一邊則是一位英國國教大主教，一個「狡猾，只說英文，瘦削，大鼻子的英國貴族」。這個主教一直努力讓梅耶掏錢出來——而且成功過——卻從來不曾對他的靈魂有何要求。用餐時的對話最後變成令人絕望的「語言上的大災難」，但愛因斯坦倒是覺得蛋糕出乎尋常地好吃。吃完點心之後，接著是好幾段客套的致詞，以及接見儀式。愛因斯坦對這些猶太人的真摯熱情極為感動，雖然他必須忍受疲勞轟炸式的不斷握手，這些讓他想到他的美國之行。

在回家的路上，孟托帶著愛因斯坦與艾爾莎快速地繞了一下這城市最熱鬧的華人區，不過按照愛因斯坦的說法，他們沒有時間好好看，只能用聞的。到了晚上，孟托在家裡舉辦了露天的大型宴會，大約八十名賓客吃著奢華的晚餐，聽著愛因斯坦解釋為什麼需要在耶路撒冷蓋這所新的大學。這頓晚餐很豐盛又無止無盡，到後來愛因斯坦不得不離開桌子，因為他面對不斷上來的一道道佳肴，不用說吃不下，甚至連看都看不下去了。等晚餐結束，那個馬來西亞樂團再度出現，奏起歡樂的音樂，而所有人都起來跳舞，包括梅耶在內。最後，愛因斯坦終於認真地懇求梅耶捐款給這所大學。儘管愛因斯坦後來又嘗試了幾次，他還是不確定他的「飛彈是否成功射穿了這個克羅伊斯的厚皮」。顯然其中有一枚飛彈射中了，因為耶路撒冷的希伯來大學後來多了五百英鎊的資金。

「飛彈是否成功射穿了這個克羅伊斯的厚皮。」（對家財萬貫的猶太人梅耶爵士的評論）

當天晚上，愛因斯坦與艾爾莎睡在蚊帳下，外頭下著熱帶暴雨。早餐後，他們被招待參觀了一個橡膠樹農場，然後才返回船上。船上已經有一群「熱情的猶太人」等著跟他們道別。

與同樣的乘客同船這麼久之後，愛因斯坦顯然很高興見到船上多了兩位態度放鬆自在的瑞士軍官，以及一位年輕的德國商人，使乘客類別更「豐富」。在短暫的登陸訪問中，愛因斯坦對新加坡的印象是它幾乎完全被華人掌握。他下了結論，認為工作勤奮、要求不高又生殖力強大的華人可以在任何國家取代當地人。另一方面，他覺得他很難了解他們的心態，但想到日本音樂與歌唱對他而言有多難理解，他也就不想再嘗試了。

香港與上海

從新加坡到香港的一週航程中，「北野丸」遭遇了強烈颱風與巨浪，「讓它跳起舞來」。這是愛因斯坦初次在海上碰到猛烈的風暴，他看著大批的飛魚被海水翻攪上來。他也觀察到持續努力保持平衡非常令人疲憊，以及女性比男性容易暈船許多。

他進入香港港口時（十一月九日）看到的景色是他在整趟旅程中覺得最美的：岩石崎嶇

的海岸與山嶺起伏的香港島並排，港口就在兩者之間，還有許多小島從海中陡峭地升起，那景色讓他想到「淹沒了一半的」阿爾卑斯山脈。

香港猶太社群的代表團前來歡迎他，但他婉拒了出席他們計畫的一場接待會，而是由兩個當地的猶太商人載著他和艾爾莎逛了維多利亞島。到了中午，他們在一間美國風格的奢華飯店停下來吃午餐。用餐中，愛因斯坦發現他們的導遊對於科學與香港殖民地都知識豐富，同時讓他知道這個城市可以提供多少美妙的世俗樂趣。

美麗而多變化的海岸線，包括有如峽灣的許多河口和漂浮在海上的小漁村，讓愛因斯坦覺得賞心悅目——但是他所看到的華人的生活與工作環境，讓他很驚愕。「這些飽受折磨的男男女女必須敲碎石頭或扛石頭，一天只賺五毛錢，因為他們沒良心的經濟機器就是這樣懲罰他們的勤奮。」他在日記裡思考道，或許他們的處境可悲到讓他們甚至不會察覺自己的悲慘，但是旁人看起來還是會覺得難受。他以比較帶著希望的語氣補充說，他得知在最近一次要求調高工資的成功罷工中，華人勞工相當有組織。[13]

到了下午，愛因斯坦被接到猶太社群中心。中心坐落於一座青翠蓊鬱的花園裡，可以俯瞰下方整個城市的全景。[14]他們其中一位導遊的太太與小姨子在此加入他們，而在喝茶時，愛因斯坦得知香港總共只有一百二十個猶太人，其中大多是說阿拉伯語，是原本居住於巴格達的家族，他們遵守的宗教儀式甚至比「我們

「這些飽受折磨的男男女女必須敲碎石頭或扛石頭，一天只賺五毛錢，因為他們沒良心的經濟機器就是這樣懲罰他們的勤奮。」（對華人勞工的看法）

這些俄羅斯─歐洲」猶太人更為古老。愛因斯坦對於這些來自底格里斯河─幼發拉底河流域的猶太人有著由衷的親近感與歸屬感，因為他們和他家鄉的猶太人如此相似。愛因斯坦因此推論猶太人的血統一定在過去一千五百年〔原文照引〕來，都維持得相當「純粹」。

在飲茶之後，這群人搭車上到香港人所謂的「山頂」，從那裡可以一望無際地俯瞰整個港口。從海中陡峭升起的許多小島讓愛因斯坦想到雲霧繚繞的阿爾卑斯山。他們搭的電車從一八八八年就開始營運了。愛因斯坦注意到電車中有分別給歐洲人和中國人的隔間。

第二天早上（十一月十一日），愛因斯坦與艾爾莎被帶去參觀了大陸這邊的華人區，這趟參觀更強化了愛因斯坦對華人的印象：他們很勤奮，骯髒，而且消沉──連小孩子都無精打采。如果所有「種族」都臣服於中國人，那會是多大的遺憾！男人與女人外表的相似也讓愛因斯坦很驚訝。他心想，中國女人有什麼致命的吸引力，可以讓男人無法抵抗，而生下這麼多孩子呢？到了晚上，三個葡萄牙的高中教師來拜訪愛因斯坦。他們在談話中抱怨說要教華人邏輯思考根本是不可能的，他們尤其沒有數學天分！

愛因斯坦離開香港時，對於英國政府的統治充滿欽佩，他認為他們的貢獻包括讓這片殖民地擁有豐富蒼翠的植物，並創立一所大學，讓選擇西方生活方式的華人就讀。警力完全是由從印度徵召來的「黑人」擔任。英國人的統治真的很讓人敬佩，他們懂得用務實的容忍政策化解國家主義者的抵抗──與歐洲大陸政府截然不同，愛因斯坦哀嘆道。

十一月十三日早上，「北野丸」駛進了長江江口，抵達上海，一群人在此上船來歡迎愛因斯坦：德國領事——普菲斯特先生（Mr. Pfister）——跟他的妻子將是在岸上招待愛因斯坦的東道主；物理學家稻垣（M. Inagaki）與他的妻子則將是他前往日本的最後一段旅程的導遊與旅伴。在上海歡迎愛因斯坦的不再是猶太社群，而是德國人的社群。

進行義務性的記者會，接受日本與美國記者提問慣常的問題之後，愛因斯坦與艾爾莎被帶去一間中國餐廳。用餐時，一列色彩鮮豔而歡樂的送葬隊伍經過——這項中國習俗在愛因斯坦看來近乎野蠻。但這頓飯則是極度繁複且永無止境。大家不斷用筷子在共同的餐盤裡撈食物，讓愛因斯坦整個下午都覺得肚子裡在興風作浪，但是他設法忍耐，緊急關頭前回到他的避難所，普菲斯特的家裡。

愛因斯坦與艾爾莎整個下午在中國人居住的區域到處散步，這裡給愛因斯坦的印象與在香港大同小異。狹窄的巷道擠滿了熙來攘往的行人，還有沾著各種髒污的人力車。空氣中瀰漫著各式各樣的惡臭，街道兩排是各種露天的工作坊。中國人總是聲音很大，不過愛因斯坦從未聽到這些「溫和、枯燥、備受忽略，汲汲營營辛苦求生的人們」爭吵。愛因斯坦一行人也去了一家劇院，裡頭每一層樓各有一個丑角表演，讓觀眾滿心歡喜並哈哈大笑。愛因斯坦看到街上到處都是汙物，但是也在人群中看到許多快樂的面孔。

連像馬匹般工作的苦力都沒有顯露出痛苦的樣子。這群歐洲人的出現引來眾多彼此張口結舌的打量，張口結舌的中國人尤其被艾爾莎吸引。艾爾莎總是拿著長柄眼鏡瞇著眼睛看他們——她的近

「溫和、枯燥、備受忽略，汲汲營營辛苦求生的人們。」（對在上海的中國人的看法）

視很嚴重，但據說她太愛漂亮而不肯戴眼鏡。

到了晚上，稻垣夫妻開車載愛因斯坦與艾爾莎穿過迷宮般的黑暗街道，來到富有的畫家及版畫家王一亭的家裡。他們受邀來此晚餐。在他家宅院高大冰冷的牆垣後頭，他們看到裡頭的花園不僅有個池塘，且燈光明亮，風景如畫。在如過節般點著明亮燈火的走廊上，掛著主人自己的美麗畫作，還有其他他所珍藏的藝術品。座上賓包括上海大學的校長、幾位教師，還有其他當地的名人。晚餐伴隨著無數客套恭維的致詞，愛因斯坦坦承他也貢獻了一段。這過度繁複精緻的一餐讓他覺得對食物的貪婪似乎到了邪惡的地步，這是歐洲人完全難以想像的。之後愛因斯坦出席了在日本人聯誼會館的一場接待會，會場氣氛輕鬆自在，合乎他的口味多了。

第二天一早，愛因斯坦與艾爾莎再度去了一趟旅遊行程。這一次是參觀一個中國人的村子，以及一座佛教廟宇宅院。他們在此的出現再度引起許多彼此的打量。之後他們匆忙趕回船上。下午三點，「北野丸」離開了上海，往東穿過黃海航向日本。蜿蜒穿過瀨戶內海中迷宮般的眾多綠色小島後，它在十一月十七日抵達了神戶。

神戶、京都與東京

從愛因斯坦即將來到日本的消息首次宣布，到他真正抵達之間的幾個月裡，無數關於相對論的書籍與期刊文章在日本紛紛出版，有些是寫給一般大眾閱讀，有些比較學術性。[15]這引發了大眾對於愛因斯坦來訪的強烈興趣，因此當他抵達神戶時，已經有大批情緒熱烈的群眾等著歡迎他。但是他在此受到的歡迎場面，很快就會跟他之後在東京與其他地方碰到的場面相較之下相形失色。歡迎委員會成員包括了德國領事和德國聯誼會（German Club）與錫安主義組織的代表；此外還有經過特別挑選的，在歐洲唸書時已經跟愛因斯坦認識的日本物理學家。愛因斯坦在日本的所有旅程，都有他們作陪。[16]在他有義務出席的記者會和一如往常空洞的提問之後，愛因斯坦與艾爾莎在「教授們」的陪伴下，搭上了前往京都、車程兩小時的火車。在從火車站搭車到京都的飯店的路上，愛因斯坦首次可以近距離地一瞥日本。他很著迷於「這些被神奇地照亮的街道、兩旁整齊可愛的房子、令人愉快的活潑學童、純樸高尚的日本人——這些優雅矮小的人們，喀噠喀噠地穿過街道」。他們的飯店是一座可以俯瞰城市的巨大木造建築。愛因斯坦與艾爾莎安頓好之後，與這些教授一起用餐。用餐之後，這些教授還熱烈地與他進行科學的討論，最後才讓愛因斯坦終於結束在日本「極度辛苦」的第一天。

隔天早上的行程裡擠進了一趟快速的京都城市之旅。愛因斯坦夫婦與教授們勉強挪出時間參觀了這城市的一些寺廟與花園，也參觀了有護城河的著名古老城堡。接下來他們必須搭上車程十小時的火車，前往東京。他們坐在可以觀看四周的瞭望車廂裡，

「這些被神奇地照亮的街道、兩旁整齊可愛的房子、令人愉快的活潑學童、純樸高尚的日本人——這些優雅矮小的人們，喀噠喀噠地穿過街道。」

行經萬里無雲的天空下，而愛因斯坦對於一路的景色深深著迷——「山脈隘口、湖泊與峽灣、可愛的學校、仔細種作的田地與精巧乾淨的村落。」他和艾爾莎更在峰頂積雪的富士山映入眼簾時，大飽眼福地看到燦爛的夕陽。但是美麗的景致不久就黯淡了下來，因為一大群記者上到火車來，連珠炮似的「愚蠢問題」再度開始。

龐大的群眾在東京車站迎接愛因斯坦，攝影師點亮如此多鎂光燈，讓愛因斯坦有好幾分鐘都看不見。他和艾爾莎終於逃離後，又被飛速送到科學學會的接待會，當中有好幾個德國同儕參與。這對精疲力盡的夫妻最後終於被送到飯店，這裡又有大量的花圈和花束等著他們。兩位旅外的德國學者夫妻，席格佛瑞・貝林納（Sigfrid Berliner）與安娜・貝林納（Anna Berliner），短暫來拜訪了他們一下，然後愛因斯坦的這一天終於劃下句點。他覺得自己像是一具「活著的屍體」。

索夫（Wilhelm Heinrich Solf），德國在東京的大使，遞交給外交部一份報告，用相較於愛因斯坦而言，比較愉快的辭彙描述了愛因斯坦的抵達與他的演說行程：「他在日本各地的行程就像是一趟勝利遊行……所有日本人，從最位高權重的尊貴人物到拉人力車的苦力，都自發地參與，毫無特意的準備或驚擾。愛因斯坦抵達東京時，如此大批的群眾聚集在火車站，警方根本無法控制可能鬧出人命的推擠……成千上萬的日本人爭相來聽他演說——每個人要付三日圓——而〔愛因斯坦〕學術語言都被轉變成山本先生口袋裡的日圓。」[17]索夫所寫的門票價格三日圓，是當時一般人一餐費用的十倍。

愛因斯坦根本沒有時間從這騷動的迎接中恢復。第二天，十一月十九日，他向兩千人的聽眾發表了第一場演說。這是他兩場公開演說中的第一場。他在四小時的演說中討論了狹義與廣義相對論，他的話由物理學家石原純（Atsushi Ishiwara）逐句逐句翻譯。石原為此場合特別穿了「如一幅畫的和服」。愛因斯坦覺得這衣服讓他看起來介於懺悔者與牧師之間。[18]

接下來這天的忙亂程度只減少了一點。愛因斯坦在科學學會的午宴中接受表揚，並發表了簡短的感言。這天晚上，他和艾爾莎在飯店裡，與他們的東道主山本及他出版社的幾位同事同進晚餐。之後他們一起去看一場戲劇表演，當中包括樂器演奏、歌唱，以及舞蹈。讓愛因斯坦訝異的是，大部分觀眾是帶著小孩的家庭，他們坐在地板上，熱烈參與其中。舞台布景令人目眩，由男人扮演女性角色的演出也很有獨特風格。伴隨舞台演出的是三個男人組成的合唱班不間斷的歌聲，還有坐在前舞台後方，牢籠般圍起圈子裡的樂團。根據愛因斯坦的看法，他們演奏的音樂提供了演出的節奏與情緒，「但是完全欠缺結構或和聲的邏輯」。日本音樂確實欠缺和聲，而和聲從中世紀以來就是西方音樂的正字標記。顯然和聲也是影響愛因斯坦是否喜好一種音樂的關鍵因素。表演結束後，這群人漫步走過一條燈光明亮，卻幾乎空無一人的商店街，再到一間小餐廳繼續聊天。當艾爾莎和愛因斯坦終於回到飯店時，他們發現體貼的山本已經請人在他們的房間裡準備了水果和雪茄。

十一月二十一日這天，一年一度的菊花祭在皇宮花園舉行。愛因斯坦與艾爾莎都獲得邀請，但是在為這重要的社交場合做準備時，出現了一項嚴重的實際問題：哪裡可以找到符合這種場合，又適合愛因斯坦這樣高大體型的正式服裝？在山本的幫忙下，他們終於找到一套愛因斯坦尺寸的正式禮服，不過一起送來的帽子對愛因斯坦的頭來說太小，他只好整個下午都拿著那頂帽子。德國大使館的官員到飯店接他們，送他們到皇宮花園。愛因斯坦與其他受邀的顯赫人士排列成半圓形，等待皇后出現。她沿著半圓形的內部前進，跟一些賓客交談幾句，然後停下腳步，與愛因斯坦聊了一會兒，用法文。所有賓客接著進入精心雕琢的花園，花園裡架起了桌子，擺著各式點心，許多不同品種的菊花一一展示出來——全都像士兵般排列整齊，愛因斯坦寫道。當然，還有無數人要和愛因斯坦握手。

索夫大使對這個場合的正式報告同樣比愛因斯坦的描述更絢爛浮誇：「今年的菊花祭上，最高的榮耀都歸屬在這個名人身上！大家爭相覲見的，不是皇后，不是攝政宮，也不是皇室的王宮貴族們；一切都不由自主地、下意識地圍著愛因斯坦打轉。在這個慶賀皇室與人民之間和諧的傳統慶典上，大約三千位參與的人幾乎都忘了這天真正的重點……所有人的眼神都聚焦在愛因斯坦身上，每個人都希望至少能跟這個當今最知名的人握個手。一位穿著全套制服的海軍上將擠過人群，站到愛因斯坦面前說：『我景仰你』，又隨即走開。」[19]

無法忍受德國學術界的拘泥客套，忽視所有衣著禮儀，堅持自己獨特髮型的愛因斯坦，此刻卻必須整整一星期被一個陌生新奇文化的嚴密繁瑣社交儀式包圍。因此，接受皇室接見後，他們一定如釋重負，很開心能在貝林納夫妻家裡度過一個輕鬆的夜晚。這對夫妻和許多德國學者一樣，無法在德國找到適合的職位，於是在戰前遷居日本。他們現在住在東京一間迷人的日式屋舍。雖然席格佛瑞・貝林納過去在哥廷根是研讀物理與數學，現在在帝國大學（Imperial University）拿的卻是經濟學的教授教職。不過無論如何，愛因斯坦都對他的妻子安娜比較著迷。安娜是個心理學家，而以他的話來說，還是個親切聰明的女人——道地的柏林人（Berliner）。[20]

第二天，愛因斯坦是山本的出版社舉辦的歡樂接待會中的焦點。這個接待會的地點是改造社前的街道，結果當然吸引了大批好奇的旁觀者與勤奮的攝影師。之後愛因斯坦參觀了一座宏偉華麗的佛教寺廟，裡頭裝飾著驚人的木雕。這裡的僧侶還展示了一本珍貴的畫冊。愛因斯坦與艾爾莎離開時，再度在中庭受到飢渴的攝影師圍攻，還好一群從大阪來的歡樂學童讓愛因斯坦開心了點。

愛因斯坦自從踏上日本土地後，對他的東道主山本的感情與景仰便逐漸增加，而第二天，他與艾爾莎應邀去這個「了不起的人」的迷人住家，與他共進午餐。愛因斯坦得知山本小小的家裡除了他自己、他妻子、他們幼小的孩子之外，還住了三個女傭、一個僕人、四個學生時，不禁驚嘆這些人必定是多麼知足常樂，和平寧靜。愛因斯坦在山本的陪同下，下午參觀了幾間日式家屋和一片田地，更對所遇到的日本人這麼純樸友善感到著迷。他尤其喜歡那些幼小的孩子，他們永遠都是如此開心，受到良好照顧，而且不畏寒冷。

愛因斯坦接下來拜訪了學會的會長，並在與會長的談話中發現他的兒子曾在蘇黎世的理工學院讀書，是韋伯教授的學生。聽到十年前已經過世的韋伯教授的名字必定在愛因斯坦心裡激起不快的記憶，因為韋伯曾是他學生時代的仇敵。愛因斯坦在理工學院時經常蹺課，自己研讀當代的物理學研究，仍在四個畢業的學生中得到最高的畢業成績。但他卻是唯一沒有得到助理職位的畢業生。極度失望的愛因斯坦認為是韋伯的陰謀，才害他無法獲得理工學院的職位，或找到高中教職。這個經驗讓愛因斯坦一直忿恨在心，也讓他有許多年憤慨不已。[21]

同一天的晚上，德國—東亞協會（German-East Asian Association）舉辦了大型接待會與晚宴歡迎愛因斯坦。他再度驚訝日本對德國人如此熱誠，友善，同理。他得知日本人建立了自己第一流的光學工業，而這要歸功於德國工程師提供的協助。在接待會上，愛因斯坦被拉入德國與日本賓客的許多對話中，讓他像旋轉木馬似的昏頭轉向。

由於愛因斯坦是眾所周知的弱勢捍衛者，而且言行一致，因此不論他去哪裡，都常會有陌生人請求他幫助。他的名聲顯然比他先一步到了日本，因為隔天早上他都忙於看一位舒茨太太（Mrs. Schulze）的檔案。她是德國大使館一位官員的妻子，而且顯然被當成代罪羔羊，好掩飾一項醜聞。愛因斯坦因此被懇求替她出面干涉。幾天後，一位牧師來拜訪他，提供更多關於舒茨太太案件的資訊。在此之後，舒茨太太的英國醫師也來向愛因斯坦保證，她的精神異常是因為遭受她先生虐待所引起。愛因斯坦此時已經跟索夫有了些交情，便寫了一封很長的信給他，但是我們無法得知此事最終的結果。之後的另一位訪客就沒有讓愛因斯坦那麼煩惱了，因為他描述她是「一個瘋狂的美國女士，堅信自己可以治好其他瘋狂的人」。

愛因斯坦在十一月二十三日與一群記者會面，他與他們的對話難得地成為一次愉快的經驗。吃完豐盛的午餐後，愛因斯坦下午造訪了一間音樂學校，並出席一場音樂會，希望更加了解日本音樂。但是聽了「許多憂鬱的長笛吹奏同一曲調，包含許多優雅的音符，沒有真正的旋律或和弦」之後，他還是無法喜歡這種音樂。這天結束在一場輕鬆的晚宴，以及跟日本物理學家與一位德國領事館代表的閒聊中。

「許多憂鬱的長笛吹奏同一曲調，包含許多優雅的音符，沒有真正的旋律或和弦。」（對日本音樂的印象）

第二天，愛因斯坦在他忠誠的旅伴，他也越來越喜歡的物理學家稻垣的陪伴下，健行了很長的距離。兩人在一間小餐館用午餐時，愛因斯坦對於其他客人的安靜有禮印象深刻，但是對餐館送上來的烤龍蝦，這些「可憐的小東西」，感到憐憫。他在下午參觀了一間有精采藝術收藏的私人住所，其中他尤其喜歡古老的日本藝術品。在愛因斯坦看來，這些藝術品更能反映日本人的精神，遠勝過後來受到中國佛教影響的藝術，因為它們似乎和日本靈魂相距遙遠，沒有真正的聯繫。

到了晚上，在大學物理系，愛因斯坦開始了為期六天相對論課程的第一天講課。這堂課是大致簡介相對論的意義，以及它所帶來的影響，長四小時。原本只有大約一百二十位教授受邀來聽這些學術性演講，在愛因斯坦的要求下，長岡教授（Professor Nagaoka）准許大學生也能參加。在這些學生當中，有一位後來說他從未見過這樣的老師：〔愛因斯坦〕總是帶著微笑，沉著冷靜，而他雖然有強大的直覺，對於計算卻不是很擅長，邏輯也不是很嚴謹。[22]

愛因斯坦在東京剩下的幾天同樣行程緊湊。在第二堂專門課程講座後，他出席了一場音樂表演，演出者包括一個合唱團和很年輕的舞者。接下來，日本記者軍團帶著他和艾爾莎去一間會館看藝妓伴隨著音樂跳舞，一個特別年長的藝妓表情豐富又性感誘人的臉在愛因斯坦心裡留下難以抹滅的印象。最後他和艾爾莎被禮貌地送離會館，以便接下來的放縱夜晚可以開始。愛因斯坦被撩起了好奇心，後來特別向稻垣請教有關藝妓與道德的問題。

在每天的講課之間，愛因斯坦仍找出時間參觀博物館、花園、默劇，以及音樂會。他去看了一場能劇的表演，對於那些面具和表演者的緩慢動作極為震撼。但是他不得不參與無數的接待會，以及「極端繁文縟節」的晚宴，當中總是隨興摻雜著許多致詞。在許多這類場合裡，愛因斯坦都被要求演奏小提琴，即使他咕噥說他因為極為疲勞，又沒有時間練習，技巧大幅退步。在柏林家裡時，他幾乎每天都會拉琴。

愛因斯坦與艾爾莎應邀去一間優雅的日本住家參與一個茶會時，終於能一瞥他很仰慕的冥想式日本生活風格。招待他們的主人寫了四大厚冊關於茶會儀式的書，而他顯然很自豪地將書拿給愛因斯坦看。茶會後，愛因斯坦去了早稻田大學，受到上萬學生歡迎。這所大學持續以創辦者所引進的民主精神辦學。[23]在演講之後，他和一位物理學家見面，對方告訴他，最近科學家觀測到的弧光光源的光譜線偏移現象。[24]他之後又參加了另一場由各教師學會組織的接待會，並受到在外頭等候的一群女子中學的女孩熱切歡迎：那是「暮色中的擁擠人群

> 「暮色中的擁擠人群裡，一副迷人快樂的情景——對一個凡人而言，這樣的愛與寵溺實在太多了。」

裡，一副迷人快樂的情景——對一個凡人而言，這樣的愛與寵溺實在太多了」。愛因斯坦回到飯店時已經累得不成人形。這真是漫長的一天，也是很典型的一天。

第二天早上，愛因斯坦與艾爾莎決心要罷工一次。他們設法到了火車站，想取得一些旅遊資訊，但遭遇到滑稽可笑的溝通困難。他們在回飯店的路上被開車出來找他們的稻垣瞧見，很快就再度將他們納入保護的羽翼下。這天的第一個活動是在皇室祭祀堂，長達三小時的古老宮廷音樂演奏。這種古老過時的音樂只有在這裡還被細心維護著。這些弦樂器與管樂器發出的美妙音域讓愛因斯坦想到聖歌。他被告知拜占庭音樂和中國—日本音樂其實有著同樣的印度根源。音樂會後就到了他下午在大學講課的時間，接著是跟當地的理論物理學家的一場討論，而且難得的很有實質內容。接著愛因斯坦接受東京大學兩萬名學生代表的歡迎後，又隨即被接去德國大使館參加一場正式晚宴。雖然這個場合的出席者一如往常都是各種外交人員與名人仕紳，但是愛因斯坦很享受在此聽到的美妙西方音樂：聽了這麼多陌生的聲音之後，這讓他暫時得到解脫與撫慰。愛因斯坦小試身手地拉了一下小提琴——他坦承他拉得很差，因為他累垮了，又缺乏練習。不過宴會上其他一切都很「客套枯燥」。

在最後一堂大學講課中（十二月一日），愛因斯坦討論了廣義相對論可以如何幫助我們了解宇宙——他所稱的「宇宙問題」。講課結束時，他接受了學生熱誠的感激。他們之所以能來聽課，都是因為愛因斯坦幫他們說話。之後他們為他舉行了一個盛大的道別晚宴，東京所有學術界的精英都出席了。愛因斯坦被要求致詞。而當大家客氣地請他演奏小提琴時，他拉了貝多芬的〈克羅采奏鳴曲〉。[25]這是愛因斯坦在東京的最後一天。不過他和艾爾莎後來南下途中，還在這裡過了一夜。

到了早上，他踏上日本漫長旅途的第二段，造訪位於東京北方兩百英里的城市仙台。艾爾莎被留在東京，由稻垣太太照顧。

仙台、日光與名古屋

愛因斯坦抵達仙台時，同樣引來可能鬧出人命的大批群眾擠到火車站來，而在附近的一家飯店裡，他接受了一個官方的歡迎儀式。他在第二天早上講了四小時的課，下午有人開車載他遊覽了美麗的海岸風光，並造訪一個長滿松木的小島。在這次旅途中，陪伴愛因斯坦的是山本、稻垣，以及漫畫家岡本一平（Ippei Okamoto）。未來幾天裡，岡本畫了許多精采的愛因斯坦漫畫素描。

十二月四日這天，這四個男人再度上路，搭火車去日光。愛因斯坦對於他們經過的壯麗山脈景致感到震懾，也很喜歡他的三個旅伴：「很棒的傢伙，活潑開朗，謙虛，熱愛自然與藝術，令人難忘。」日光距離東京大約六十英里，以其許多神道教神社與寺廟而聞名，其中許多年代可追溯到八世紀。建立日本史上最長久且重要的德川幕府時代的德川家康，其陵墓也在此地。[26]可惜的是，本來要到日光來跟愛因斯坦等人會合的艾爾莎與稻垣太太兩位女士在東京錯過了火車，但最後他們所有人還是在飯店集合了。

愛因斯坦、稻垣和岡本原本打算隔天一早健行到中禪寺湖（海拔四千英尺），但愛因斯坦發現稻垣因為太太來了，不想起床。因此，他與岡本自己出發。上山的路讓他們經過展現出壯麗景色的宏偉森林，不過他們這趟遠足很快就變得比原本預料得困難了許多：因為他們抵達目的地時，遭遇嚴寒的強烈暴風雪，這惡劣的狀況一直跟著他們到下山為止。愛因斯坦的同伴比他還慘，因為這可憐的傢伙穿著草鞋；不過他還是從頭到尾都顯得開朗頑強。

從愛因斯坦到日本之後，直到在日光，他才不必每天應付講課與接待會。他很珍惜這段休息。當神戶的德國學會的電報追著他到日光時，他寫道，至少在日本，他還寧可與日本人打交道：因為他們的氣質比較像義大利人——放鬆而幽默——卻又浸淫在深厚的藝術傳統中。他和岡本健行到中禪寺湖的路上，兩人曾討論到佛教，以及為什麼這麼多日本受過教育的人嘗試信仰基本教義派的基督教。愛因斯坦很好奇，在日本不久前開放接受歐洲影響力之前，日本人是如何看待世界的。他很驚訝地得知過去日本人並沒有去覺察為什麼太陽的高度會跟一個人的南北位置有關，或者為什麼北方的島嶼（北海道）會比南方的島嶼寒冷。在他看來，日本人對知識的追求衝勁似乎少於對藝術的追求，而他好奇這是否應該歸因於天生的傾向。

隔天早上，愛因斯坦、艾爾莎和他們的旅伴一起參觀了日光的寺廟宅院，這裡要爬上一段杉木夾道的小徑，並經過一連串的中庭才能抵達。愛因斯坦認為那些雕飾豐富的建築有些過度繁重，似乎描繪自然的喜悅勝過了建築整體的考量——甚至勝過宗教的考量。一位僧侶在此發表了關於此地歷史的一段很長的演說。

回到飯店後，愛因斯坦與艾爾莎在晚餐後還停留了一會兒，好觀賞夕陽映在山嶺上。但是之後他們只得匆忙打包——而且還吵了一架。他們在早上搭上往東京的火車，晚上在先前的那家飯店過夜。由於這是他們在東京的最後一天，他們必須打包所有東西，準備搭上早上的火車，前往下一站名古屋。在這更慌亂的匆忙中，這對夫妻再度爭吵。我們會知道這件事，是因為就和英國作家佩皮斯（Samuel Pepys）會在他著名的日記中記錄婚姻齟齬一樣，愛因斯坦也是。

十二月七日這天，愛因斯坦與艾爾莎和他們在東京的接待主人道別後，由石原、稻垣和山本陪同，搭上了火車。在山本急切的催促下，愛因斯坦在火車上寫下了他到此刻為止對日本的印象。他所寫的內容顯示他對日本人的精神與日本文化有極為敏銳的觀察。[27]

一如往常騷亂的大批學生在名古屋的車站等著這對夫婦，結束了歡迎儀式後，愛因斯坦與艾爾莎在一間小餐館享受了放鬆的晚餐。愛因斯坦在飯店裡碰見他在柏林就認識的生化學家米歇利斯（Leonor Michaelis）。他正在日本進行講學之旅，跟貧瘠戰後時代的許多德國科學家一樣。米歇利斯會彈鋼琴，而不消說，愛因斯坦毫不猶豫就跟他約好了隔天要一起演奏音樂。[28]

名古屋的古堡非常出名，愛因斯坦特別喜歡畫滿城堡牆上和門上的那些描繪自然與宮廷場景的畫。這天下午，他和米歇利斯一起演奏了小提琴與鋼琴奏鳴曲，而到了晚上，他發表了一場關於相對論的公開演說。他在大批聽眾面前，站在平常是相撲競賽場正中央的圍欄裡。場內沒有暖氣，所以愛因斯坦別無選擇，只能在演說時從頭到尾都穿著他的大衣。

愛因斯坦喜歡抽煙斗，當他的煙草在十二月八日這天抽完時，他在隔天早上自己出門想去補充貨源，卻徒勞無功。他沿著名古屋的大街一直走到火車站，才被山本、石原和稻垣找到。他們帶他去一間翻修過的神道教神社。這間神社位於一大片樹林裡，裡面還有許多寺廟及雅致的木建築。愛因斯坦雖然對這些建築印象深刻，但也意識到政府一直在從這樣普遍的偶像崇拜、祖先祭拜和天皇神格化中獲取好處。

京都與大阪

愛因斯坦與艾爾莎此時再度來到京都，這個有著無數寺廟和花園的美麗城市。一如往常接受當地物理學家與學生的歡迎之後，愛因斯坦立刻在一間華麗卻極度冰冷的講堂裡，開始關於相對論的四小時演講。他每講一句就由石原逐句翻譯。講課之後，他去參觀了京都著名的御苑與登基的御所，發現其中庭的建築尤其氣度恢弘。他俏皮地說，在登基殿（紫宸殿）裡，眾神似乎都有種皇家的氣燄。最令他驚訝與感動的是四十位中國政治人物的肖像畫。他們因為將中國文化帶到日本，備受日本人崇敬。他寫道，像這樣的崇敬態度似乎至今仍很普遍，例如日本學生對老師就會顯示出這樣令人感動的尊敬。甚至有人告訴他說，日本某處有一座寺廟是獻給細菌學家柯霍（Robert Koch）。[29]愛因斯坦覺得這樣嚴肅、絲毫不帶任何譏諷或懷疑的崇敬，是典型的日本人作風。他們是別處找不到的純潔的靈魂。「你不得不尊敬並愛上這個國家。」

「你不得不尊敬並愛上這個國家。」
（對日本的看法）

十二月十一日這天，愛因斯坦去了大阪這個大型製造業與商業城市一日遊。市長與學生在車站歡迎他，護送他到在飯店舉行的盛大接待會。他被介紹認識當地許多名人，握了無數的手。接下來的龐大餐會伴隨小喇叭演奏的軍樂，以及許多充滿溢美之詞的致詞，愛因斯坦承認他也貢獻了其中一段。之後，到了晚上，愛因斯坦在兩千五百位聽眾面前講課，而雖然這天行程很緊湊，他並不覺得過度疲憊，因為大家都很周到謙和。他回到京都的飯店時，發現艾爾莎對於被單獨留在那裡極為憤怒。

愛因斯坦隔天沒有必須進行的行程，因此能稍微喘口氣。他在下午參觀德川幕府將軍的古老二条城城堡。但是之後他的心思轉向物理，於是把這天其餘的時間都花在計算均向性質量（isotropic mass），一個電磁場張量。

隔天早上，他又去了一趟一日之旅。這次是去神戶，而且他明智地邀了艾爾莎同行。抵達之後，他們在神戶郊外的一個漁村，與山本及一個在政治界剛竄起的年輕人共進午餐。接下來又到了愛因斯坦和石原的四小時講課時間，一直到晚上八點才結束。之後愛因斯坦與艾爾莎匆忙離開演講廳，參加在德國領事館的晚宴，之後又是在神戶的德國聯誼會館的接待會。這時時間已經太晚，他們只能搭夜車回京都，直到半夜一點才回到飯店。

京都大學在第二天（十二月十四日）為愛因斯坦舉辦了一場慶祝午餐會。在午餐後緊接的學生大會中，一個學生代表以完美的德文，說出對愛因斯坦真誠而溫暖的歡迎。愛因斯坦曾被要求在京都的演講中討論相對論的誕生，他答應要求，發表了他如何發現相對論的唯一權威的描述。幸運的是，石原在演講中記了筆記，他的筆記後來被翻譯出版。[30]這天晚上，長岡章博教授（Professor Akihiro Nagaoaka）從東京過來，帶了一皮箱要給愛因斯坦的很棒的禮物。

愛因斯坦與艾爾莎接下來四天都留在京都，因為沒有安排好的講課或接待會，而能在辛苦緊湊的行程中有唯一休養生息的機會。山本選擇京都為他們恢復元氣的地方，實在非常明智：這個城市從七九四年到一八六九年都是日本的首都，因此到處是雄偉華麗的神社與寺廟——是遊客的天堂。在京都，愛因斯坦趁機回覆他大量的信件，並繼續跟石原進行他們合作的論文。有一天，他陪艾爾莎去了絲綢店，看到美麗的織錦，但是除此之外，他們大部分時間都用來參觀這座城市裡的寺廟和博物館。在一座尤其美麗的佛寺（知恩院），他受到僧侶親切的歡迎，並被廟裡巨大的鐘所吸引，鐘旁有一根水平懸掛的木桿，用來從外側敲鐘。黃昏時，他和艾爾莎被帶去另一所知名的神道教寺廟，位於陡峭山坡上，由高大的木梁支撐的清水寺。之後他們沿著一條燈光明亮如節慶時節的商店街散步——愛因斯坦覺得這真是歡樂的場景，許多人拿著紙燈籠，搖著小旗子。這讓他想到慕尼黑的十月啤酒節。

愛因斯坦和一直陪著他的旅伴稻垣爬了好幾座山去看夕陽，見證楓樹林中令人驚豔的光影效果。兩人還去了鄰近的奈良玩了兩天一夜。他們在那裡參觀寺廟，體驗到被一群溫馴的鹿貼近嗅聞的奇特經驗。他很欣賞奈良東大寺的建築，據說這是全世界最大的木建築[31]，還有裡頭供奉的巨大佛像。但他對於隨處可見的迷信越來越覺得心煩，包括那些在樹上和神社裡飄動的祈福紙條（御神籤）。

告別日本：宮島、福岡、門司

愛因斯坦與艾爾莎在十二月十九日搭上往宮島的火車時，便是他們日本之旅最後一段的開始。宮島是在廣島以南幾英里，近海的一個神聖小島。宮島最著名的景點是將木樁打入氾濫平原，以此為支撐的嚴島神社，以及其在漲潮時會被海水包圍、浮在海上的大門（鳥居）。坐了一整晚的火車後，愛因斯坦在一大清早來到宮島。他們癱在床上倒頭睡到十點，然後沿著美得如夢似幻的海岸散步到中午。下午時，愛因斯坦與稻垣爬上雄踞這座島嶼，可一望無際瞭望日本內海的彌山。登上一千五百英尺高山頂的小徑是一階階從花崗石中鑿出來的階梯，並通往無數獻給各式各樣自然神祇的寺廟——在愛因斯坦看來，正足以見證日本人對自然的愛，以及他們對各種無害的迷信的崇拜。

愛因斯坦雖身處這樣田園詩歌的美好環境裡，卻猛然被推回現實中，面對家鄉的政治紛擾。他接到一封來自索夫大使的電報，告知他說，拉特瑙被謀殺後不久才僥倖逃過刺殺的猶太裔德國記者哈登，在法庭上作證說愛因斯坦之所以去日本，是因為他在德國已經覺得不安全。索夫在電報中請愛因斯坦准許他否認這項聲明。愛因斯坦拍電報回覆說，這件事太過複雜，不能用電報處理，必須寫信說明。他在這天晚上就寫了回信，在信中告訴索夫，他並不歡迎哈登的這句評論，因為這讓他在德國的處境更為複雜。除此之外，這句評論並不完全正確，不過也不完全錯誤。任何人若對德國當前情勢有清楚的觀點，都明白在拉特瑙被殺之後，他的性命確實陷於險境之中。這樁謀殺確實改變了他對情勢的看法，但是真正促使他接受邀請前往日本的原因是他想看看這個國家，還有一部分是為了逃離在德國時經常讓他處於困境的緊繃氣氛。索夫將愛因斯坦的信轉給柏林的外交部，並附上一封長信，描述愛因斯坦如何在日本受到恭維，以及他個人也很佩服愛因斯坦儘管受到如此款待，還是能腳踏實地，親切謙虛。索夫在他的報告結尾提到愛因斯坦現在已經在回家的路上，而他請求外交部在他返回德國領土的路上給予一切協助。索夫寫道，愛因斯坦的行李中會包括各式各樣對他致敬的禮物，而他太太要求這些東西都可以免稅通關。[32]

在宮島的接下來幾天，愛因斯坦經常在稻垣和岡本的陪伴下長時間在海邊散步。但在他們的飯店房間裡，這一行人都因為燃燒炭火而一氧化碳中毒。愛因斯坦說這次事件很輕微，但艾爾莎與稻垣太太的心情都受到很大影響。愛因斯坦與艾爾莎接下來旅行到本州最南端的門司鎮，當地人以一場奢華的接待會迎接他們到來。在義務性的記者會後，他們有如皇室般被安頓在僅限會員入住的門司三井俱樂部（Mitsui Moji Club）。[33]

第二天早上（十二月二十四日），忍受「被拍了第一萬次」之後，愛因斯坦搭火車和渡輪到了福岡，九州島南端的大城。他差點趕不上在三千名聽眾前的四小時演講。到了晚上，他接受一場像是無止境的晚宴款待，而在晚宴上，愛因斯坦很驚訝地看到大多數名人都喝得醉醺醺的，還歡天喜地得手舞足蹈。

愛因斯坦啟程前往日本在「北野丸」上認識的三宅醫生，在他們待在福岡時招待他，因為這裡是他的家鄉。他帶愛因斯坦去一家日式飯店過夜，當他們抵達時，飯店女老闆跪下來磕頭了「大概一百次」，歡迎愛因斯坦到來。愛因斯坦住在由好幾間精緻房間組成的套房裡，但是最讓他印象深刻的是用一隻小指頭就能輕鬆打開或關起的紙門。其中一間房間還體貼地放置了歐式的座椅。

愛因斯坦覺得隔天簡直是瘋狂的一天，但其實這天跟其他許多天沒有太大不同。稻垣和其他好幾位學者在早上九點來到他的套房，不久那個「滑稽」的老闆娘也進來。她帶了六塊很大的正方形絲綢進來，還有一瓶墨汁和幾枝畫筆，請求愛因斯坦在絲綢上寫下他的名字。寫完之後，他跟最先向日本物理學家介紹相對論的科學家桑木彧雄（Ayao Kuwaki）見面，兩人討論了相對論在認識論上的影響。愛因斯坦與稻垣接著回到火車站，去接從門司坐火車來的兩人的太太。兩對夫妻一起探訪了福岡和此地的商店，然後前往在醫學院舉行的正式午宴。午餐後，愛因斯坦接受了大量的禮物，握了許多教授的手，還去看了特別為他安排的展覽。展覽中包括膽囊結石、長了螺旋菌的組織學切片樣本，以及混種的魚類。

愛因斯坦接下來拜訪了三宅家裡，見到他四個可愛的孩子。[34]之後他被帶去參觀當地縣長為他特別籌劃的畫展，然後就到了他該返回門司的時間了。當然，所有人都來到車站為他和艾爾莎送行，包括那位「全日本最親切的老闆娘」。愛因斯坦寫道，到這時他已經累得如行屍走肉，只有他的肉體還能返回門司。然而，他一抵達門司，又被拖去一個兒童聖誕晚會，被要求為孩子們演奏小提琴。當他終於在晚上十點回到門司三井俱樂部時，他才吃了飯，回覆許多來自家鄉的信，然後上床睡覺。

在日本剩下的三天，愛因斯坦相當寧靜地度過。他又和稻垣去爬了一座山，享受俯瞰山海的遼闊景色。當天晚上稍晚，一個男人帶著一疊紙出現，要求愛因斯坦寫下他在山頂時的感想，令他很驚訝。之後山本來到，很尷尬地通知愛因斯坦與艾爾莎要搬家，因為門司三井俱樂部「露出了它的獠牙」，要求巨額費用。

第二天，愛因斯坦與艾爾莎搭乘一艘三井的蒸汽郵輪，在瀨戶內海進行了一趟一整天的難忘海上之旅。之後他們悠閒地在下關市城裡散步，並接受一場極為熱鬧的晚宴款待，與山本和其他數人共進晚餐。他們都堅持要愛因斯坦在一片片絲綢上畫下他的名字，他樂意地從命了。大家興致高昂，愛因斯坦覺得跟他的日本東道主在一起很輕鬆自在，因為他在過去五個月來已經和他們變得很親近——「幸福的寧靜！」晚餐時，愛因斯坦獻給山本太太一首詩和一幅素描——這是愛因斯坦習慣表達感謝的禮物。他一生為這樣的場合寫過許多類似的打油詩，都是同樣的押韻靈巧、機智詼諧，而且觀察入微。

在日本的最後一個整天，愛因斯坦成為門司商業聯誼會，他所稱的「上流金融人士」的座上賓。這是他首次有機會與非學術圈的日本人相處。他認為他在這個場合遇到的日本人顯得很精明，不像教授們那樣文雅，更像他們在歐洲的同類。他欣賞他們簡單直率的態度。在整頓飯的過程中，好幾個商人起來表演獨唱，而愛因斯坦當然也被要求演奏小提琴。

注釋

1. 哈登是維特科夫斯基（Felix Ernst Witkowski, 1861–1927）的筆名，引發了所謂「奧倫堡事件」的知名記者。他揭露的事件毀了威廉二世最親近的朋友與顧問奧倫堡公爵（Prince von Eulenburg, 1847–1921）的名聲。奧倫堡公爵被認為有足以溫和壓制威廉二世的影響力，但哈登指控他與軍隊的最高階層人士有同性戀關係。值得注意的是，哈登、艾茲伯格和拉特瑙都是猶太人。

2. 最先是由理論物理學家石原純代表山本去和愛因斯坦接觸。石原純曾在德國受教於索末菲、普朗克和愛因斯坦。他在一九二一年八月寫信給愛因斯坦，告知山本的想法，而愛因斯坦在一九二二年一月接到正式的合約。愛因斯坦待在日本期間，石原純全程擔任他的嚮導、翻譯和遊伴。參見 Hiroshi Ezawa, "Impacts of Einstein's Visit

to Japan," *Association of Asia Pacific Physical Societies (AAPPS) Bulletin* 15 (April 2006): 3–16。

3. 貝索（1873–1955）與夏馮（1868–1942）都是愛因斯坦在蘇黎世學生時期的朋友，後來終其一生都維持著友誼。貝索尤其是他很重視的同事：愛因斯坦一九〇五年著名的狹義相對論論文很特殊的一點是完全沒有任何參考書目，只有單單一句謝辭，表達他感謝「我的朋友與同事貝索堅決支持我的研究……提供許多寶貴的建議」。Albert Einstein, "Zur Elektrodynamik bewegter Körper (About the Electrodynamics of Moving Bodies)," *Annalen der Physik* 17 (1905): 891–921.

4. Roger Highfield and Paul Carter, *The Private Lives of Albert Einstein* (London: Faber and Faber, 1993), p. 220.

5. 「北野丸」是一艘八千五百噸重、單煙囪的郵輪，建造於一九〇九年，日本郵船株式會社（NYK shipping line）所有。它在一九四二年於菲律賓外海被水雷擊沉。

6. 愛因斯坦在這趟旅途中，就跟其他次旅行時一樣，沒有丟下他的研究工作。他一完成廣義相對論之後，就開始找尋可以導出重力場與電磁場的統一場論。這是愛因斯坦後來一輩子研究的目標。但並非只有他一人想追尋這個目標。知名的德國數學家外爾（Hermann Weyl, 1885–1955）和卡魯扎（Theodor Kaluza, 1885–1954）都曾嘗試利用在廣義相對論中成功的一個方法，使四維時空幾何學有更廣的運用（但都沒有成功）。愛因斯坦在他的日記中表達他仍希望可以繼續堅持統一場論，雖然他也懷疑是否所有自然律都能以微分方程表達——這可能是因為他認識到量子效應的重要性。

愛因斯坦認為相對論比牛頓物理理論更為根本，是因為牛頓的力學可以從相對論中導出。他也相信，宇宙中存在著永無止境的更根本的理論。Abraham Pais, *'Subtle is the Lord . . .' The Science and the Life of Albert Einstein* (Oxford: Oxford University Press, 1982), p. 325.

值得注意的是，一九二二年，重力場與電磁場是物理學家唯一所知的兩種力場，而這兩種力場產生的都是長程力（long range force），其強度會與距離的平方成反比（$1/r^2$），因此尋找這兩者的共同上位階理論似乎是很合理的。

在拉塞福（Ernest Rutherford）於一九一九年發現核子，之後並發現核力後，科學家若要找尋能統一自然力的理論，顯然都應該將這些力量考慮進來。但是愛因斯坦對於新興的核子物理學卻似乎毫無興趣。

關於愛因斯坦對統一場論的追尋，比較完整且非技術性的討論，參見 Steven Weinberg, *Lake View: This World and the Universe* (Cambridge, MA: Harvard University Press, 2009), pp. 178–85。

7. 這本書是 *Durée et Simultanéité à propos de la théorie d'Einstein* (Paris: Alcan, 1922)。這一年稍早，愛因斯坦曾與具影響力的法國哲學家柏格森（1859–1941）有一場公開辯論，被一些評論家視為理性主義與直覺的對質。

8. 愛因斯坦曾寫道：「所有人對我而言都像陌生人，彷彿他們跟我之間隔著一道隱形的牆。」Highfield and Carter, *Private Lives* (London: Faber and Faber, 1993), p. 87. 愛因斯坦讀的這本書是 Ernst Kretschmer, *Körperbau und Character* (Berlin: Springer, 1921)。

9. 由於地球的自轉，表面側向速度（lateral speed）在靠近赤道的區域最高。因此，從南方或北方吹向赤道的風會受到地球自轉影響而往東偏向。所以氣旋（颶風）在北半球以順時針方向旋轉，在南半球以逆時針方向旋轉。

10. 愛因斯坦對電羅經的興趣始於一九一四年。當時他被法院指派，在美國的史派瑞電羅經公司（Sperry Gyroscope Company）與德國一家競爭對手的官司中，擔任專家證人。這家德國公司的創辦人就是安舒茲（1872–1931），他是個富有天分的探險家與發明家，一直期望能以潛水艇航行到北極。由於地球的磁場在高緯度地區幾乎呈現垂直，因此靠磁性運作的羅盤毫無用處，於是安舒茲便想利用電羅經作為航行指引工具。愛因斯坦的證詞幫助了安舒茲在法庭上獲勝，兩人後來成為好友。

永遠維持正確方位的電羅經，其原理早在一八五二年就由傅科（Léon Foucault）發現，但是一直到安舒茲的公司解決了電羅經的電力供應問題，讓它能在一個完全和船隻（或飛機）的移動隔絕的容器裡獨立旋轉，它才成為實用的工具。愛因斯坦對這實用電羅經的最終設計也有貢獻，因此可以從售價中獲得百分之三的權利金。到了一九三〇年代，安舒茲的電羅經已經變成大多數國家海軍的標準導航配備。一次大戰期間，德國潛艇廣泛使用電羅經，而愛因斯坦如何在他的和平主義原則與他對電羅經的貢獻之間取得平衡，不得而知。在拉特瑙於一九二二年遭謀殺之後，柏林的政治緊張氣氛如此高漲，愛因斯坦因而想離開柏林，也拋棄學術生涯。他寫信給朋友安舒茲，說拉特瑙的死讓他很受創，因此他想去安舒茲的公司當技術人員。這讓安舒茲很震驚，在一九二二年七月十二日寫信給他的朋友，物理學家索末菲：「最新消息：愛因斯坦受夠了柏林以及跟它相關的一切，那些參訪和官方事務，還有那些可怖的憎恨語言，他想要改當技術人員。」雖然愛因斯坦不久就放棄了這項計畫，但他仍維持與安舒茲的技術合作和友誼。在這件奇特的事件過後，安舒茲為愛因斯坦提供了一個在基爾的避難所，讓他隨意使用。那是一間在地面樓層的公寓，位置就在施文廷河（Schwentine River）的河岸邊，靠近河水注入基爾灣的河口。這間公寓配備了完整的家具，包括花園下方有個突出的碼頭，繫著一艘帆船。愛因斯坦經常利用這個避難所，也會帶他的兒子們來這裡駕帆船度假。Dieter Lohmeier and Bernhardt Schell, *Einstein, Anschütz und der Kieler Kreiselkompass* (Heide in Holstein: Verlag Boyens, 1992); also Albrecht Fölsing, *Albert Einstein: A Biography*, trans. E. Osers (New York: Viking, 1997).

11. 梅耶（1847? –1930）出生在巴格達，但在加爾各答的巴格達移民社群長大。他在一八七三年來到新加坡，創立了一家公司，以做鴉片貿易和其他冒險事業賺了大錢。他擁有的新加坡地產曾經有一度超過任何人。他的宗教信仰非常虔誠，並且在五十多年間主宰了新加坡猶太社群的宗教生活。一九〇六年，愛德華七世國王因為他的慷慨捐款及積極參與殖民地的公民事務而封他為爵。關於新加坡的巴格達猶太人，詳細描述參見 Joan Bieder, *The Jews of Singapore*, ed. Aileen Lau (Singapore: Suntree Media, 2007)。

12. 孟托是原籍德國的鑽石商人。他的兄弟是知名的舞台劇及電影演員馬克斯．孟托（Max Montor），曾在金．維多（King Vidor）製作的經典電影《街景》（*Street Scene*, 1931）中出現。愛因斯坦曾說他也是很有天分的演員，他的妻子雖在新加坡長大，卻是真正的越南人。他顯然對這兩人都很有好感。

13. 愛因斯坦對於弱勢者的熱心關懷是眾所皆知的，但是以下這件軼事可能不是很多人知道。愛因斯坦在柏林居住的公寓在大樓四樓，這棟大樓嚴格規定只有住客才能用電梯，傭人只能走後面的樓梯。愛因斯坦因此向門房要求，他願意走後面的樓梯，只要拿著沉重雜物籃的女傭可以用電梯。Carl Seelig, *Albert Einstein* (Zurich: Europa Verlag, 1960).

14. 愛因斯坦參觀的這個猶太人社群中心，跟猶太人不一定受歡迎的該殖民地的英國人俱樂部，氣氛其實很相似。這是香港猶太人很喜歡的聚會場所。香港成為英國殖民地（一八四二年）後不久，最早到此的猶太移民就是來自巴格達的塞法迪猶太人，而他們跟巴格達、孟買和加爾各答都還維持著緊密的聯繫。他們具有企業精神的猶太社群帶了許多人到香港，還有上海、新加坡和亞洲其他城市。

有「東方羅斯柴爾德家族」之稱的薩松家族（Sassoon），在香港社群的宗教生活中呼風喚雨。猶太會堂裡的儀式都是用阿拉伯語進行。中東歐猶太人在一八八〇年代開始來到香港時，在同樣的猶太會堂做禮拜，但是兩個社群極少有社交上的互動，直到這個猶太社群中心在二十世紀初建立，提供了兩個文化間的橋梁。愛因斯坦前來參訪時，這個中心有一間配有平台鋼琴的音樂和演講廳，還有一間圖書館、一間撞球間，以及一間由穿著白色西裝的中國酒保坐鎮的酒吧。Caroline Plüss, "Sephardic Jews in Hong Kong: Constructing Communal Identities," *Occasional Papers of the Sino-Judaic Institute* 4 (2003): 57–79.

15. 愛因斯坦即將來訪的消息公布之後，日本坊間出現了至少八本書籍及五篇期刊論文，都在討論相對論，其中包括四大冊的愛因斯坦論文集，還有石原純寫的相對論論文。Ezawa, "Impacts of Einstein's Visit."

16. 到神戶來迎接愛因斯坦的理論物理學家中，包括了曾受教於索末菲和普朗克的石原純（1881–1947）、一九〇六年將相對論介紹到日本並曾在一九〇九年到柏林拜訪愛因斯坦的桑木彧雄（1878–1945），屬於所謂日本「第一代」物理學家並在一九〇三年提出土星型原子模型而聞名的長岡半太郎（Hantaro Nagaoka, 1865–1950）。長岡是在日本唸書，接受蘇格蘭物理學家科諾特（C. G. Knott）的訓練，石原、桑木和另一位物理學家愛知敬一（Keiichi Aichi, 1880–1923）都是東京大學畢業，後留學德國。

17. W. H. Solf, Report to the Foreign Office, Berlin. Tokyo, 3 January 1923. Siegfried Grundmann, *Einsteins Akte: Wissenschaft und Politik—Einsteins Berliner Zeit* (Berlin: Springer, 2004), pp. 231–35.
索夫（1862–1936）是文獻學家及外交官，一次大戰前曾在德國的殖民局工作。他在一九〇〇年至一九一〇年間擔任薩摩亞群島的地方長官，威瑪共和時期又回到外交官生涯。在他死後，他的遺孀喬安娜（Johanna）的公寓被用來作為反納粹的外交官員，所謂「索夫圈子」（Solf Circle）聚會的祕密集會場所。一九四三年，有人向納粹祕密警察蓋世太保舉報這個團體，好幾個成員因此被處決。喬安娜．索夫也被逮捕，但存活到戰後。

18. 石原是受到肯定的詩人，也是備受敬重的理論物理學家。就在愛因斯坦來訪的大約同時，他因為傳出與一位女詩人的緋聞，被迫辭去東北大學的職位。他記錄的愛因斯坦的演講後來出版成書，搭配岡本一平的漫畫。Ezawa, "Impacts of Einstein's Visit."

19. Grundmann, *Einsteins Akte*, pp. 231–35.

20. 席格佛瑞．貝林納與安娜．貝林納（1888–1977）在一九三二年返回德國。但身為猶太人的他們在一九三八年再度移民，這次到了美國，並曾在多所大學任教。

21. 二十多年前愛因斯坦與韋伯（1843–1912）之間充滿爭執的關係，反映了二十世紀初時，從古典物理學到「現代」物理學的過渡時期。在學生時期，愛因斯坦本來很被韋伯設備齊全的電子實驗室裡實際動手做的實驗所吸引，雖然他覺得韋伯很老古板，並指控他「完全忽略亥姆霍茲之後的一切發現」。愛因斯坦曾向韋伯提議做一項實驗，以測試當時的「以太」假說（類似邁克生—莫里實驗〔Michelson-Morley experiment〕），韋伯完全不接納他的主意，並對愛因斯坦說：「你是個很聰明的孩子，但是有一項致命的缺點，就是你不讓別人告訴你任何事。」而愛因斯坦確實很桀驁不馴，堅持稱呼他「韋伯先生」，而非「韋伯教授」。Fölsing, *Albert Einstein*, p. 79. Also Seelig, *Albert Einstein*, p. 48.

諷刺的是，這並非兩人的職業生涯唯一一次交集。物理學家很久以前就發現，「單純」（只由一種元素組成）的固體會有大約同樣的特定比熱（大約是6 kcal/gram-mole.degree）。這所謂的杜隆—泊替定律（Law of Dulong-Petit, 1812）在很久之後，才因為波茲曼確立熱能（*kT*）與物質組成原子的振動有關，而得到解釋。愛因斯坦擴張普朗克將輻射線量子化的概念，應用到原子的力學（振動）能，而預測說在很低的溫度下——也就是在熱能和振動能量幾乎相等時——比熱會低於古典的杜隆—泊替的值。根據愛因斯坦的量子論所預測出的，與溫度成相關的鑽石比熱，完全符合實驗所得的低溫中的比熱——而三十年前測出這項實驗結果的，就是當時擔任亥姆霍茲助手的韋伯。Albert Einstein, "Die Plancksche Theorie der Strahlung und die Theorie der spezifischen Wärme"[普朗克之電磁輻射理論與比熱理論], *Annalen der Physik* 22 (1907): 180–90.

22. Ezawa, "Impacts of Einstein's Visit," p. 3.

23. 不同於大多數日本大學，早稻田大學是一所私立學校。它在一九一三年由大隈重信（Shigenobu Okuma）根據西方的辦學方式創立，其辦學宗旨在於「保持學問的獨立，學問的活用，以及模範國民的造就」。

24. 由高溫與電磁場導致的光譜線偏移讓愛因斯坦很感興趣，是因為它們可能掩蓋了重力導致的太陽光譜的紅移。弗倫狄區當時就想在波茨坦的太陽觀測站測量重力導致的紅移。

25. 這實在是很大膽的選擇。貝多芬精采的第47號作品非常考驗小提琴家和鋼琴家的技巧與音樂性。

26. 德川家康（1543–1616）是一六〇六年至一八六八年統治日本的德川幕府的創立者。所謂江戶時代是以當時的首都江戶（今東京）為名，是日本史上最長治久安的時代。一萬五千位工匠工作了兩年，才建造完成他貼滿金箔的華麗神社。

27. Albert Einstein, "My Impressions in Japan," trans. Hiroshi Ezawa, *AAPPS Bulletin* 15 (Oct. 2005): 20.

28. 愛因斯坦來訪時，米歇利斯（1875–1949）是名古屋大學的教授。這位物理化學家最著名的成就是釐清了酵素反應的動力學。他移民美國後，先後在約翰．霍普金斯大學和洛克斐勒大學任教。

29. 柯霍（1843–1910）是醫師及系統細菌學的先驅，炭疽桿菌和結核桿菌有機體的發現者。他也研究霍亂微生物與霍亂的傳染，並擬出使飲用水安全的規定。

30. 要求他討論相對論如何誕生的是京都大學哲學家西田幾多郎（K. Nishida）。這篇演講的紀錄後來出版為：Albert Einstein, "How I Discovered the Theory of Relativity (*Wie ich die Relativitätstheorie entdeckte*)," notes taken by Yun Ishiwara, trans. Y. O. Ono, *Physics Today* 15 (Aug. 1932): 45。石原的紀錄另外也由森川雅弘（Masahiro Morikawa）翻譯，發表於 *AAPPS Bulletin* 15 (Oct. 2005)。

31. 東大寺建於七五二年，這座寺廟影響力之大，甚至讓首都一度由奈良遷到長岡（Nagaoka）。它目前仍是全球最大的木造建築，也是許多宗教祭典舉行的場所。

32. Grundmann, *Einsteins Akte*, pp. 231–35.

33. 門司與下關隔著日本本州與日本南端九州之間狹窄的關門海峽相望。三宅的家鄉福岡位於九州。門司三井俱樂部在那之後改建成豪華飯店，愛因斯坦的房間被保留作為博物館。

34. 不幸的是，三宅和妻子都死於二次大戰。戰爭結束後，他們的兒女請求愛因斯坦為他們的墓碑寫墓誌銘。

3 回程：巴勒斯坦與西班牙（一九二三）

重訪上海、香港、新加坡與可倫坡

一九二二年十二月二十九日，愛因斯坦與艾爾莎在門司搭上「榛名丸」（SS *Haruna Maru*），開始返家的旅途。在感傷的送別會上，前來道別的人包括了都帶著妻子的山本和稻垣、帶著年幼孩子的桑木、石原、三宅，還有「榛名丸」的船主三井—日本郵船株式會社（Mitsui-NYK shipping line）的幾位代表。上船之後，愛因斯坦立刻發現這艘船很大很舒適——絕對比他和艾爾莎來日本時所乘坐的「北野丸」還新。[1]船在下午四點離港，往東航過黃海。愛因斯坦很快就安頓在他舒適的船艙裡，回到他的工作上。他在某些電力學的計算上有些進展，立刻寫信告訴石原。在離開門司前，愛因斯坦接到了他的朋友貝林納夫婦寄給他的過期的法蘭克福報紙。現在他終於有機會讀報，而在了解來自德國的令人沮喪的新近消息後，他在日記中哀嘆：「悲慘的歐洲！」

愛因斯坦在一九二二年的最後一天抵達上海時，天氣十分晴朗。兩位紳士鍾德先生（Mr.

De Jong）與葛圖先生（Mr. Gatou）到碼頭上來迎接他們。愛因斯坦私下稱他們是「工程師和暴發戶」。他們得知葛圖，這個暴發戶，將是他們在上海期間的東道主，而儘管愛因斯坦覺得他是個勢利的人，但很稱許他擁有一台絕佳的鋼琴。這是愛因斯坦在日本時很想念的東西。這天晚上，葛圖在自己家裡舉辦了一場很吵鬧的紐約式除夕慶祝會。雖然愛因斯坦坐在一位很迷人的越南女士旁邊，他還是在日記中寫下難得的私密感覺，說他覺得哀傷。

上海讓愛因斯坦覺得沮喪。他和艾爾莎在岸上的這兩天遇到的歐洲人，在愛因斯坦看來，都顯得「懶惰，自滿，而且膚淺」，並雇用許多中國傭人。元旦當天下午，葛圖舉辦了一場接待會，對他這位出名的客人致敬。無止境的致詞和握手讓愛因斯坦很懊惱，他描述這些客人是「滿嘴糖蜜的非利士人」。晚上，他和艾爾莎被帶去一個中國的娛樂場所，他在那裡驚訝地發現中國人不分場合地演奏歐洲音樂，不論是在婚禮上或葬禮上，完全不管那音樂是葬禮進行曲還是華爾滋，只要裡頭有很多小喇叭的聲音就好。根據在這裡定居的歐洲人所說，中國人「骯髒，備受折磨，腦筋遲鈍，好脾氣，可靠，溫和，而且出人意料地健康」。他們異口同聲地稱讚中國人，但也認定中國人沒有生意頭腦，並以歐洲的薪資即使高了十倍，也能跟他們競爭，作為強有力的證據！

「榛名丸」在一月二日離開上海。愛因斯坦很高興能重新恢復和平寧靜的船上生活。他是如此想要維持這樣快樂的狀態，甚至避免認識任何新的人。艾爾莎似乎不太可能也這麼做，但是愛因斯坦鮮少在日記裡提到她的活動，因此我們無從得知。忍受了這麼多星期緊湊忙碌的行程後，不難想見愛因斯坦為什麼這麼珍惜在船上時，他所謂的「沉思的，令人羨慕的生活」。他在艙房裡工作，想讓愛丁頓最近發表的理論可以廣泛運用到其他地方。[2]

這艘船抵達香港時（一月五日），愛因斯坦與艾爾莎渴望終於能有一點寧靜和隱私，因此一大早偷溜上岸。他們終於難得一次地躲過了歡迎的接待會。兩人計畫去岸上處理幾件雜事，首先是到三井─日本郵船株式會社的辦公室──他們在這裡很快就遇到高賓先生（Mr. Gobin），也就是他們初次造訪時曾開車載他們遊覽維多利亞島的生意人之一。他們那次曾經受到高賓先生如此熱情款待，因此當他堅持他要在下午，在猶太社群的中心辦一場臨時的歡迎會時，他們實在無法拒絕。

高賓一路陪著愛因斯坦與艾爾莎到他們的下一個目的地，法國領事館，去申請非常重要的過境簽證。接著他們儘快跟高賓先生告辭。他們再度單獨兩人時，便像上次一樣搭了纜車到維多利亞山上。愛因斯坦從這裡一路爬到頂峰，儘管天氣十分炎熱。他得到的回報是一望無際的壯麗視野，可以俯瞰港口、海洋，以及許多小島。愛因斯坦與艾爾莎顯然很享受能再度運用雙腿，因此決定沿著一條小徑，穿過茂密的熱帶樹林，從山頂走路下山。下山的路花了大約一小時，而他們一路上一直看到川流不息的中國男人、女人，甚至小孩子，拉著磚塊爬上陡峭的小徑，辛苦呻吟著。愛因斯坦沉思道，中國人真是全世界最不幸的人：他們被殘酷地虐待，受到比牲畜更差的待遇──這就是他們如此謙虛，溫和而不要求，所得到的回報。

愛因斯坦夫婦才剛回到船上，「那個傢伙」（高賓）就出現了，要先載他們去猶太社群中心，然後到一間猶太會堂。一個滑稽的場景在那裡等著他們：幾乎沒有人出席這場接待會！結果他們不得不接受高賓的邀請，跟他的家人一起用餐。在忍受了「無止無盡，味道可怕的一餐」後，這對夫妻終於回到了船上。

「榛名丸」隔天離開香港，要往南行駛時，愛因斯坦就坐在日光甲板上。他戴著帽子，覺得酷熱還勉強可以忍受，看著數十艘中國帆船在海浪上舞蹈。這場景給了他一個關於相對論中電磁問題的新鮮想法——但他沒有在日記中透露是什麼想法。很可能的情況是，跟過去常發生的一樣，這個想法結果是有瑕疵的。隨著船往南穿過南中國海，天氣變得越來越多雲，炎熱，而且潮濕。經過一段平靜無事的旅程後，它在一月十日傍晚，下錨停靠新加坡。

就在即將離開日本之前，愛因斯坦已經接到通知，告知他獲得了一九二一年的諾貝爾物理學獎，但是他認為這個消息甚至不值得在日記裡特別一提。他對於獎項與讚譽的不屑是眾所周知的，不過獎金卻是另一回事，因為他與米列娃的離婚協議書裡簽訂了獎金將歸於米列娃。愛因斯坦回國之後還協助她對這筆錢做了明智的投資。他的得獎是基於他的光電效應研究成果，因為瑞典皇家科學院認為相對論還有太多爭議。[3]這項消息對愛因斯坦來說並不意外，因為勞厄和身為瑞典皇家科學院成員的阿瑞尼士（Svante Arrhenius）在他離開柏林前已經對他相當清楚暗示說，他們都很希望他能在十二月現身斯德哥爾摩。不過他還是不想改變他的旅行計畫。

愛因斯坦一抵達新加坡，就接到來自阿瑞尼士、波耳（Niels Bohr）和普朗克的道賀信息，他也都一一回覆。他與波耳的書信往來尤其吸引人，因為這些書信顯示了這兩位二十世紀物理學巨人之間溫暖的友誼，儘管他們對量子力學的詮釋有不同的想法。

波耳在一九一三年經歷了他的重大之年，比愛因斯坦晚了八年。他在這年提出氫原子的量子論模型。普朗克假定電磁輻射振子（radiative oscillator）的能量應該被視為量子，才能解釋黑體輻射光譜（black-body radiation spectrum）；愛因斯坦之後提出光量子的理論來解釋光電效應，並證明在固態中，原子的振動能量也應視為量子。而到這個階段（一九一三年），波耳則證明了原子的結構及其光譜也應該用量子論來解釋。這三個人，普朗克、愛因斯坦和波耳，可以很理所該當地被並稱為量子物理學之父。

波耳在他的信中恭喜愛因斯坦獲得諾貝爾獎；他知道這項榮耀對他而言沒有什麼意義，但是認為因此獲得的獎金或許可以減輕他的工作負擔。（波耳判斷愛因斯坦不在乎這項榮譽是正確的，不過他不知道這項獎金會歸米列娃所有。）他在給愛因斯坦的信中寫道，他知道自己原本也是諾貝爾獎得主可能人選之一（他在隔年獲得），很高興看到愛因斯坦對他的研究的貢獻能先獲得肯定。

愛因斯坦以輕鬆愉快的口氣回信說，他對於波耳擔心自己會在愛因斯坦**之前**得獎，這樣「波耳式」的滑稽恐懼，深覺感動。他寫到波耳最新的著作曾在他的這趟旅途中陪伴他，讓他比過去更熱愛波耳的頭腦。他很喜歡日本，也發現像這類的海上旅行，對他這樣的「思考者」而言，真是太理想了——就像待在修道院裡一樣。信末他告訴波耳，他正在靠近赤道的地方寫信，溫熱的水正懶懶地從空中落下，在萬物上灑下寧靜與昏沉——他的信正可見證。他在信末署名：「尊敬你的愛因斯坦」。[4]

「榛名丸」在新加坡港口停靠的那天早上，先前愛因斯坦夫婦造訪時就招待過他們的孟托已經在等著他們。他開車載他們去了一座保存良好的原始森林，愛因斯坦對於那狂野生長、茂密到難以穿透的植被印象十分深刻。他們在孟托家吃午飯，然後參觀了一座棕櫚樹農場，才返回船上。當天稍晚，愛因斯坦很簡潔地總結在岸上的這天：「樹木壯觀，人類平凡。」

「樹木壯觀，人類平凡。」

愛因斯坦隔天去拜訪了梅耶爵士（那個「克羅伊斯」）。很可惜地，並沒有紀錄顯示這兩個在各自領域如此卓越，卻又大不相同的人說了些什麼。不過這次拜訪讓愛因斯坦又有一次機會欣賞梅耶美麗高貴的女兒。他在日記中稱她為「波西亞」（Portia）。[5]完成了社交義務後，愛因斯坦與艾爾莎得以在返回船上的路程中享受新加坡島上的美麗景致。到了下午五點，在一陣熱帶地區的傾盆大雨中，「榛名丸」離開了碼頭，穿梭過許多「鮮綠色絲絨般的島嶼」組成的群島。

「榛名丸」此時沿著馬來西亞的西邊海岸往北行駛，途中只短暫停留了兩個地方。第一次是一月十三日一大清早在麻六甲的外海下錨停泊，但是愛因斯坦夫婦一直到下午搭乘划槳的船上岸，才能開始他們的遊覽。他們參觀了一座葡萄牙教堂，還在城裡散步，尤其著迷於看到印度人、馬來人和華人在此混雜生活，顯得生氣蓬勃。麻六甲人的交通工具是一種有稻草頂篷的兩輪推車，由長角的水牛拉車。雖然天氣極度炎熱，愛因斯坦回到船上後還是繼續工作——並發現他最新的理論中有一個致命的錯誤。如他所說：

「我在我的電學湯裡發現了一根很粗的頭髮。太不幸了。」

「我在我的電學湯裡發現了一根很粗的頭髮。太不幸了。」

第二天，他們沿著馬來西亞海岸往北約三百英里，到了檳城。「榛名丸」停泊在海灣裡，距離城鎮相當遠。船上再度變得酷熱，因此愛因斯坦與艾爾莎第一時間趕緊上岸，不但是為了觀光，也為了逃避酷熱。他們發現城裡的炎熱比在船上容易忍受。雖然他們受到人力車車夫糾纏，還是堅持自己在檳城散步。在愛因斯坦看來，這個小城的建築、船隻和居民都相當有風格。他尤其被一個驚人美麗又不屈不撓的女乞丐震懾。他和艾爾莎在檳城時還去參觀了一座佛寺，裡頭裝飾著色彩豔麗的圖畫，讓愛因斯坦覺得神祕又嚇人；另外還有一座清真寺，有著細長的白色尖塔和相連的公共澡堂，幾個男人在那裡休息。到了晚上，他們和幾個日本乘客一起返回船上。海面變得波濤洶湧，他們的小船被拋上拋下，讓艾爾莎非常驚恐——但是沒有驚恐到她無法斥責那渾身肌肉、黑色眼珠炯炯有神的印度划槳手。他筆直地站在船尾，冷靜地持續划槳，將所有人安全送回船上。熱度一直到午夜才稍微減退。

「榛名丸」再度開始向西航行，穿過孟加拉灣，抵達錫蘭。愛因斯坦在甲板上，於明亮的星空下享受舒適的微風，與一個錫蘭的學校老師閒聊錫蘭的生活。這位老師對英國在錫蘭的統治毫無怨言且讚不絕口。回到艙房後，愛因斯坦繼續找尋統一場論。雖然他的研究一再受挫，但他極度讚頌他在船上享有的值得羨慕的生活。

「榛名丸」抵達可倫坡（一月十九日這天）時，愛因斯坦試圖在旅客當中找一群人，一起搭汽車去觀光，無疑是希望避免再次搭乘貶抑別人的人力車。這項計畫失敗後，他和艾爾莎只好自己上岸。他們搭乘電車繞了城裡一圈後，走路到了火車站，路上持續被糾纏不休的大批當地人包圍。他們搭了火車到可倫坡以北約三十英里的海邊小鎮尼甘布（Negombo）。他們被告知那裡沒有任何歐洲人。抵達尼甘布後，他們終於讓步，雇用了兩輛人力車。其中一位車夫是全身赤裸的「天體人」（natural man）[6]，另一個曾在漢堡著名的哈根貝克馬戲團（Hagenbeck）當過馴象夫，他對漢堡稱讚個不停。[7]這兩人載著愛因斯坦與艾爾莎經過尼甘布的主街，街道兩旁排列著一間間在棕櫚樹叢中的小屋。果不其然，這兩個陌生人又被許多人張口結舌地盯著看，但愛因斯坦說，這大概就跟一對錫蘭夫妻在柏林會受到的待遇沒兩樣。

這兩個人力車夫帶著愛因斯坦與艾爾莎來到一個漁村，這裡的孩子都全裸，男人也只穿著纏腰布。愛因斯坦對於他在這裡看到的，有極簡單舷外支架的漁船感到非常好奇。他猜這些船的速度應該很快，但坐起來會很不舒服。一艘滿載魚貨的船正回港，後面跟著一群垂涎的烏鴉。他之後在日記中畫出一艘這樣的漁船。他與艾爾莎接下來經過一條小河注入海中形成的海灣，而在這裡，就在河邊的草原上，他們看到一隻距離他們只有三十英尺的巨大鱷魚。這隻猛獸已經被發現，遭吼叫的村民用石頭丟擲圍攻，因此慢慢地爬向水中。

愛因斯坦與艾爾莎在村裡的一間小旅館吃飯，之後才回到火車站。那個曾在漢堡工作的人力車夫很喜歡愛因斯坦和他所給的五盧比，所以還回到車站來，送給他們一串香蕉，給他們在返回可倫坡的路上吃。在月台上等火車時，他們結識了一個有母親和姊姊陪同的美麗年輕錫蘭女子：愛因斯坦認定她們是「鄉村貴族」。這個年輕女子的曾祖父是荷蘭人，而愛因斯坦表示他很少見到像她這樣美麗的人。

在火車車廂裡，愛因斯坦與艾爾莎受到大批蚊子圍攻，這讓他們有些擔憂，因為火車正經過一片眾所周知常有瘧疾為患的種稻區域。他們一抵達可倫坡車站，便再度被人力車夫包圍，堅決婉拒了很久之後，他們不得不投降，雇人載他們回碼頭。愛因斯坦因此下結論認為，在這些地方，歐洲人自己走路去任何地方都會被視為是「傲慢無禮」。他們搭乘小船回船上時，海上再度波濤洶湧，於是驚恐的艾爾莎把種種嚴厲的斥責都算到她丈夫頭上。

一月二十二日，「榛名丸」起錨往西方駛去，橫越遼闊的印度洋。它的乘客要到接近阿拉伯半島時，才會再看到陸地。愛因斯坦似乎對此再滿意不過；他熱愛船上的寧靜和夜晚燦爛的星空。他完成了一份初稿，評論愛丁頓關於相對論的想法，並將在塞德港寄給普朗克，因為他與艾爾莎計畫在塞德港下船，展開他們的巴勒斯坦之旅。他們在海上的最後一天，跟船長一起參加了日本人的道別晚宴。另外還有一場面具舞會，好幾個乘客上台演奏音樂。這是日本人很擅長的事。儘管愛因斯坦有獨來獨往的名聲，還下定決心在船上遠離人群，但他還是跟好幾位乘客變得很親近，其中包括幾名日本商人、一位要從日本返國的希臘大使，以及一位富有同情心的英國寡婦，儘管愛因斯坦一再拒絕，還是堅持要給他一英鎊，捐助耶路撒冷的那所大學。

愛因斯坦對於法國為了懲罰德國延遲戰爭賠款，而派軍隊占領德國工業中心魯爾地區（Ruhr）的消息，感到很不安。他哀嘆在過去數百年來，法國人「都沒有變得比較聰明」。[8]

「天空有些烏雲。帶著銀光的黯淡色彩。如畫的航行船隻。黃色的海岸。」（船行近蘇伊士港時所思）

等「榛名丸」抵達紅海之後，每天的夕陽開始變得格外絢麗。當天空從橘黃轉成深紅，他們遇見的從海中突出的小島會被燦爛地照亮，其他小島則只留下黑暗的輪廓。這片景色如此豔麗，讓愛因斯坦深受震撼。當船接近蘇伊士港時，海水染上了一層深藍色調，而且似乎出乎尋常地透明。愛因斯坦寫道：「天空有些烏雲。帶著銀光的黯淡色彩。如畫的航行船隻。黃色的海岸。」

在蘇伊士港短暫停留後，「榛名丸」進入了蘇伊士運河。愛因斯坦待在甲板上，在船緩緩往北航行，橫越「有著貧瘠荒蕪的海岸線，如此壯麗」的大苦湖時，激動地欣賞眼前展現的景色。

巴勒斯坦

他們在二月一日一大清早抵達運河北端的塞德港。愛因斯坦與艾爾莎帶著他們可觀的行李上岸，並在他們的新朋友希臘大使的善意協助下，很快就通過了海關的程序。他們都經過充分休息，滿心期待展開眼前這趟新奇而個人的冒險：巴勒斯坦的兩週旅行。

雖然愛因斯坦很喜歡日本以及日本的一切（除了音樂以外！），但巴勒斯坦之旅才真的深深撼動他。要了解他在那裡遭遇的一切，我們有必要先回顧一下他到訪之前，此地的過往歷史。

從遠古開始，巴勒斯坦就被中東的各個強權占領過。最近一次是一五一七年時，鄂圖曼帝國從馬穆魯克蘇丹（Mamlūk sultan）手中奪下這塊領土。整整四百年後，一次大戰中，鄂圖曼帝國的軍隊在巴勒斯坦戰敗，帝國隨之瓦解。英國首相巴爾福（Arthur Balfour）發了一封信給羅斯柴爾德勛爵（Lord Rothschild）。這封信就是著名的巴爾福宣言（Balfour Declaration），表示英國政府「支持在巴勒斯坦建立猶太人的國家，但是不能對現居於巴勒斯坦的非猶太社群有任何公民權利或宗教權利上的歧視」。

巴爾福宣言在一九二二年獲得一戰協約國與美國的背書，國際聯盟也指定由英國託管該地區。但是那年稍晚，位於約旦河以東的巴勒斯坦一部分分裂出去，成為約旦王國，剩下的部分則由英國派任的行政長官管理。在耶路撒冷招待愛因斯坦的東道主塞繆爾爵士（Sir Herbert Samuel）就是擔任這個職位的第一人。[9]

一八八二年開始，數量可觀的猶太移民從歐洲來到巴勒斯坦，其中許多人是為了逃離在俄羅斯與波蘭的計畫性屠殺。這些移民雖然遭遇許多困難，包括土耳其的重稅，以及他們的阿拉伯新鄰居的敵意，但是在愛因斯坦來到巴勒斯坦時，大約六十萬阿拉伯人當中，已經有約九萬名猶太人。大部分猶太人住在共同耕種的屯墾區（公社社群「基布茲」〔kibbutzim〕或農村合作社「莫夏夫」〔moshavim〕）。

愛因斯坦從塞德港到耶路撒冷的旅途結果非常複雜辛苦。一個年輕人被派來海關迎接愛因斯坦與艾爾莎，擔任他們的嚮導。他們搭上火車，沿著運河西岸往南到坎塔拉（Candara，或El Qantara），在此再搭上渡輪過河。直到晚上十一點，他們才搭上到巴勒斯坦的火車。經過許多延誤之後，這輛蒸汽火車終於沿著地中海海岸線，往東行駛。愛因斯坦很意外也很高興地發現，對他們幫忙很多的年輕車掌原來來自柏林，遷居巴勒斯坦之前，曾經在柏林參加過好幾次有愛因斯坦演說的集會。

火車穿越一片沙漠地帶，清晨抵達巴勒斯坦。愛因斯坦坐在車窗旁，看著火車駛過只有零星植物的一片平原。最後幾個阿拉伯村莊與猶太屯墾區終於映入眼簾，村子都被橄欖樹，或柳橙樹，或仙人掌樹叢包圍。火車抵達盧德（Lod）的鐵路總站時，愛因斯坦在柏林時就認識的幾個早期錫安主義領袖上車來，陪伴他和艾爾莎最後這段旅程。[10]火車從盧德之後吱軋地繼續前進，顯露出通往耶路撒冷的壯麗崎嶇山谷。

愛因斯坦與艾爾莎已經受邀住在當地行政首長塞繆爾爵士家中。一抵達耶路撒冷，就有一位陸軍軍官來接他們，載他們到塞繆爾的官邸——愛因斯坦稱為「塞繆爾的城堡」。愛因斯坦覺得這是一棟極度做作的石頭建築，但它位於橄欖山（Mount of Olives）的山頂，因此四面八方都有無與倫比的絕佳視野。這棟建築當初是威廉二世皇帝在一八九九年造訪巴勒斯坦時所起造，本來是要作為德國人到耶路撒冷朝聖時的庇護所。它的禮拜堂裡有一幅壁畫，描繪這個皇帝身邊站著他的妻子，手上拿著這棟建築的複製品。「道道地地的威廉風格，」沉思的愛因斯坦評論道。[11]

雖然這是塞繆爾與愛因斯坦第一次見面，不過他們很快就成為朋友，並且維持了多年友誼，經常通信。[12]愛因斯坦描述塞繆爾是個性有許多面，受過良好教育，學識淵博的英國人，雖然態度高傲，但有他的幽默感加以調和。塞繆爾的家人除了妻子之外，還有他們隨和謙虛的成年兒子艾德溫（Edwin），他純樸又活力充沛的妻子哈達莎（Hadassah），以及他們的小兒子。

雖然愛因斯坦抵達時天空一片陰霾，但他很欣喜塞繆爾的城堡提供了一望無際的全景視野，可以俯瞰城市、周圍的山脈、紅海，以及更遠處的山脈。隔天（二月三日）他更是開心，因為他和塞繆爾沿著一條小徑走路（這天是安息日）到城牆之外，經過的白色石屋中有許多蓋著圓頂；太陽在清朗的藍色天空中照耀——真是迷人的美景。世俗哲學家金斯堡（Asher Ginsberg）加入他們後，三人經由一座古老的城門進入耶路撒冷古城，漫步穿過狹窄的巷弄與市集。他們造訪了索羅門王的寺廟曾經佇立的高起的聖殿山。愛因斯坦覺得這裡的景致棒極了，他特別欣賞讓人想到拜占庭式教堂的圓頂清真寺（Dome of the Rock），但覺得像羅馬方形會堂的阿格薩清真寺（Al-Aqsa）品味就比較平庸了。三人還參觀了哭牆。正統派猶太人會面對這面牆大聲祈禱，身體前後搖晃。愛因斯坦認為這是「同部落裡智慧低下的成員」可悲的行為，說他們是只有過去沒有未來的人。他與塞繆爾繼續漫步走過古城，「擠滿熙來攘往的各種神職人員與種族，很髒，很吵，還有一種奇特的東方氣味」，最後沿著城牆上方走了一段很棒的路。

愛因斯坦與居住當地的幾個德國猶太人共進午餐，包括金斯堡、魯平（Arthur Ruppin）和柏格曼（Hugo Bergmann）。[13]他們在餐桌上的對話涵蓋了開心與嚴肅的主題，不過愛因斯坦並沒有記下細節。被一陣恐怖的暴雨延誤之後，愛因斯坦參觀了猶太區一座陰暗的古老猶太會堂，這裡有一群「寒酸的虔誠猶太人」專注祈禱，等待安息日的結束。安息日結束後，有人開車載塞繆爾與愛因斯坦回去，但他們開的路被大雨變成了泥濘的沼澤——這種大雨顯然幾乎每天都下。

> 「擠滿熙來攘往的各種神職人員與種族，很髒，很吵，還有一種奇特的東方氣味。」（對耶路撒冷哭牆的印象）

隔天，金斯堡和塞繆爾很能幹又「活潑」的媳婦哈達莎開車載愛因斯坦去遊覽。他們穿過徐緩荒蕪的山丘，下到約旦河谷，來到耶律哥古城的遺跡。他們在一片青蔥翠綠的熱帶綠洲停下來，並在耶律哥飯店吃過午餐後，繼續開過沿著寬闊約旦河谷極度泥濘的道路，來到約旦橋（Jordan Bridge）。愛因斯坦在這裡看到一群「氣勢非凡的貝都因人」，在他心裡留下深刻印象。他和艾爾莎之後在家度過輕鬆的一晚，與塞繆爾和哈達莎聊天。愛因斯坦這天親眼目睹的「難忘的光輝」讓他深受感動。他意識到這片嚴峻多山的土地，以及居住於此的「黝黑高雅，穿著襤褸的阿拉伯之子」有著無與倫比的魔力。

第二天早上，愛因斯坦參觀了一個不是以務農為主，而是從事建築業的猶太屯墾區。雖然新來的移民之前都沒有任何建築業的經驗，但是在短時間的訓練後，他們就有非常傑出的表現。監督工作的工頭是由工人們選出，而且領的酬勞跟其他人一樣。到了下午，愛因斯坦首先跟哲學家柏格曼碰面。他接下了建立希伯來大學圖書館的艱巨任務。之後愛因斯坦又見到當地一位數學教師，對方給他看了一些非常有趣的矩陣代數研究結果。

愛因斯坦這一天的最高潮毫無疑問是在晚上，當他有機會演奏室內樂時。這是他在遠東地區一直苦無機會的活動。負責招待他的是諾曼·班維奇（Norman Bentwich）和海倫·班維奇（Helen Bentwich）。這晚結束時，愛因斯坦請他們原諒他讓音樂演奏了太久；他說實在是因為他對音樂太飢渴了。

幸運的是，我們可以找到關於這天晚上的其他人的紀錄。這是由女主人海倫·班維奇所寫，包含於她每週寫給在英格蘭的母親的信中。她先生諾曼是駐守巴勒斯坦的陸軍軍官，負責擔任英國政府的檢察長。一九一九年至一九三一年，班維奇夫婦都住在巴勒斯坦；接下來的內容摘錄自海倫的一封信：

〔一九二三年二月十一日〕今天最重要的事就是愛因斯坦。星期一晚上，我們去了烏斯什金（Menachem Ussishkin）家裡的一個「小聚會」拜訪他。他人很純樸，對人顯得厭煩，但對音樂非常感興趣。愛因斯坦太太是家庭主婦與聖母的綜合。星期二晚上，他們來家裡吃飯，之後還演奏了音樂。瑪潔麗（Margery）、泰瑪（Thelma）、諾曼和一位方高先生（Mr. Feingold）及愛因斯坦一起演奏了莫札特的一首五重奏。諾曼拉中音提琴，愛因斯坦拉諾曼的小提琴。[15]他拉琴時顯得非常開心，而且拉得非常好。他講到日本以及他去那裡參訪時一些有趣的事，也談到音樂，但沒有談到他的理論。他說到某個人——「不值得一讀，因為他寫作的方式就像個教授」——這句話真是親切。他只會說法文和德文，不過他太太會說英文。她說他們真的很厭倦了接連不斷的接待會和演說，很希望能夠單獨且單純地去看看他們拜訪的一些有趣的地方。週三晚上，他發表了一場演說，現場大約有兩百五十人，包括政府官員、道明會的神父、傳教士，當然還有很多猶太人。他是用法文演講，這對我而言當然是一大障礙。而我儘管多少聽得懂每個獨立的論點，要將它們拼在一起卻實在太困難了。[14]

當地的政治狀況無疑是愛因斯坦決定不用他最熟悉的德文，而用法文演講的主要原因之一。演講在斯科普斯山（Mount Scopus）上英國警察學校的一間演講廳進行，被廣泛宣傳是即將誕生的希伯來大學舉辦的第一場科學演講。愛因斯坦被說服在開場時講一段翻譯成希伯來文的問候，讓他很辛苦地背誦。演講之後，塞繆爾對聽眾講了一些機智有趣的評論，表示感謝愛因斯坦，然後帶他離開去休息散步，聊一些哲學話題。

隔天的觀光行程帶著愛因斯坦來到聖墓教堂（Church of the Holy Sepulcher）和耶穌苦路

（Via Dolorosa），並接受了耶路撒冷的猶太社群激動的歡迎。他熬過一場全城顯赫人士都出席的接待會，跟他們談論「學術及其他各類事情」。他在日記中說，到了這天晚上結束時，他覺得「對於這樣的猜測瞎扯已經駕輕就熟了」。

愛因斯坦在二月八日被帶去台拉維夫，在那裡花了幾個小時參訪巴勒斯坦的第一所高中（綜合中學），接著參加在市政府舉辦的又一場接待會，接受該市的榮譽市民身分。之後的城市遊覽中，他參訪了該地的中央發電廠，還有一個農業研究站，並接受台拉維夫的工程師學會致敬。晚餐後，愛因斯坦又出席了一場「有學問的人」的聚會，會中發表一場演說。愛因斯坦很驚訝地看到這個年輕現代的猶太城市已經有這麼多成就，還有如此生氣蓬勃的經濟與文化生活：「我們猶太人真的是出奇地活力充沛！」[16]

主張錫安主義的愛因斯坦的東道主很清楚他對錫安主義有著模稜兩可的態度，因此刻意安排他在接下來幾天參觀各式各樣的屯墾區及拜訪個人。他們顯然希望如果他在這次旅途中得到很好的印象，說不定就會起心動念，願意來巴勒斯坦生活和工作。

愛因斯坦參觀的第一個屯墾區是「先至錫安」（Rishon Le-Zion），這是巴勒斯坦第一個現代化的錫安主義屯墾區。它在一八八二年由十位俄羅斯的先驅創立，而它之所以能存活下來，終至蓬勃發展，很大部分要歸功於羅斯柴爾德男爵（Baron Edmond de Rothschild）的可觀金錢支持。「先至錫安」現在以當地葡萄園生產的絕佳葡萄酒聞名。

「對於這樣的猜測瞎扯已經駕輕就熟了。」（對頻繁接待會的看法）

「我們猶太人真的是出奇地活力充沛！」

愛因斯坦拜訪了當地的農業學校和酒窖，並評論說這些屯墾區居民過著喜悅健康的生活，但是經濟上還無法自給自足。

愛因斯坦的下一站是海法。他在金斯堡與物理學家切尼亞斯基（Aharon Czerniawski）的陪同下，搭乘火車經過數十個阿拉伯與猶太屯墾區，先來到雅法（Jaffa），當地製鹽工廠的工人前來火車站迎接他。接下來他繼續到了海法，但是等火車抵達時，安息日已經開始，火車站附近都沒有計程車。結果愛因斯坦只能吃力地跋涉過極度骯髒的道路，到他當晚留宿的沛夫斯納（Pevzners）的家裡。沛夫斯納先生是史特魯克（Hermann Struck）的妻舅，史特魯克不僅是知名德國猶太人藝術家，也是愛因斯坦在柏林就認識的朋友——最近史特魯克剛從柏林搬到了巴勒斯坦。[17]愛因斯坦在沛夫斯納家裡享受了一頓寧靜的晚餐，他也沒有忽略他主人的太太是個「嬌小而非常聰慧」的女人。之後有一群無趣的訪客「出於好奇」前來拜訪，不過愛因斯坦覺得這天晚上因為有史特魯克與他太太在座，因此不算太糟。

事實上史特魯克夫婦很親切，所以愛因斯坦第二天都與他們在一起。他們在迦密山（Mount Carmel）散步了很久，欣賞下方的港口與城市。他們的下一站是一所中學，見到校長畢倫（Arthur Biram）。他是個很有效率，但有些「普魯士化」的人，也是很早的德國錫安主義者。愛因斯坦在史特魯克家吃午餐，享受席間愉快輕鬆的對話。短暫探望了一下被「眾多兒子女兒等等」圍繞的魏茲曼的母親之後，愛因斯坦再度跟史特魯克散步去拜訪一位娶了德國女子的阿拉伯作家。

愛因斯坦在巴勒斯坦時超乎尋常地自在，部分原因是他在這裡不須應付那麼多正式場合，還有部分原因是他可以用德文跟遇到的大多數人交談。不過他還是無法完全逃過學術性的儀式：這天晚上，他在一所剛誕生不久的理工學院（Technikum，今 Technion）接受致敬。會中有許多人致詞——其中之一是愛因斯坦，另外是切尼亞斯基和奧爾巴赫（Elias Auerbach）發表的兩場傑出演說。[18]儀式最後結束在大家於燭光下合唱讚美詩和東歐的歌曲。

隔天早上（二月十一日），愛因斯坦首先參觀了理工學院——當時基本上是一所工程學校——的工作室，接著參觀了一間新穎而設計獨特，幾乎完全自動化的煉油廠。愛因斯坦在兩位嚮導的陪同下前往太巴列湖（Lake Tiberias，即加利利海），途中先在一個建造中的集體屯墾區拿哈拉（Nahalal）短暫停留，這裡是根據德國建築師考夫曼（Richard Kaufmann）的藍圖所建造。[19]遷居此地的人大多是俄國籍猶太人，每個人都擁有一小片土地，但是所有人共同負責屯墾區的管理與建築的建造。後來開始下雨。他們開車穿過山區前往拿撒勒（Nazareth）。當他們再從這裡到接下來愛因斯坦將待上三晚的米格達農場（Migdal farm）的民宿時，天色變得昏暗。

午後的陣雨很快將道路變成一條泥濘的河。等他們終於到達旅館時，太陽早已西沉，他們的車子由兩頭騾子拖著。不過一到旅館，就有一頓豐盛的餐點慰勞愛因斯坦這趟艱辛的旅途。他和他的德國東道主度過一個輕鬆的夜晚。這位德國人的家人受夠了這裡辛苦的生活，返回德國去了。愛因斯坦很愉快地接受農場上的原始狀況。他在前往屋外茅廁的「可笑的朝聖」中，拿著一只大燈籠來照路。

早上陽光普照。愛因斯坦被載去太巴列湖，而他很驚訝地看到湖岸旁樹木茂密的景色，還有兩旁羅列著松木和棕櫚樹的林蔭大道——這幅風景讓他想到日內瓦湖。不過這個地區瘧疾猖獗，因此猶太屯墾者要在此種植農作物仍是困難重重。回到民宿後，他在午餐時遇到一位無比美麗的年輕猶太女子，還有一位有趣又博學的工人。愛因斯坦接下來的目的地是風景如畫的小鎮抹大拉（Magdala）。他被告知聖母瑪利亞是在這裡出生（事實上應該是抹大拉的瑪利亞），而且阿拉伯人以「恐怖的高價」將這裡的土地賣給考古學家。他的下一站是巴勒斯坦的第一個「基布茲」屯墾區得更亞（Deganyah）。這裡靠近約旦河從太巴列湖冒出的地方，大部分的居民是俄國人。愛因斯坦很欽佩他們雖然不斷受到飢荒、疾病和債務的挫折，仍保有熱誠、堅忍和理想。愛因斯坦不相信他們實行的共產主義能永久持續，但認為這有助於造就完整的人類。在回家的路上，因為天氣很好，他和他的嚮導於是趁機很快地參觀了一下拿撒勒這個美麗的小鎮，但暴雨隨即再度落下。愛因斯坦很高興能及時回到他舒適的德國民宿。

二月十三日是愛因斯坦在巴勒斯坦最後完整的一天，他回去艾爾莎身邊，回到耶路撒冷的「塞繆爾的城堡」，途中再度經過拿撒勒和納布盧斯（Nablus）。他離開民宿時天氣還很熱，但是在路上已經變冷到讓人不適。熱帶暴雨再度降下。一輛卡車陷入因此而導致的爛泥中，動彈不得，迫使車輛與乘客不得不分開行動，各自艱辛地穿過田地，越過溝渠。愛因斯坦想著，此地的汽車承受著沉重的負荷。

同樣這天晚上，愛因斯坦又發表了一場演講。演講廳裡座無虛席，而這次他用德文演說。之後又是無可避免的許多致詞，然後是猶太物理學家協會頒發一張證書。在頒發證書時，致詞者突然怯場，完全說不出話來。愛因斯坦心想，感謝上帝，在我們猶太人當中總算有人不是那麼自信滿滿。在接下來的接待會上，他的主人同聲一氣地急切要求他搬到耶路撒冷——不過徒勞無功。愛因斯坦很堅定：「我的心說好，但我的頭腦說不。」[20]

再度上路

愛因斯坦與艾爾莎一大早離開塞繆爾的城堡，前往火車站。哈達莎一路陪伴他們到盧德，送他們搭上往蘇伊士運河的火車。前一天晚上開始發高燒的艾爾莎越來越不舒服。等他們抵達坎塔拉時，她終於不支昏倒。還好一位好心的阿拉伯車掌幫忙她和愛因斯坦。當地的好幾位官員弄來雞蛋給艾爾莎吃，還給他們一個地方休息到晚上十點。之後她和愛因斯坦越過運河，搭火車到塞德港。這兩個疲憊的旅人終於到達塞德港時，很幸運地得到莫西利夫婦（Mr. and Mrs. Moushli）的歡迎，款待他們在家中休息。前往塞德港漫長又充滿壓力的旅途雖然為他們的巴勒斯坦之旅畫下不快的句點，但是愛因斯坦在日記中寫

「我的心說好，但我的頭腦說不。」「我愛那片土地，但害怕它的國家沙文主義。」（對巴勒斯坦的看法）

到，他相信艾爾莎會恢復健康，而一切都會好轉的。

到了第二天，艾爾莎的狀況確實好轉了。她受到莫西利太太悉心照料，明顯漸漸康復。愛因斯坦則沿著運河入口的防波堤散步，一直走到佇立在防波堤尾端的運河建築師雷賽布（Ferdinand de Lesseps）的巨大雕像前。[21]明亮的陽光照耀著，排列在近處海灘上的一排排淋浴間讓愛因斯坦想到色彩豐富的立體派油畫，使他有種解放自由的感覺。

二月十六日早晨，愛因斯坦與已經完全康復的艾爾莎搭上「奧蘭治號」（SS *Oranje*）蒸汽郵輪前往西班牙，踏上他們最後一段旅途。「奧蘭治號」比「榛名丸」老舊狹小許多，船上的乘客幾乎都是「英國殖民地僑民」。[22]愛因斯坦宣稱船上的食物糟透了，加上地中海波濤洶湧的海象，讓他很不舒服。「奧蘭治號」停靠那不勒斯時，維蘇威火山被厚重的烏雲遮蔽。天氣如此寒冷不適，愛因斯坦於是寧可留在船上。

從德國傳來的消息仍舊很糟。愛因斯坦深深擔憂法國鐵路大罷工，以及法國對魯爾占領區的壓迫統治，所可能帶來的後果；他在日記中哀嘆：「這一切將如何結束？」「奧蘭治號」停靠土倫時，當地的人還算友善，到了馬賽就大不相同了。愛因斯坦被告知在這裡最好不要被人聽到講德文。馬賽火車站的貨車經理拒絕將愛因斯坦的行李運送到柏林，甚至到蘇黎世也不行。

「這一切將如何結束？」

發現自己回到了動亂紛擾的歐洲，又必須應付複雜的行程，必定讓愛因斯坦相當沮喪，因為這是他在旅途中第一次沒有每天寫日記；他只以寫電報的風格，把好幾天的事情擠在一起簡單交代。到最後，他終於完全不寫了。

西班牙[23]

愛因斯坦與艾爾莎很高興在土倫離開「奧蘭治號」。他們搭火車前往馬賽，然後再到巴塞隆納。他們在二月二十二日抵達巴塞隆納，將在此待一個星期。由於有非常緊湊又充滿壓力的行程等著他們，以致於愛因斯坦在此幾乎很少寫日記。不過他很享受在加泰隆尼亞地區的時光，寫道：「這裡棒極了！」

愛因斯坦的邀請行程是由數學家泰拉達（Esteban Terradas），以及工程師拉納（Serrate Lana）和坎帕蘭斯（Rafael Campalans）安排，他們都將代表學術界在巴塞隆納接待他。[24]三人都曾經在瑞士和德國唸書，能講很流利的德文。坎帕蘭斯也是活躍的社會主義政治人物，以及主張加泰隆尼亞獨立的國家主義擁護者。他帶愛因斯坦去欣賞一場加泰隆尼亞傳統舞蹈與民謠的表演。之後兩人去了很受加泰隆尼亞國家主義者歡迎的一家名為「食堂」（Refektorium）的餐廳，愛因斯坦在那裡喝了一杯牛奶咖啡。愛因斯坦的政治觀點在這裡也很有名，因此將他視為英雄的西班牙無政府主義者熱烈邀請他。他們請他到「單一聯盟」（Sindicato Único）的聚會，這是一個經常跟政治暴力扯上關聯的組織。儘管他婉拒發表致詞，但他參加無政府主義者的聚會還是讓很多人大為吃驚。許多新聞媒體錯誤報導他的觀點，不過接下來的政治討論仍受到壓制噤聲。

愛因斯坦在加泰隆尼亞研究學院（Institut d'Estudis Catalans）以法文進行了三次學術性演講。雖然他的講課通常都限制只開放給有科學背景的人，實際上出席的大批聽眾當中，除了坐在前兩排，白鬍子，禿頭，戴眼鏡的數學家之外，經常只有極少數人真的聽得懂他在說什麼。根據報紙對這次場合的報導，愛因斯坦說得很慢，並觀察眼前聽眾的臉部表情，看著他們因為無法理解，無法跟上愛因斯坦這令人驚慌的知性飛行，而眉頭糾結，滿布皺紋。[25]在科學學會的另一場演講中，愛因斯坦講了一場比較不那麼專門的演講，討論相對論對哲學與宇宙學的影響。他也在市府舉行的一場接待會及其他各式各樣的儀式中接受致敬。但在這許多行程中，他還是找出時間到城外進行兩趟觀光之旅：分別是去波布雷特（Poblet）參觀一間十二世紀的西妥會修道院，以及到特拉薩（Terrassa）參觀一座令人驚豔的羅馬天主教大教堂。

在巴塞隆納，經常陪伴愛因斯坦與艾爾莎的是當地的德國領事與他的妻子，伊瑟·提爾皮茨（Ilse von Tirpitz）。她的父親就是為威廉皇帝建立皇家海軍的最大功臣提爾皮茨海軍上將。[26]她和她先生，以及泰拉達夫婦等一小群人，後來到火車站送愛因斯坦與艾爾莎搭夜車去馬德里。

他們在隔天早上（三月一日）抵達馬德里時，前來迎接的是愛因斯坦的一位舊識，物理學家凱布瑞拉（Blas Cabrera）。他即將在馬德里接待他們。[27]歡迎委員會的成員還包括德國大使、馬德里的德國人社群代表、科學教授的代表，以及醫師學會的代表團。一起在車站等待他們的還有愛因斯坦的表親，麗娜．柯克塞勒（Lina Kocherthaler）和胡立歐．柯克塞勒（Julio Kocherthaler）；他們開車載愛因斯坦與艾爾莎到皇宮飯店（Palace Hotel），也就是他們接下來十天的家。[28]愛因斯坦在飯店與當地的重要人物埋首討論他們為他準備的忙碌行程。凱布瑞拉接下來帶愛因斯坦去他的實驗室，並告訴他，他打算晚上帶他和艾爾莎去聽一場音樂會；但是愛因斯坦選擇要看典型西班牙的表演，因此他們看了一場音樂劇。

第二天，愛因斯坦在一所大學發表預計三場演講中的第一場，討論狹義相對論。雖然席位一如往常保留給有科學背景的人，但是聽眾仍包括了重要的政治人物、科學家，以及其他許多想來看這位偉大人物的人。只有極少數聽眾聽得懂愛因斯坦在講什麼，而他一邊講，一邊踱步，一隻手插在口袋裡，偶爾停下腳步，沉思，望著天花板。演講一結束，愛因斯坦就被帶去一場向他致敬的宴會。馬德里醫學界的精英幾乎都出席了。

週日早上，兩個柯克塞勒家的表親開車載愛因斯坦夫婦遊覽馬德里，直到愛因斯坦必須回去準備回應凱布瑞拉當天將在科學學會發表的演講。這場研討會由阿方索十三世國王擔任主席，他頒發該學會的證書給愛因斯坦。頒發證書典禮由西班牙社會與學術界的精英人士見證。愛因斯坦在回應中稱讚該學會會長卡瑞西多（Carricido）所做的簡介演講，然後與凱布瑞拉展開公開對談：他們審視當時物理學的狀況，愛因斯坦再度強調我們需要新的力學理論來處理量子。（量子力學還要再等兩年才會出現。）

當天下午，薇亞薇爾哈女侯爵（Marquesa de Villavieja）在她的皇家宅邸舉行一場「致敬茶會」，宴請愛因斯坦與艾爾莎。西班牙名人與學術界最傑出的人士都受邀，以如當地一家報紙的報導所言，促進「血統貴族與學術貴族」的融合。據報導所稱，愛因斯坦與小提琴家波達斯（Antonio Fernández Bordas）還表演了一場即興的「私密的音樂會」。雖然愛因斯坦宣稱他對社交生活毫無興趣，但他被看到微笑著，「坐在一張巨大的沙發上，被靠墊和女人圍繞」。[29]愛因斯坦在日記中不以為然地描述這名人齊聚社交場合的話不過是：「跟一位貴族社交名媛喝茶。」

星期一，在一場數學學會的特別會議中，愛因斯坦回應了該學會成員用書面方式提出的詢問。愛因斯坦接著拜訪了他很仰慕的拉蒙卡厚爾（Santiago Ramon y Cajal）。他因為對大腦的詳盡研究，被認為是史上第一位腦神經科學家。接下來又到了愛因斯坦到大學進行第二場演講的時間。他以法文演講，因此偶爾必須請求聽眾協助，才能想出在法文中跟某個德文辭彙相對的詞——許多會講德文的人迫不及待地協助。

愛因斯坦與艾爾莎編了「很多謊言」，才終於能在第二天逃避許多主人的熱烈邀請。這讓他們可以和柯克塞勒家的表親、藝術史家柯西歐（Manuel Cossío），以及作家奧德嘉・賈塞特（José Ortega y Gasset）去托雷多一日遊。[30]愛因斯坦之後在日記中坦承這結果是「我一生中最美好的一天之一」。陽光明亮，而托雷多像是童話中的城市。「一位熱心的老紳士（柯西歐）帶著這群人穿過托雷多中古世紀的街道與廣場：從有石橋跨越上方的太加斯河

（Tajo），到大教堂，到一座古老的猶太會堂，這裡的小花園有可以俯瞰城市全景的絕佳景觀。」他們也去參觀了一座小教堂，裡頭一幅格雷考（El Greco）所繪的貴族葬禮畫作，比愛因斯坦「生平所見過的其他任何東西」更讓他感動。[31]整體而言，這是「很美好的一天」。

第二天，愛因斯坦到皇宮覲見了阿方索十三世與皇太后。國王的莊嚴與樸素讓愛因斯坦印象深刻，但是他母親努力想顯示她的科學知識，則讓愛因斯坦懷疑沒有人跟她說過關於他真正的想法。當天下午，在他的最後一場演講中，他講到廣義相對論的最新發展。愛因斯坦很確切地覺得，在如此虔敬聆聽的聽眾當中，幾乎沒有人聽得懂他在說什麼。到了晚上，他在德國大使蘭維斯（Ernst Langwerth）舉辦的接待會中接受致敬。雖然愛因斯坦對蘭維斯的家人很有好感——他們是很可愛、很直率的人——應付其他這麼多賓客仍是令人疲憊不堪的折磨，「一如平常」。[32]

愛因斯坦在隔天（三月八日）接受一個榮譽博士學位。這個儀式充滿了浮誇的恭維，還有各式各樣華麗而空洞的辭彙。在愛因斯坦看來，當中只有一個例外，就是蘭維斯很長但內容豐富的演說。他在演說中回顧了德國—西班牙的關係——「典型的德國風格，沒有任何華麗詞藻」。愛因斯坦接下來參觀了一所技術學校，這裡還有更多致詞等著他。「除了致詞以外什麼也沒有，儘管他們用意良善。」愛因斯坦在雅典娜會館（Athenaeum）發表的最後一場演講中，討論相對論對哲學的影響，表達了以下幾個突出的觀點：沒有任何一個參考系統是獨享特權的；換句話說，自然律在所有參考系統中都是成立的，而歐氏幾何只有在沒有引力的情況下才成立。

愛因斯坦耐心忍受過去幾天的許多儀式性活動，終於還是得到了回報：他這天晚上得以在柯克塞勒家度過，跟音樂學院的一位教授一起演奏室內樂。他很欽佩這位教授，認為他是了不起的藝術家及極為優秀的小提琴家。[33]

完成了絕大多數的學術與社交義務之後，愛因斯坦得以純粹觀光客的身分，享受在馬德里的最後幾天。庫諾·柯克塞勒（Kuno Kocherthaler）和麗娜·柯克塞勒帶愛因斯坦與艾爾莎去艾斯柯麗亞宮（El Escorial），西班牙歷屆國王居住的華麗宅邸參觀，也去了馬德里北方的山區。他們和幾個朋友一起在一間很小、很簡單的舞廳度過放鬆愉快的夜晚。另一天晚上，愛因斯坦與艾爾莎和蘭維斯大使的家人一起用餐。但最重要的是，愛因斯坦終於有時間去普拉多美術館好幾次，好好欣賞委拉斯蓋茲、格雷考、哥雅、拉斐爾和安吉利科（Fra Angelico）等人的「偉大作品」。

三月十二日，星期一這天，愛因斯坦寫了最後一次的旅行日記。他和艾爾莎在這天離開馬德里，前往薩拉戈薩；他在當天晚上就發表了預定三場演說中的第一場。根據當時的紀錄，演講廳座無虛席，還有好幾位美麗的年輕女孩和顯赫名人大駕光臨。只有極少數聽眾了解愛因斯坦這場關於狹義相對論的演講。到了第二場演講，聽眾人數銳減，因此在薩拉戈薩接待愛因斯坦的維西諾（Jerónimo Vecino）乾脆取消了第三場演講。[34]

愛因斯坦與艾爾莎週二早上遊覽了這個城市，參觀聖母顯靈柱大教堂（Cathedral of Pilar）和阿拉貢（Aragon）回教王國時期的壯觀皇宮阿發菲里亞宮（Aljafería）。接下來，到了他們去梅坎提爾俱樂部（Mercantile Casino）參加午宴的時間。這場午宴由科學學會安排，邀請了薩拉戈薩的學術精英。愛因斯坦聽了無數的致詞，最後才對加諸在他頭上的諸多讚譽加以回應。愛因斯坦之後在德國領事的家裡用晚餐，他們又為愛因斯坦安排了一次演奏小提琴的機會。幫他伴奏的是剛好正在薩拉戈薩訪問的傑出音樂家紹爾（Emil von Sauer）——這對疏於練習的業餘小提琴家而言是很難得的機會！[35]

隔天（三月十四日），愛因斯坦和紹爾在他的飯店共進午餐，然後他與艾爾莎就搭上了往巴塞隆納的火車。將近半年都「在路上」後，他們終於要回家了。

注釋

1. 「榛名丸」除了載運乘客之外，也載運貨物。它建造於一九二二年，當時是全新郵輪，排水量一萬零五百噸，只比「北野丸」稍大一點。一九四二年，「榛名丸」因大霧遭遇船難沉沒。

2. 愛因斯坦想擴張根據外爾的研究建立的愛丁頓的方法，來找到統一場論。（這裡的愛丁頓就是測量到太陽導致星光偏折的愛丁頓爵士。）愛因斯坦覺得他在重力場與電磁場之間找到連結的數學方法非常有潛力，幾天後便寫了一篇文章，提出他基於愛丁頓的方法想出的概念。他在「榛名丸」抵達塞德港時，將這篇手稿寄給普朗克，遞交普魯士科學院發表。Albert Einstein, “Zur allgemeinen Relativitätstheorie”[論廣義相對論], *Sitzungsberichte der Königl. Preuss. Akad. Wissenschaften* (1923): 32–38 and 76–77.

但是當愛丁頓的方法無法導出可證實的物理結果時，愛因斯坦就失去興趣了。

3. 有趣的是，一九二三年七月，愛因斯坦於斯德哥爾摩發表他的諾貝爾獎得獎演說時，選擇不談光電效應，而談相對論。Albrecht Fölsing, *Albert Einstein: A Biography*, trans. E. Osers (New York: Viking, 1997), pp. 535–51.

4. Albert Einstein Dupl. Archive, Princeton University, Call Number 08-074.

在愛因斯坦到日本的旅途中陪伴他的波耳的文章，可能是「論線譜的量子論」（On the Quantum Theory of Line Spectra）三部曲。波耳在其中描述氫原子的模型，提出原子的殼層結構，認為電子會占據由量子數所決定的「定態」（stationary state）。他得到這個想法的根據，與其說是來自數學推論，不如說是福至心靈地想到拼湊結合週期表中元素的光譜與化學性質。雖然這個模型是成功的，但是波耳很清楚知道它根本上是由實驗結果導出，並有內部的不一致，而且知道古典物理學無法加以解釋。

這些「舊量子論」的不足很快就會被量子力學的發現一舉清除。Abraham Pais, *Niels Bohr's Times* (Oxford: Clarendon Press, 1991), p. 192.

5. 指涉莎士比亞的《威尼斯商人》中的女主角波西亞。

6. 可能是吠陀人（Veddas）的一支，斯里蘭卡的原住民族。

7. 除了這個知名的馬戲團之外，哈根貝克家族也擁有並經營著名的哈根貝克動物園。該動物園於一九〇七年開幕，是世界上第一所不是用圍欄關動物的動物園。

8. 我們必須從戰後法德政治的脈絡來理解，才能了解愛因斯坦為何斥責法國人從拿破崙時代以來都沒學到什麼，並譴責法國軍隊占領魯爾。愛因斯坦知道法軍的占領不僅會傷害德國經濟，更會使再度復活的極端國家主義者從中得利。但法國自己也在戰爭中受到重大損傷，因此右派對法國政府施加很大壓力，要求讓他們東邊的鄰國保持積弱不振。法國總理龐加萊（Raymond Poincaré）堅持德國必須按照凡爾賽條約的內容支付戰爭賠款，英國和美國則都願意減少德國的債務，幫助德國重新站起來，也沒有參與占領行動。一如預料，法國軍隊毫不妥協的軍事占領導致人民消極抵抗，以及暗中破壞。好幾個破壞分子因此被處決，成了納粹的烈士。

9. 在盧德上火車迎接愛因斯坦的人當中，包括雅法文理中學（Jaffa Gymnasium）的校長莫西松（Benzion Mossinsohn），以及猶太國家基金會（Jewish National Fund）領袖烏斯什金。反對「政治性」錫安主義的世俗哲學家金斯堡（1856-1927）則在耶路撒冷的火車站很高興地與愛因斯坦重聚。

10. 這棟建築建於一九〇七年至一九一〇年間，作為德國朝聖者的庇護所，直到英國政府在一次大戰中接管。該棟建築以威廉的妻子命名，至今仍稱「維多利亞奧古斯塔」（Victoria Augusta）。現在是一間主要服務阿拉伯病患的醫院。

11. 塞繆爾爵士（1870–1963）後來成為塞繆爾子爵，是英國第一位猶太內閣閣員，協助擬定巴爾福宣言。他被派任為巴勒斯坦的最高行政長官後，成為兩千年來統治這片領土的第一位猶太人。

12. 愛因斯坦與塞繆爾的會面後來成為一段持續多年的友誼。雖然他們三十多年間的書信往來涵蓋各式各樣的內容，但兩人特別共有的興趣是科學哲學。塞繆爾除了是政治人物之外——他是國會議員、內政部長，也是自由黨的領袖——還是好幾本書的作者。愛因斯坦讚賞塞繆爾的著作《簡言與行動：日常生活的哲學》（*Belief and Action: An Everyday Philosophy*, Indianapolis: Bobbs-Merrill, 1937），但溫和斥責塞繆爾小看了「堅持唯物原則的原子物理學家，或許也小看了生物學家」，因為愛因斯坦認為，我們有可能從物理法則去了解生命體的生理作用。在科學家對於基礎的生物作用可說一無所知的那個時代，愛因斯坦在信中寫了這段頗有先見之明的話：「就物理學對生物作用所採取的態度而言，局限於物理的概念與法則，確實無法讓我們對於整體的生物作用有理性的了解。或許我們人類永遠無法做到這點。但是你不能由此推論認定，物理學原則上就不包含生物作用在內。這等於是宣告物理學的破產，而這是完全沒有必要的。」United Kingdom Parliamentary Archive, Letter Ref.

No. SAM/E/32.
塞繆爾在他的回憶錄中這樣描繪愛因斯坦：「他在世界各地都會被認出是當代最偉大的科學家，但他對自己巨大的名氣毫不自覺，對此既不驕傲也不靦腆。這個文雅而溫和的顯赫名人即使被納粹解除教授職位，趕出任教的大學，從家鄉連根拔起，奪去所有的財產時，也不曾變得滿懷怨恨，滿腹牢騷。他的舉止儀態帶著一個文明人、一個科學家，以及一個哲學家面對野蠻人時的自尊與超然。」Herbert Louis Samuel, *Grooves of Change: A Book of Memoirs* (Indianapolis: Bobbs-Merrill, 1946), p. 301.

13. 魯平（1876–1943）是德國出生的社會學家，一九〇七年移民巴勒斯坦；他是猶太屯墾區的開拓先鋒。愛因斯坦在布拉格擔任教授時認識的哲學家柏格曼（1883–1975），則創辦了希伯來大學的圖書館。他後來成為該校首任校長。

14. 摘自海倫．班維奇的信件集。這些信件是由她的女兒葛琳（Jenifer Glynn）整理出版。感謝她好意准許我在此引用該信。Jenifer Glynn, *Tidings from Zion* (London: I. B. Tauris, 2000), p. 95.

海倫．班維奇的娘家姓法蘭克林（Franklin），來自一個經常四處遊歷的顯赫英國猶太家族。她是經驗豐富且熱誠奉獻的社會工作者和規劃者，極為關注巴勒斯坦和猶太屯墾區的發展。她的信件提供了內部人的觀點，讓我們得以一窺巴勒斯坦當時大致的經濟與文化氛圍、阿拉伯人與猶太人的關係，以及塞繆爾的統治。

15. 班維奇家很熱愛音樂，而在這次的莫札特五重奏裡，諾曼的兩個姊妹瑪潔麗和泰瑪分別拉小提琴與大提琴。方高先生肯定是負責拉第二部的中音提琴。

16. 台拉維夫最早是在一九一〇年建立，但是土耳其人在一九一六年驅逐了居住於此的猶太人。英國政府於一九一七年接管後，這個城鎮急速成長，早期大多數猶太居民都來自鄰近的古城雅法，尤其是在該城一九二一年發生暴動之後。愛因斯坦來訪時，台拉維夫有大約兩萬名居民。

17. 史特魯克（1876–1944，希伯來文姓名 Hayyin Aharon ben David）在柏林出生及受教育。他是很受尊崇的銅版畫和石版畫家。史特魯克撰寫了關於版畫技巧的經典著作，也是夏卡爾（Chagall）、利伯曼（Liebermann）和柯林斯（Corinth）的老師。身為很早的錫安主義者，他在一九二三年就搬到海法，後半生都在此工作。愛因斯坦這次來訪時當了模特兒，史特魯克為他繪出一幅令人印象深刻的石版畫肖像。

18. 理工學院直到一九二四年才正式成立，之前還經過激烈的辯論，討論上課的語言該用德文或希伯來文。切尼亞斯基（1887–1966）在雷亞里中小學（Reali School）和理工學院教書，奧爾巴赫（1882–?）則是醫生和著名的歷史學家。兩人都是很早就定居在海法的德國錫安主義者。

19. 第一個「莫夏夫」屯墾區拿哈拉是一九二一年由屯墾區的先驅所建立，其中有些人之前是第一個「基布茲」得更亞的成員。這裡共有八十個移民家庭定居，每個家庭分配到二十五英畝土地。他們的第一項任務是要抽乾瘧疾肆虐的沼澤。就是這些沼澤讓過去在此設立屯墾區的兩次嘗試功敗垂成。拿哈拉的土地配置由德國建築師考夫曼設計，成為後續許多「莫夏夫」遵循的模式。在基本上同心圓的配置裡，共用的建物（學校、行政機關、文化中心、商店和倉庫）位於中心，家屋在相鄰的第一圈，農舍建築在下一圈，然後是菜園、果園，以及最外圈的農地。

20. 幾年後，愛因斯坦簡潔地表達了他對巴勒斯坦錯綜複雜的心情：「我愛那片土地，但害怕它的國家沙文主義。」Quoted in Carl Seelig, *Albert Einstein* (Zurich: Bertelsmann-Europa, 1960), p. 318.

21. 伸展雙臂表示歡迎的雷賽布紀念雕像就站在運河的入口。一九五六年，英法聯合占領塞德港後，雕像被埃及人摧毀。今日只剩它巨大而空無一物的台座還佇立於此。

22. 「奧蘭治號」是一艘建造於一九〇三年的老舊小船。它的排水量是四千四百噸，最高航速十五節。愛因斯坦與艾爾莎在塞德港搭上這艘船時，它正從荷屬東印度返航。後來它在同一年被賣給一家法國公司，重新命名為「安法號」（*Anfa*）。它在一九三六年報廢。

23. 愛因斯坦在西班牙的日記很零星，因此他在當地做了哪些活動，我採用以下的當代報導加以補充：Thomas F.

Glick, *Einstein in Spain: Relativity and the Recovery of Science* (Princeton: Princeton University Press, 1988), pp. 100–149; Siegfried Grundmann, *Einsteins Akte: Wissenschaft und Politik—Einsteins Berliner Zeit* (Berlin: Springer Verlag, 2004), pp. 243–49。

葛里克（Thomas F. Glick）的書涵蓋了愛因斯坦此行的許多細節，包括他此行的科學與政治背景；此外還有愛因斯坦在馬德里三場演講的內容。

24. 泰拉達（1883–1950）是將現代物理學引進西班牙不可或缺的關鍵人物，也是最先建議邀請愛因斯坦到西班牙的人。愛因斯坦一開始並不樂意來——因為他不會說西班牙文——而好幾次延後。愛因斯坦非常敬重泰拉達。

Glick, *Einstein in Spain*, p. 118.

25. Glick, *Einstein in Spain*, p. 104.

26. 伊瑟．提爾皮茨是提爾皮茨海軍上將（1849–1930）最年長的女兒。提爾皮茨受到威廉二世重用，負責強化德國皇家艦隊，以跟英國海軍競爭。一次大戰時，提爾皮茨希望可以對中立的船隻展開無限制潛艇戰。當這項政策受到限制時，他就辭職了。

伊瑟的先生是外交官哈塞爾（Ulrich von Hassell, 1881–1944）。他剛開始很支持希特勒，後來對他幻滅，加入反抗運動。一九四四年七月二十日刺殺希特勒的行動失敗後，哈塞爾被蓋世太保逮捕。他受到審判，被判叛國罪遭處決。

27. 凱布瑞拉（1878–1945）是實驗物理學家，和泰拉達同為引介相對論到西班牙的重要人物。

28. 愛因斯坦的表妹麗娜嫁給胡立歐．柯克塞勒。她不但是愛因斯坦的表妹，也是他很親近的朋友。他們經常通信。胡立歐的兄弟庫諾．柯克塞勒是個實業家，在西班牙有資產，娶了藝術史家卡蘇拉（María Luisa Cazurla）為妻。

29. 這些報導出現在擁護君主主義的報紙《ＡＢＣ》上，日期分別是一九二三年的三月六日及三月十日，Glick,

Einstein in Spain, p. 130。

30. 去托雷多這行人除了柯克塞勒的兩兄弟和他們的妻子之外，還包括研究格雷考的著名學者柯西歐（1857–1935），以及共和派寫手和哲學家奧德嘉．賈塞特（1883–1955）。

31. 這幅畫描繪歐貴茲伯爵（Count Orgaz）的靈魂在一位天使的扶持下升上天堂，同時他的肉身正被聖斯德望（Saint Stephen）往下放入棺材裡。這幅畫在一五八六年由格雷考所繪，置於聖多美教堂（Church of Santo Tome）的前廳。愛因斯坦拜訪的兩間中世紀猶太會堂是聖母升天教堂（Sinagoga del Tránsito），以及一一八〇年建成猶太會堂、現在是博物館的白色聖母瑪利亞教堂（Santa María la Blanca）。

32. 蘭維斯（1865–1941）是遊歷世界各地、經驗豐富的外交官。愛因斯坦不僅和蘭維斯互動良好，與他在旅行中遇到的所有德國外交官都是如此，這點相當了不起。這些外交官寄回柏林外交部的報告都充滿熱誠，讚揚愛因斯坦人格高尚，為人謙虛，並肯定他的造訪大大有助於促進德國的目標。Grundmann, *Einsteins Akte,* pp. 243–49.

33. 愛因斯坦很有理由感到佩服。這位小提琴家是波達斯（1870–1950），他受教於著名的大師薩拉沙提（Pablo de Sarasate）。

34. 雖然物理學家維西諾之前就在教相對論，並促成愛因斯坦造訪薩拉戈薩，但愛因斯坦在科學上的興趣跟研究膠質的布朗運動的羅卡索拉諾（Antonio de Gregorio Rocásolano, 1873–1941）比較一致。愛因斯坦也到他的實驗室拜訪他。

35. 紹爾（1862–1942）是魯賓斯坦（Nikolai Rubinstein）和李斯特（Franz Liszt）的學生。他是作曲家，也是極受讚譽的鋼琴大師。

4 南美洲（一九二五）

返家

結束了遠東的旅程，以及在巴勒斯坦和西班牙的短暫停留後，愛因斯坦與艾爾莎在一九二三年春天回到了柏林。愛因斯坦過去半年來一部分時間是遊客，一部分時間是巡迴演講人，對著人數眾多卻大多聽不懂的聽眾講話；現在他已經準備好恢復他在大學和學會的工作。他不需要教授一般的大學課程，但是會發表兩種演講：一種是跟比較進階的學生討論他自己現在的研究，另一種則是對一般聽眾，發表有關相對論或其他科學主題的概括性演講。由於這類聽眾中，絕大多數都是想來看這位名人的觀光客，也由於愛因斯坦不喜歡看到他們茫然的表情，因此他會在講了幾分鐘之後暫停一下，請對主題沒有興趣的人可以逕行離開。通常只有八到十個真正想尋求啟發的人會留下來。[1]

德國的政治氣氛在愛因斯坦遠行期間幾乎沒有任何改善，但是他比先前的作風低調。法國人對魯爾占領區的壓迫統治仍舊持續，即使要面對民眾普遍的怨恨與暗中破壞，而經濟危機與一發不可收拾的通貨膨脹也是。一九二三年九月，在柏林，一條麵包的價格漲到一千萬馬克。一公斤的牛肉要價七千六百萬馬克。同年十一月，希特勒在魯登道夫將軍的支持下，策劃了無力的「啤酒間叛變」（Beer Hall Putsch），但很快就被巴伐利亞警方壓制。希特勒被逮捕，審判，並判處叛國罪，不過只受到很輕微的刑罰。他利用坐牢的八個月期間寫了《我的奮鬥》（*Mein Kampf*），其中充滿他對猶太人、斯拉夫人和民主制度的誹謗謾罵，還詳盡說明了他要主宰全世界的計畫。兩年後，魯登道夫的戰爭同伴興登堡尋求進入德國政治圈。當興登堡成為總統候選人的消息傳到在烏拉圭首都孟都（Montevideo）的愛因斯坦耳中時，他無可非議地感到極度憂心。七年後，興登堡總統為希特勒鋪好了登上權力顛峰的道路。

在科學界，這十年的後半見證了排山倒海湧來的眾多重大發現，將深刻影響未來科學與科技的方向。其中影響最深遠的是德博羅意（Louis de Broglie）提出的假設，他認為就像光可以被描述為量子（光量子），粒子也可以被描述為波。他的理論很快便被實驗證明，並激發了一年後的量子力學的發現。愛因斯坦許久以前就預言的新的力學開啟了新的道路，讓科學家第一次得以詳細了解次原子的世界。在天平的另一端，哈伯（Edwin Hubble）用新的威爾遜山天文台的望遠鏡顯示宇宙中除了我們的銀河之外，還包含了為數眾多的其他銀河系。最後，密立根（Robert Millikan）發現的宇宙射線（cosmic ray）揭示了過去我們所不知道的基本粒子的存在。

隨著這些物理學界的重大發展不斷出現，愛因斯坦持續尋找他的統一場論，但沒有絲毫進展。不過另一方面，他倒是發展出所謂的玻色—愛因斯坦統計（Bose-Einstein statistics），對量子物理學有重大貢獻。這被認為是他眾多傑出發現中的最後一項。[2]

再度出海

愛因斯坦好幾年前就已經受邀去南美洲，直到一九二五年，他才答應到三個國家作為期數週的巡迴演講之旅——包括一趟誘人的海上旅程。[3]將在這次旅途中與他作伴的不是艾爾莎，而是年紀較小的繼女瑪歌（Margot）。但是她在他們即將出發前不久突然生病，因此最後愛因斯坦只好單獨前往。

一群朋友在柏林火車站為他送行時，是陽光燦爛的好天氣。[4]但是等他到達預定搭船地點的漢堡，天空中卻是烏雲密布。在車站迎接他的是漢堡一位知名法律學者的妻子瑪麗・羅賓諾（Marie Robinow）[5]，以及她的女婿。他們把愛因斯坦接回家中。他在這裡與羅賓諾太太一起演奏莫札特的奏鳴曲，度過愉快的下午。他拉奏的是為此借來的一把兒童用小提琴。

他在一間飯店過夜。隔天一早，羅賓諾家「優雅聰明的」女婿陪同他到他的船「波羅尼奧號」（*SS Cap Polonio*），一艘屬於漢堡南美郵輪公司（Hamburg South America Line），剛剛重新整修過的豪華郵輪。[6]半小時後，船起錨出航，愛因斯坦站在甲板上看著它離開碼頭，沿著易北河而下，經過許多倉庫與船隻。雖然許多乘客都認出他的「容貌」，但他們忙

「感謝上帝，航程還有很久。但我已經開始恐懼抵達。」

著道別，很樂意不去打擾他——暫時。等到船已經穩定航行，他就安頓到他的豪華艙房。他在房間裡幾乎感受不到這「巨大郵輪」的引擎震動，比起他在「榛名丸」上，就在引擎機房隔壁的艙房，真是一大進步。「幸福的寧靜。」愛因斯坦想到真可惜瑪歌不能來；她一定會很喜歡這樣的寧靜。

「波羅尼奧號」在隔天抵達布倫（Boulogne），更多乘客，大多是南美人，在此上船。雖然天空還是一片陰霾，愛因斯坦已經覺得空氣變得比較宜人——他在之前海上航行時感到的振奮又回來了。雖然他才在海上一天，已在日記中評論說：「感謝上帝，航程還有很久。但我已經開始恐懼抵達。」

在海上的第一天，愛因斯坦幸運認識一位學術界的同儕耶辛豪斯（Carl Jesinghaus）。[7] 兩人隨即請人安排他們同桌用餐。耶辛豪斯是哲學家和心理學家，安靜且學識豐富。他們第一次同桌吃飯時，聊天的主題是因果律。不過在用餐以外的其他時間，愛因斯坦大多獨來獨往。他閱讀喬叟的《坎特伯里故事集》（*Canterbury Tales*），而且非常喜歡。他也研究一個關於黎曼幾何（Riemannian geometry）的基礎的問題。

三月八日這天，這艘船來到西班牙北海岸的畢爾包（Bilbao），第一次遇到燦爛的陽光。愛因斯坦對此很開心。「波羅尼奧號」是有史以來造訪畢爾包的最大的船，因此吸引了大批好奇的西班牙人，當中許多人還上船來。愛因斯坦發現這些西班牙人一點都不世故冷漠，反而充滿好奇，孩子氣，羞怯緊張。而西班牙女士則有黑眼睛黑頭髮，頭上戴著小片的蕾絲紗巾。當天較晚時，愛因斯坦又認識了另一位意氣相投的同船乘客，有點名氣的女性主義作家耶洛撒泠（Else Jerusalem）。愛因斯坦認為她有「小豹子」的原始力量——因此給了她這個綽號。[8]當天晚上，愛因斯坦無意中來到一間專給女性和小孩子的房間，便留下來彈奏鋼琴給他們聽——直到這溫馨的場景被兩個斯瓦比亞女士的到來打斷。她們其實是相當無辜地順道過來，想來聽音樂，但是她們立刻把愛因斯坦嚇得逃跑。「我一定在逃跑時，在門上留下一個可笑的人型剪影，」他在日記裡呵呵笑道。

「我一定在逃跑時，在門上留下一個可笑的人型剪影。」

第二天，「波羅尼奧號」在西班牙西北角落的兩個港口，拉科魯尼亞（La Coruna）和維戈（Vigo），先後短暫停留。他在早上跟耶辛豪斯討論過邏輯後，又與「小豹子」閒聊，然後下結論說，她很誠實、傲慢、虛榮，並且只有在最後一項特質上很女性。但是兩人似乎還是相處得很好。她經常陪在愛因斯坦身邊，不論是在船上，或後來在布宜諾斯艾利斯。愛因斯坦大部分白天時間都待在甲板上，享受「醉人的南方太陽」。這艘船進入三面環繞著梯形坡地的維戈海灣時，他覺得自己像在某種巨鳥的鳥巢裡。

船在三月十一日一抵達里斯本，愛因斯坦就跟耶辛豪斯及另一位乘客到岸上參觀散步。這個城市在愛因斯坦看來相當破爛，但仍感覺舒適宜人。里斯本的生活似乎很輕鬆緩慢，沒有任何目標或意識——與柏林截然不同。愛因斯坦不論望向何處，都會想到古老時代的生活

> 「這片粗糙破爛的土地引發我某種渴望。」（對里斯本的看法）

大概就像這樣。在城裡的一處市場，愛因斯坦看到一個女魚販將一大盤魚頂在頭上，那優雅的姿態讓他很感動——她還在他對她拍照時，做了個驕傲淘氣的手勢。

這三個觀光客接著走到皇家城堡。這裡有絕佳的視野，可以俯瞰城鎮和港口。之後他們雇了一輛車，帶著他們沿著海岸來到一間修道院。愛因斯坦很欣賞這裡蘊含樂趣的晚期哥德式建築。他尤其喜歡那令人驚嘆的兩層樓高迴廊中庭，還有滑稽的噴泉裡的獅子。回到船上後，愛因斯坦在日記中坦承：「這片粗糙破爛的土地引發我某種渴望。」

離開里斯本後，「波羅尼奧號」往南航行，有幾天沿著非洲的海岸線走，天氣明顯越來越溫暖。船經過特內里費島（Tenerife）時，太陽正要西沉，聳立島上的陡峭綠色山坡沐浴在燦爛的光線裡。待在艙房裡時，愛因斯坦每天持續研究他的統一場論，但仍毫無進展。他於是轉而讀他帶來的書，浸淫於梅爾森（Émile Meyerson）與科根（David Koigen）的最新哲學著作。[9]

愛因斯坦與耶洛撒冷在三月十三日與船長共進晚餐。他們這一頓飯吃了三個小時，席間活躍的談話涵蓋了嚴肅的主題與幽默的笑話。愛因斯坦對船長與他的幽默感頗有好感，對耶洛撒冷的評價也提升許多：她是猶太人，也是東德人，「都是令人敬畏的人種」！

隔天是愛因斯坦的生日；他收到一張生日卡片，真的覺得很感動。他和大多數旅行的時候一樣，隨身帶著他的小提琴，之前也在同船乘客中找到幾位會拉弦樂器的人——其一是年輕寡婦，另一位則是學生——但是他們的合奏不算太成功。當天下午，愛因斯坦和船長一起聽耶洛撒冷朗讀她最近寫的劇本，當中描述一個年輕男人掙扎在他的猶太背景與更開闊的觀點或更多樣的活動之間。愛因斯坦覺得這是一個扣人心弦的類似耶穌的角色，但有些太過抽象。之後他試著向耶洛撒冷解釋相對論的基本概念。當天傍晚，他跟耶洛撒冷討論關於宗教的本質。

「波羅尼奧號」經過維德角（Cape Verde）的島嶼時，福戈火山島（Fogo Island）的陡峭側翼被西沉的太陽照亮，其他一切都沐浴在黯淡的藍色光線裡。隨著船隻接近赤道，天氣變得越來越像熱帶的氣候。裝扮成海神尼普頓（King Neptune）的船員出現在甲板上，幫第一次跨越赤道的旅客進行傳統的洗禮儀式：「對大家都無害的樂趣」，愛因斯坦評論道。

愛因斯坦一天裡最開心的部分就是每天的弦樂四重奏，因為他現在又召到了一位「活潑的鰥夫」，某位何蘭德先生（Mr. Hollander），以及船上交響樂團的第一小提琴手。這群人在愛因斯坦熱氣蒸騰的艙房裡演奏莫札特和舒伯特的四重奏，「雖然會流很多汗，但還是很開心」。這艘船的道別晚會很快就要到來，因為所有乘客都被預期要為這個場合做某種表演，愛因斯坦與他的四重奏同伴於是為這個盛大的場合排練莫札特的〈小小夜曲〉。愛因斯坦也被說服對船上官員做一場關於相對論的演講，而他在日記裡哀嘆隨著航程即將結束，他美好的孤單生活逐漸瓦解了。他再度感嘆他的繼女不在那裡：「獨自一個

「獨自一個人很好，但是在很多陌生的猴子當中獨自一個人就不是如此了。」

人很好，但是在很多陌生的猴子當中獨自一個人就不是如此了。」

在三月十九日為頭等艙乘客舉辦的音樂會中，愛因斯坦和他的弦樂四重奏演出，也表演了貝多芬的〈F大調羅曼史〉。但是阿根廷乘客們「愚蠢到可鄙的」表演讓他感到驚駭：這些表演者顯然屬於富有階級，他們雖然世故冷漠，卻又同時顯得天真孩子氣。

耶辛豪斯介紹愛因斯坦聽一些據說源自印加文化的阿根廷流行音樂，這讓愛因斯坦思索有多少珍貴的音樂寶藏隨著這些原住民一起消失了。他和「小豹子」經常聊天，她在當中不斷嘗試要摸清愛因斯坦的性格，而他則反過來逗弄她。他對她的舉止覺得很有趣，描述她「嚴肅而厚顏」，典型的俄羅斯猶太女人。

「波羅尼奧號」在三月二十二日抵達里約熱內盧，將在此停留幾個小時，再前往布宜諾斯艾利斯。雖然下著濛濛細雨，那「詭異的巨石」（糖塔峰〔Sugarloaf Mountain〕）仍清晰可見。它的雄偉讓愛因斯坦震懾。一位猶太教拉比和工程師及醫師組成的代表團在此歡迎他，並提議趁著船停靠港口的時間，帶他去城裡遊覽一番。愛因斯坦接受了邀約，他親切的嚮導們於是帶他去了植物園，那裡生氣蓬勃的植物讓他十分驚訝。他覺得好像一切都在他眼前成長：「這超越了一千零一夜的夢！」他在里約街上看到的來自不同祖先的各色人種——葡萄牙人、印第安人、黑人，以及介於這之間的各種人——讓他大開眼界。等到回到船上時，他回想道，他在幾小時內就獲得「難以描述的豐富印象」。

阿根廷[10]

兩天後，「波羅尼奧號」停靠孟都，另一個由記者及「各種猶太人」組成的歡迎委員會上船來，陪伴愛因斯坦搭一段短暫的航程，到這艘船的最終目的地，布宜諾斯艾利斯。這個團體的領袖是尼倫斯坦（Mauricio Nirenstein），布宜諾斯艾利斯大學的校務長。根據愛因斯坦的描述，他是個「溫順高尚」的人，也是他在布宜諾斯艾利斯期間的嚮導。他給了愛因斯坦忠告，告知他如何避開當時在阿根廷沸沸揚揚的政治與哲學爭議。[11]但根據愛因斯坦的看法，其他歡迎團隊的成員多少有些「不乾淨」。最後他還是靠著船務員和耶洛撒冷的營救，才能從這些「令人倒胃口的暴民」手中脫身。除了他們引發的騷動之外，這艘船還遭遇其他好幾項阻礙，因此直到隔天早上才在布宜諾斯艾利斯靠港。

三月二十四日一大清早，記者和船上的歡迎人員引發的喧鬧再度開始，但是在尼倫斯坦的幫忙下，愛因斯坦終於在早上八點半脫身上岸。一張愛因斯坦下船時的照片顯示他走下舷梯，表情異常緊繃，身旁包圍著笑得咧開嘴的興奮歡迎人員。他抵達布魯諾．華瑟曼（Bruno Wassermann）皇宮般的家中時，已經精疲力盡。華瑟曼是富有的德國猶太商人。愛因斯坦在布宜諾斯艾利斯期間，都將住在他家裡。他終於在這裡得到和平與寧靜。

他的女主人，「活潑開朗的瑟諾拉．華瑟曼（Senora Wassermann）」自願擔任愛因斯坦的私人祕書；他剛到的朋友耶洛撒冷也在他面對新聞媒體時擔任他的翻譯。到了下午，屬於他們圈子的其他幾位女士來到華瑟曼家中，德國大使也是。隨後到達的還有阿根廷最知名的詩人、作家和政治人物盧貢內斯（Leopoldo Lugones），以及好幾個猶太組織的代表。[12]到了晚上，愛因斯坦基於禮貌，拜訪了大學的校長和院長：謙虛、直率、清明又友善的人，但沒有使命感。他們在某些方面讓他想到瑞士人和其他共和主義者。愛因斯坦覺得這城市舒適卻無趣，這裡的居民脆弱、纖細，而且面向單一。愛因斯坦來自仍在大屠殺、戰敗、政治騷動的震撼中天旋地轉的德國，自然覺得舉目所及處處皆是奢華與膚淺。

三月二十六日這天，愛因斯坦一直害怕的社交與學術旋轉木馬開始急速轉動起來。他一早就得面對大軍壓境的記者和攝影師，然後才坐車遊覽城市，最後一站是參觀城裡最大的食品市場「集散市場」（Abasto）。拜訪了大學的院長及他的妻子後，愛因斯坦跟一個猶太代表團會面，對方邀請他出席一場大型慶祝聚會。不過他想到他在紐約經歷的大型聚會實在讓他「吃太撐了」，斷然拒絕。[13]又跟更多代表團會面之後，他很高興能在華瑟曼家裡度過一個安靜的傍晚。耶洛撒冷也在這裡，展現她的機智與高昂精神。不過愛因斯坦覺得她的好心情似乎顯得有些勉強。

在大學裡舉辦的正式歡迎典禮在隔天進行。好幾個人輪番熱烈介紹後，愛因斯坦發表了一場簡短的概略性演講，用跌跌撞撞的法文對大多騷動不聽管束的聽眾演說——總而言之，這是「一個不文明的場合」。

隔天他展開預定在大學進行的數場講課的第一場，但是在此之前，他還是得先聽齊聚在講台上的學者和政治人物發表更多浮誇的致詞。演講廳裡擠滿了人，熱氣蒸騰。不過至少這一次，聽眾裡有許多年輕人真正對他所說的話有興趣，這讓愛因斯坦的心情好多了。接下來是好幾場「無意義的參訪」，但他覺得還可忍受。當天晚上，他到當地富人荷西（Alfredo Hirsch）家中作客，參加一場小型晚宴，在座還有他的妻子，「一個美麗的猶太女人」。[14]他們奢華的家中充斥著美麗的藝術品，甚至還有一架管風琴。愛因斯坦思索道，這種要擁有美麗物品的慾望，是野蠻人想博得尊敬的第一步。這讓他想到一個小孩子不滿足於只是看到一隻蝴蝶，一定要觸摸牠，甚至將牠放進嘴裡。

隔天是個下雨的星期天。愛因斯坦早上獨自待在房間裡，珍惜這幸福的和平與寧靜。他深思，一個人一定要經歷極大的騷動，才能懂得和平寧靜的幸福，過去幾天給了他充足的準備，而能達到這樣幸福的狀態。到了下午，他離開房間，去跟他的東道主華瑟曼一起散步。

到了三月三十日星期一，愛因斯坦在大學裡第二次講課，然後與他住在布宜諾斯艾利斯的表親羅伯・柯克（Robert Koch）度過愉快的傍晚。兩人同齡，又曾同時就讀阿勞的郡立中學，因此有很多共同話題，彼此相熟。這次相見時，他們感嘆道：「我們都變得好老了啊！」（愛因斯坦此時是四十六歲。）

隔天愛因斯坦受邀參觀阿根廷最大報紙《新聞報》（*La Prensa*）的工廠，看到最新的自動化印刷機。那大量的紙張與人力耗費讓他很驚愕：他自問是不是很快會出現自動化的讀者了。第二天的行程包括參觀城裡的猶太區。他看到一間報紙的辦公室、一所孤兒院，以及好

「猶太人跟著蝨子蔓延而失去了靈魂。」

幾座猶太會堂，不過此行沒有讓愛因斯坦留下什麼好印象。他認為這是一樁悲劇，「猶太人跟著蝨子蔓延而失去了靈魂」；但是在其他國家不也都是如此？

四月一日這天，愛因斯坦與華瑟曼太太搭乘剛好造訪布宜諾斯艾利斯的德國容克斯公司（Junkers）的水上飛機，享受一趟飛行之旅。這是愛因斯坦第一次搭飛機，而他印象相當深刻，尤其是對起飛。到了下午，他去晉見阿根廷總統艾維爾（Marcelo de Alvear）和幾位部長；之後他被帶去參觀人種學博物館（Ethnological Museum），直到他必須離開，到大學發表第三場演講。演講結束後，盧貢內斯帶愛因斯坦到家裡，兩人在此度過傍晚。這是忙碌的一天。愛因斯坦在這天活動紀錄的最後寫下：「夠了。」

第二天，愛因斯坦到了離布宜諾斯艾利斯四十英里的拉普拉塔鎮（La Plata）。這個安靜漂亮的小城令他著迷，讓他想到義大利的城鎮。他被要求參加當地大學的新學期開學典禮。這所大學的校舍是許多棟宏偉的美式風格建築物。這極度拘泥的典禮包含了許多冗長的致詞和音樂表演。

雖然愛因斯坦在日記裡沒有提到，但是在拉普拉塔接待他的東道主是該大學的物理中心創辦人及主持人甘斯（Richard Gans）。甘斯是很有成就的德國猶太物理學家，一九一一年移民阿根廷，他並不贊同愛因斯坦的政治觀點。事實上，甘斯強烈認同國家主義，甚至在愛因斯坦造訪後不久就返回德國。他後來在納粹德國的遭遇非常出人意料，是個很引人入勝的故事。[15]

回到布宜諾斯艾利斯後，愛因斯坦在四月三日發表他關於相對論的第四場演講，之後與大學校長共進晚餐。在隔天對哲學系教授的演說中，他討論了如何以概念想像球體空間。之後他終於能放鬆一下，在他的表親羅伯．柯克家裡再度度過一個寧靜的夜晚。柯克的舅舅，法國實業家德雷佛斯（Louis Dreyfus）也在場。愛因斯坦對德雷佛斯印象深刻，覺得他聰敏、精明，而且脾氣很好。

到了週日（四月五日），華瑟曼開車帶愛因斯坦去他們在拉法約（Lavallol）的鄉下別墅，讓他可以放鬆一下，逃離在城裡時包圍他的喧鬧。在這次及後來幾次行程中，拉法約都成為他的避難所。

回到布宜諾斯艾利斯後，愛因斯坦參觀了一間實驗室。該實驗室的研究人員曾證明，暴露在強烈的單色光下，會導致一個人的視網膜上出現主觀的幻影——這是愛因斯坦的東道主有時候會安排的「沒意義的參訪」的一例。這天晚上，在支持希伯來大學成立的大型錫安主義者聚會上，愛因斯坦聽了「西班牙佬」許多詞藻華麗的煽情致詞後，自己簡短說了幾句話。愛因斯坦在一九二三年前往巴勒斯坦時就見過的莫西松（Benzion Mossinsohn）用意第緒語說了一段樸素的致詞，愛因斯坦認為這種語言出奇地讓人覺得溫暖，並有豐富的表達力。

隔天愛因斯坦拜會傑出醫師，也是布宜諾斯艾利斯大學校長的阿瑟（José Arce）。[16]愛因斯坦對阿瑟的診所，以及他這個人，都相當佩服，寫道說他在他的環境裡顯得格外突出。

愛因斯坦之後很幸運地可以在他緊湊的行程中，有三天待在華瑟曼位於拉法約的宅邸靜養休息。他在這裡時，對於如何將電與重力連結在一起，有了一個「神奇的想法」。

四月十一日，愛因斯坦坐上一節特殊的火車車廂，搭夜車到布宜諾斯艾利斯東北方約四百英里的科多瓦（Córdoba）。他不是一個人去；跟他一起前往的還有哲學家艾伯瑞尼（Coriolano Alberini）、尼倫斯坦、布提（Enrique Butty），以及其他數人。[17]一早抵達後，愛因斯坦被接去搭車參觀城市西邊荒蕪而嚴峻的花崗石山脈。旅遊結束後，愛因斯坦在一場「非常無聊」的政府晚宴中接受表揚。

隔天早上，愛因斯坦在當地大學的一間華麗演講廳做第一場演講。他在科多瓦總共只會有一次演講。之後他在一場充滿節慶氣氛的學術聚會中接受致敬。他坐在剛當選的當地首長旁邊，「一個很優雅有趣的人」，但是除了他和艾伯瑞尼之外，他已經受夠了「過多的西班牙佬、記者和猶太人」。直到一個「顫抖的少女」，用希伯來文講了一段滑稽的致詞，才讓他恢復了好心情。

愛因斯坦很欣賞科多瓦宏偉的大教堂，也喜歡這裡沒有愚蠢裝飾、比例剛好的家屋。他覺得他可以在此看到古老西班牙文化留下的一點遺跡，包括對土地的熱愛和對更高事物的覺察——雖然代價是要被教士統治。愛因斯坦認為，即使如此，這還是好過缺乏文化又自滿的文化。

四月十四日這天，愛因斯坦坐上跟來時同樣的私人車廂，搭夜車回到布宜諾斯艾利斯。

他很高興回來，但心情惡劣，很討厭與人打交道。他見到的多數人都讓他覺得像「擺在雪茄店門口當招牌的印第安假人、多疑的憤世嫉俗者，對文化漠然，毫無節制地大啖牛油」[18]。他想到還要在這裡待上許久，就感到極度鬱悶。

兩天後，愛因斯坦在早上與錫安組織的執行委員會見面，下午則在阿根廷國家精密科學學會（National Academy of Exact Sciences）的會議中接受表揚。他被選為外部榮譽會員，這些學術人士問了他一些出奇愚蠢的問題，讓他幾乎忍俊不住。他在隔天接受一位肖像畫家照相，並在同天稍晚，在大學進行此行倒數第二場演講。不過愛因斯坦的這一天還沒有結束：他在德國大使於傍晚舉辦的接待會中接受表揚，但會中只有阿根廷的顯赫人士受邀——賓客中沒有任何德國人。愛因斯坦懷疑這是因為當地人數眾多的德國社群不滿他主張的和平主義。「滑稽的一群人，這些德國人，」愛因斯坦想道。「我對他們而言就像一朵氣味難聞的花，但他們還是一直把我別在他們的胸口。」

「滑稽的一群人，這些德國人。我對他們而言就像一朵氣味難聞的花，但他們還是一直把我別在他們的胸口。」

愛因斯坦對於大使館接待會賓客名單的懷疑，在德國大使格奈斯特（Karl Gneist）寫給外交部的報告中被證實。他對於愛因斯坦此行如何引起大眾的興趣，有很熱烈的描述：「幾乎每天的報紙上都會有許多專欄，描述關於這個科學家個人或他的理論的小故事……遺憾的是，當地的德國人社群避開所有相關活動，因為有些社群成員反對愛因斯坦接受《國家報》（*Nación*）訪問時所做的一些評論，說他是和平主義者……有史以來，第一次有世界知名的德國學者來到這裡，而且他天真和善，甚至有些超越凡俗的舉止儀態，對當地人民有非比尋常的吸引力。我們找不到有誰比他更適合對抗那些抹黑污蔑的惡意宣傳，摧毀德國人是野蠻人的虛假故事。」[19]

四月十八日這天，在華瑟曼家裡，愛因斯坦對華瑟曼太太的女性朋友們進行了一場私人演講，「小豹子」卻很明顯地缺席。她顯然是在生氣愛因斯坦先前忽略了她。[20]後來他在猶太協會演說，同時討論了錫安主義的精神與原子的大小。隔天是星期天，因此他在拉法約的鄉下別墅休息，但當晚又有一場各猶太協會舉辦的接待會，莫西索上台致詞，還有人表演歌唱。在最後一場大學演講中（四月二十日），他面對一群格外熱誠的聽眾，不過隔天他出席了在一間猶太醫院舉辦的「一場毫無品味的接待會」。他甚至對這次活動惹惱到責罵了籌辦人一頓。

在阿根廷待了五個星期後，終於到了愛因斯坦道別的時候。與他在布宜諾斯艾利斯最親近的同事的午宴上，他送給華瑟曼太太與尼倫斯坦教授他自己的照片，照片上各自寫了一首機智而貼切的小詩。愛因斯坦也準備這樣的紀念品給耶洛撒冷，但是這「小豹子」還在對愛因斯坦生悶氣，因此再度缺席。[21]

四月二十二日的正式道別早餐會上，所有科學與政治界的大人物都出席了。[22]由大學生舉辦的比較非正式的道別派對在傍晚舉行——這比較合愛因斯坦的胃口。派對上有很多歌唱與吉他表演，愛因斯坦更演奏了小提琴，將晚會帶到最高潮。

烏拉圭

愛因斯坦是搭乘「布宜諾斯艾利斯市號」的蒸汽火車夜車，在四月二十四日到達下一個目的地孟都。愛因斯坦在阿根廷的講學與演說之前就已經受到烏拉圭媒體廣為報導，因此有大批熱情的人群湧到火車站來歡迎他。他的接待主人首先帶他去一棟很高的保險公司大樓樓頂，享受俯瞰整座城市的景觀。他們讓他自由選擇住宿：他可以接受這個城市的正式邀請，住在華麗的公園飯店（Parque Hotel），或接受羅森布萊特（Naum Rosenblatt）的招待，跟他的俄羅斯猶太家人住在一起。愛因斯坦選了後者。

他在羅森布萊特的家裡安頓好之後，德國大使史密特—艾斯柯普（Arthur Schmidt-Elskop）前來拜訪。接著哲學家費瑞拉（Carlos Vaz Ferreira）來訪，帶著愛因斯坦到城裡悠閒漫步。[23]愛因斯坦在日記中描述費瑞拉是個優雅但緊張的黑人，他的法文——兩人唯一的共通語言——比他自己的法文還糟。他還補充說：「他和大多數人一樣，都很敬畏我。」

愛因斯坦在烏拉圭可能比在阿根廷自在。他很快就喜歡上「心地溫暖又誠實率直」的羅森布萊特夫婦及他們的孩子。他們對孩子只說意第緒語，愛因斯坦則跟孩子說法文。他與「文雅，安靜，內向的人，完全不像美國人」的工程學教授馬吉歐洛（Maggiolo），以及另一位工程師卡斯特羅（Armando Castro）和他「雙頰紅通通的可愛小兒子」都相處愉快。

抵達的當天，愛因斯坦就發表了第一場預定的相對論的演講，接著參加在大學的一場嚴肅的接待會。到了晚上，馬吉歐洛、羅森布萊特夫婦，以及德國大使，帶了愛因斯坦去看義大利劇團來此巡迴演出的歌劇《茶花女》。隔天晚上，這個劇團還特地為愛因斯坦演出德文歌劇《羅安格林》（*Lohengrin*）。他們的演出介於傑出與滑稽之間——而且不只是因為演出者的關係，愛因斯坦這麼認為。兩個學生被指派負責監視，隨時保護愛因斯坦的隱私。一個熱心得令人感動的男僕被指派聽他吩咐，但他只能跟他用手勢溝通。

在烏拉圭才待了兩天，愛因斯坦就下結論認為這個國家是個幸運的小國。他在這裡找到真心的溫暖和對土地的熱愛，沒有任何矯情或虛妄。這個國家有溫暖潮濕、舒適宜人的氣候，還有堪為典範的社會制度，包括對幼童與老人無微不至的照顧，對非婚生子女的保護，以及一天八小時的工時限制。而且這個國家的憲法很自由——類似瑞士的憲法——並嚴守政教分離。

四月二十七日這天，該國參議院主席布耶羅（Juan Antonio Buero），「一個世故機伶的年輕人」，加上馬吉歐洛、卡斯特羅和其他人，一起帶愛因斯坦去參觀一間生產美麗花崗石的工廠。到了下午，愛因斯坦拜會了這個共和國的總統、教育部長，以及當地的瑞士領事（這位領事在阿勞和他唸過同一所中學）。愛因斯坦發表了他此行的第二場演說，然後與羅森布萊特家的人度過安靜的傍晚。

孟都的德國社群隔天在一場親切的接待會中對他致敬，「在咖啡的陪伴下」。很可能只有這個社群中最自由派的成員受到邀請，雖然德國大使史密特—艾斯柯普在給柏林的外交部的報告中，用很熱烈的語氣描述愛因斯坦的來訪：「愛因斯坦以他單純而充滿同情心的態度，留下絕佳的印象。由於他到哪裡都被稱為『德國學者』，因此他的來訪對德國的目標大有助益。」[24]當天晚上，猶太團體和支持國際聯盟的團體舉辦了一場宴會，對愛因斯坦致敬。他很幸運地坐在一位有趣的英國人旁邊，他曾經和著名的人道主義者暨探險家南森（Fridtjof Nansen）並肩工作。[25]

愛因斯坦在隔天（四月二十九日）發表最後一場演講，而到了晚上，德國大使舉辦了一場大型接待會，受邀的賓客只有烏拉圭的政治人物和學者。顯然在這次場合裡，愛因斯坦的政治觀點對許多居住此地的德國人而言，仍然太具爭議。

第二天是愛因斯坦待在孟都的最後一個整天。他出席了兩場影片的特別放映會：一部是關於最近南極洲探險的紀錄片，另外是一部卓別林的迷人電影。到了下午，有人帶愛因斯坦駕駛帆船出遊，讓他非常開心；最後，晚上九點，還有一場由政府和大學共同贊助的接待會與晚宴。愛因斯坦坐在總統與一位部長之間，度過非常愉快的一晚。典禮期間，交響樂團演奏了〈守衛萊茵河〉（Watch on the Rhine），而非德國國歌，但愛因斯坦與史密特─艾斯柯普交換了一個心照不宣的笑容，因為他們知道這首歌是軍國主義者愛用的集會歌曲。

孟都的訪問即將結束時，愛因斯坦覺得有必要總結一下他在這裡的印象。這裡每個人都對他很和善而不拘小節──雖然他有幾次不得不穿上他厭惡的燕尾服。他覺得自己的日記沒有充分反映出現實，因為他在這裡的經驗比日記中所寫的豐富又多變化，讓他經常應接不暇。他喜歡在烏拉圭的參訪遠勝過在阿根廷，因為他在這裡發現更深刻的人性情感，當然還有部分原因要歸功於這個國家和城市的嬌小。烏拉圭的人民顯得謙和而自然——他們讓他想到瑞士和荷蘭：「魔鬼帶來大國家和大國的瘋狂。如果由我決定，我會把大國都切成一個個小國！」

「魔鬼帶來大國家和大國的瘋狂。如果由我決定，我會把大國都切成一個個小國！」

很恰巧地，愛因斯坦預定在五月一日勞動節啟程前往里約熱內盧，這是孟都很重視的國立假日，所有工作都停止，汽車也不准在城市街道上行駛。愛因斯坦要搭的前往里約的法國郵輪「瓦迪維亞號」（*Valdivia*）停泊在港口。他們必須設法找一輛公務車和一艘港口小艇，才能把他和大批前來道別的代表送到船上。

愛因斯坦發現「瓦迪維亞號」既小又髒。[26]他在船上睡得很糟，船上的廁所也令他驚愕，但是在三天的航程裡還勉強可以忍受。不過船員倒是非常友善。而且愛因斯坦雖然譴責船上食物難吃又油膩，卻很喜歡船長。他欣賞在船長這桌用餐時的輕鬆氣氛，還有同桌的人的體貼謙遜。他覺得他們比德國人和藹可親，謙虛自然。

儘管「瓦迪維亞號」有各種明顯的缺點，愛因斯坦還是很珍惜在船上三天的休息，並利用這個機會回顧他的南美行程。他知道幸福寧靜的船上生活一等他抵達巴西就會結束，因而充滿憂慮。他很願意付出高昂的代價，換取不必「再在里約被趕鴨子上架」，但是他只能期盼在上帝的幫助下，他能夠再多忍受幾天這樣的「鬧劇」——在那之後，他就可以期待漫長美好的返家航程了。經歷了這麼多喧鬧，不斷換地方之後，讓他幾乎無法想像再度過著安靜正常的生活。

愛因斯坦也發現他在阿根廷發展出來的科學想法，結果都是無用的，這對他的心情更沒有幫助。從德國傳來的消息，尤其是陸軍將領興登堡再度進入政界的訊息，讓他更為沮喪。興登堡被提名為總統候選人，讓孟都的德國大使相當尷尬，因為這讓烏拉圭得以取笑德國人。愛因斯坦評論說，德國這個國家「整體的理智都被棍子打到九霄雲外去了」。

「整體的理智都被棍子打到九霄雲外去了。」（對德國的看法）

巴西[27]

五月四日日落時分，「瓦迪維亞號」在里約熱內盧港口眾多奇形怪狀的美麗花崗石島嶼間拋錨停泊。天氣好極了。愛因斯坦被帶上岸後，受到等候的「教授和猶太人們」歡迎。他很快就得到一個印象，認為他們都被這熱帶天氣馴化了。他認為歐洲人的新陳代謝可能需要較大的刺激，而這種刺激並非這永遠溫暖潮濕的天氣所能提供。即使是歐洲領固定工資的薪水奴隸，也比這裡上班的人富有，而且不那麼昏昏沉沉，如在夢中。愛因斯坦認為氣候會使人健康衰退的這種想法，以及他之前認為他在遠東地區所見的極端貧窮是由氣候導致，兩者如出一轍。這反映了十九世紀流行一時，認為新世界的氣候會影響歐洲人健康的理論。[28]

愛因斯坦住在里約海邊的豪華葛羅利亞飯店（Hotel Glória）。隔天早上，一位奧地利出生、現在擔任里約猶太社群理事長的商人科恩（Isidoro Kohn）來拜訪他。他是個開朗而親切的紳士，雖然有點多嘴。愛因斯坦和科恩到城裡散步遊覽，之後科恩的太太與另一位女士來跟他們共進午餐。兩位活潑開朗的女士在愛因斯坦眼中是迷人的用餐同伴。到了下午，他和德國商人會面，接著「教授們」帶他去搭位於一座原始森林上方、令人頭昏目眩的纜車，到達糖塔峰頂端。愛因斯坦很欣賞那壯觀的景致，以及一向讓他著迷的霧靄和陽光的互動。接著是猶太團體所辦的一場接待會，之後愛因斯坦和「優雅聰明」的猶太拉比拉夫洛維奇（Isaias Raffalovich）享受了一趟夜晚的汽車之旅。這位拉比是里約猶太社群的精神領袖，對於促成愛因斯坦到巴西參訪扮演了重要角色。

隔天早上，根據德國模式改革巴西醫療的梅約醫師（Dr. Antonio da Silva Mello）陪伴愛因斯坦走路漫遊里約的上城。在散步當中，梅約試著警告愛因斯坦，要他避開當地學者被捲入的許多微小計謀中。他們在港口一家旅店吃午餐，愛因斯坦吃掉了一整盤很辣的魚類料理後，進行了幾個禮貌性的拜訪，包括拜會巴西總統貝納德斯（Artur Bernardes）、教育部長，還有里約市長。

這時到了出發去工程師俱樂部（Engineering Club）的時間，愛因斯坦將在此發表預定的第一場關於相對論的演講。由於當時巴西物理學家極少，愛因斯坦只能對一般聽眾演講——他此行的大多數演講都是如此。演講廳再度太過擁擠，因為聽眾中的許多官員帶了太太小孩一起來。由於天氣極為炎熱，大廳的所有窗戶都打開來，街上傳來的噪音讓愛因斯坦說的話根本沒有人聽得懂——而且純粹是基於音響問題。他判定，從科學的觀點而言，他的演說一點意義也沒有，這些聽眾只是把他當成某種「白象」來觀賞，而他覺得他們都是傻瓜。到了晚上，回到飯店房間之後，他赤裸地坐在窗前，享受眼前月光下的開闊景色——海灣中的島嶼，有些岩石崎嶇，有些覆蓋著茂密的綠色枝葉。

第二天（五月五日），愛因斯坦參觀了主要收藏動物學與人類學展品的自然歷史博物館。他對一條蛇脊柱的美麗結構甚為著迷，不過他最感興趣的是原住民文化的展覽。他仔細欣賞好幾樣文物，包括皺縮的木乃伊和亞馬遜河流域提庫拿印第安人（Ticuna Indians）的毒箭。令愛因斯坦遺憾的是，他沒有足夠的時間可以聽印第安原住民音樂的錄音。

梅約醫生帶愛因斯坦到卡斯楚教授（Professor Aloysio de Castro）家中吃午餐。雖然愛因斯坦不怎麼欣賞招待他的主人，但他很喜歡其他同桌的同伴：一位俄羅斯的考古學家、一位聰明的記者，尤其是一位漂亮聰慧且有些傲慢的作家。[29]那天下午，在科學學會裡，他必須坐在那裡，被更多用葡萄牙文講的連珠炮致詞轟炸，才能開始用法文演講。他在日記裡評論說，他的巴西東道主們真是口若懸河的演說家，他們恭維別人的方式就是讚美對方善於言辭。愛因斯坦很確定這一切滑稽和無意義的舉動一定都跟氣候有關——但他承認沒有其他人同意他。

值得注意的一點是，愛因斯坦對學會的成員演說時，沒有像平常一樣講相對論，而是檢視了當時科學界對光的性質的了解——這是盤踞在他心頭很久的題目。二十年前，他就提出光是以放射性的量子（也就是光子）的形態來傳導，並由此解釋光電效應，即使這種粒子模型和證明光是電磁波的大量證據（例如：光的干涉、繞射、折射）有所衝突。這些互相矛盾的光的特質深深困擾愛因斯坦，他經常呼籲物理學家尋找新的力學，來解決這種光的雙重特質。在他啟程前往南美之前不久，這個議題終於受到矚目，因為康普頓（Arthur Compton）的實驗（參見第七章）為光子的粒子模型提供了強大的證據。一項新的理論（BKS理論）則試圖純粹以統計方法解釋康普頓的實驗結果。愛因斯坦此時在學會中講到關於光的二元性的背景，並宣布現在正在柏林進行的實驗將可以決定應該以粒子模型或統計方式來解釋康普頓的資料。他在出發前得以看到的初步實驗結果偏向粒子模型觀點，但是確切結果在他回到柏林時就會出來了。愛因斯坦此次演講的內容很幸運地被保存下來，而清晰總結了量子物理學中模糊不清之處。幾個月後，量子力學解決了這些問題。[30]

第二天早上，愛因斯坦參訪做生化研究的奧斯華多克魯茲研究中心（Oswaldo Cruz Institute）時，用顯微鏡觀察了引起查加斯氏病（Chagas' disease）的寄生錐蟲。指導他觀察的，就是發現這種錐蟲生命循環，並讓因此引發的疾病以他命名的查加斯（Carlos Chagas）。這天下午，愛因斯坦在工程師俱樂部發表第二場演講——跟上次一樣，也在悶熱又過度擁擠的演講廳裡。不過他這天傍晚過得十分愜意。他在德國人俱樂部（Germania）度過，和里約德國人社群的一些成員共進晚餐——不必說法文。德國大使柯尼平（Hubert Knipping）在寫給外交部的報告中，顯然鬆了一口氣地評論說這天晚上的氣氛結果相當和諧：「愛因斯坦謙虛的本性為他贏得許多私人情誼，即使他對服裝漠不在乎的證據俯拾皆是，也沒有造成什麼影響。他的來訪對德國在此的目標無疑大有益處。」[31]所謂服裝上的漠不在乎是指愛因斯坦梳洗打扮的草率，這讓當地媒體覺得很神祕——可能是因為平常幫他整理儀容的艾爾莎這次沒有跟他同行。

接下來這天（五月九日），愛因斯坦參觀了國立天文台，會見台長莫里茲（Henrique Morize）。一九一九年那次日蝕，莫里茲參與了愛丁頓的實驗團隊。愛丁頓當時的觀察確認了廣義相對論的一項關鍵預測。一向對設計精巧的科學儀器很有興趣的愛因斯坦在此看到極敏感的新的米爾恩—蕭氏地震儀（Milne-Shaw seismograph），這是他第一次看到這種地震儀。在梅約家裡吃午餐時，他很喜歡好幾道巴西菜肴。餐後他被帶去見兩位生理學家，他們展示了最近他們關於呼吸的研究成果。到了傍晚，愛因斯坦在科恩家裡跟他的家人吃晚餐。他形容他們是「普通但好意的人」。不過他的這一天還沒結束，因為晚上九點時，幾個猶太人組織還在騎士俱樂部（Jockey Club）舉辦了一場盛大的接待會宴請他。無可避免地，這個場合再度充滿各種興奮又冗長的致詞，包含「許多浮誇的恭維」，雖然是基於一片好意。他當天晚上在日記中嘆道：「感謝上帝，終於結束了。」

愛因斯坦此行所展現的耐性與堅忍已經快到盡頭。他坦承他有種難以抗拒的衝動，想要逃離所有這些他不認識的人。他安慰自己，還好他只要再熬兩天，而這兩天應該都會很愉快。

愛因斯坦在巴西的倒數第二天結果倒是相當開心。他和科恩一家人及其他數人一起搭汽車出遊，去了里約附近好幾個視野遼闊的景點。夕陽西下時，他們搭著齒軌爬坡火車到達駝背山（Corcovado）山頂，這座巨大花崗岩山峰的頂端有可以俯瞰里約和糖塔峰的絕佳視野。（駝背山頂當時還沒有立起那座著名的張開雙臂的耶穌雕像。）當天稍晚，愛因斯坦參加了錫安主義組織總部舉辦的接待會，地點非常擁擠又悶熱，看不到任何通風設備，但是這次的致詞終於簡短得令人感激。

他隔天早上參訪了國立精神疾病醫院，見到該院的醫療主任莫雷拉（Juliano Moreira），他有多種族的混血血統，在愛因斯坦眼中是個極為優秀的人。莫雷拉之前曾負責依據他在德國留學期間觀察到的體系，改革巴西的精神醫療。愛因斯坦在莫雷拉家裡吃午餐，伴隨「很多胡椒和他的德國太太」。當天下午，他按照合約義務，拜訪多位中央政府官員，但「感謝上帝」，當中許多人都不在。結束之後，他又被迫忍受一段「可憎」的照相時間，接著被帶去看一場紀錄片，內容是關於當地印第安原住民的生活，以及隆登將軍（General Rondon）為他們所做的人道工作。[32]（愛因斯坦很佩服隆登將軍的領導精神，以及他以人道方式協助印第安人面對現代社會的生活，因此他回到柏林後，還提名他角逐諾貝爾和平獎。）之後他只剩下兩個社交場合要出席：在巴西媒體協會的一場研討會，以及柯尼平大使為他在葛羅利亞飯店舉辦的晚宴。

隔天（五月十二日），愛因斯坦和他在巴西的東道主道別，搭上他期盼許久的返家的船。他的日記在悲傷的語調中戛然而止：「終於自由了，但自覺像是行屍走肉。」[33]

「終於自由了，但自覺像是行屍走肉。」（南美旅程結束感言）

回到柏林

帶著愛因斯坦從南美洲回來的「北方號」（SS *Cap Norte*），比去程時他所搭乘的「波羅尼奧號」更小又更慢。[34]登船之後，他有史以來第一次，完全放棄了寫旅行日記。這趟講學之旅比他預料中更漫長而辛苦，即使在海上休息了兩個星期，愛因斯坦回到家時，還是很焦躁疲憊。他的醫生勸戒他未來幾年都要禁止這類活動。

他最後幾天日記裡瀰漫的厭惡與人來往的心情，顯示這趟旅途可能不如他的預期，但是他到底預期什麼？他的預期不太可能是針對科學上的交流——他拜訪的這些大學只有很少數幾位理論物理學家，而且他的東道主大多是醫生、哲學家或工程師。愛因斯坦和贊助這趟旅行的各個猶太社群及錫安主義團體，也沒有什麼緊密的聯繫。他之所以決定去這三個國家旅行，可觀的酬金與逃離家鄉政治狀況的衝動，比較可能是最重要的因素。

他在一九二五年六月初回到柏林時，城裡的政治氣氛和三月時同樣緊繃。這一年，希特勒出版了《我的奮鬥》第一冊，並以納粹黨「元首」（Führer）的身分完全控制了該黨。戈培爾（Joseph Goebbels）被指派為他在柏林的分身，煽動了更多針對希特勒政敵的衝突，以及對猶太人的攻擊。

在此同時，柏林的學術及藝術圈卻充滿了活力：迪克斯（Otto Dix）、葛羅茲（George Grosz）等藝術家追求以赤裸嚴苛的新客觀主義（Neue Sachlichkeit）顯現當代社會；荀白克拒絕音樂中的古典調性；布萊希特（Bertolt Brecht）以《三便士歌劇》（*Three-Penny Opera*）重新創造了歌劇；布洛德（Max Brod）在卡夫卡死後幫他出版了《審判》（*The Trial*）；佛洛伊德的精神分析廣泛傳播開來。在這威瑪共和短暫的黃金年代，海森堡（Werner Heisenberg）、玻恩、薛丁格，以及狄拉克（Paul Dirac）等人，發展出了量子力學——愛因斯坦貢獻良多的量子物理學的最終累積成果。

量子力學讓人類初次得以詳細了解次原子的世界。愛因斯坦敬佩它的重大成就，但是他無法熱愛它——不確定性原理的機率性詮釋，對他而言還是難以下嚥。

凱斯勒伯爵家的晚宴

愛因斯坦經常被形容是非常重視隱私的人，常獨來獨往。但是這並非事實全貌，他和艾爾莎在柏林活躍的社交生活就是明證。他們經常去戲院或音樂廳，也常受邀參加晚宴。凱斯勒伯爵的日記足以支持這點。愛因斯坦與艾爾莎在一九二六年二月十五日到凱斯勒家裡用餐時，是愛因斯坦從南美洲回來之後，凱斯勒第一次見到他。凱斯勒的晚宴客人經常包括來自政治界、新聞界、藝術界和商業界的顯赫名人，偶爾還有貴族。這次晚宴中，大部分賓客都很積極支持鼓勵法德和解的持續努力。[35]根據凱斯勒的說法，愛因斯坦雖然極度謙虛，卻有種王者的氣勢。他也寫道，愛因斯坦變胖了一點，搭配晚禮服外套的是一雙綁帶的靴子。凱斯勒還補充說，愛因斯坦有種調皮的神情——他的眼中有種近乎孩子氣的光輝。

晚餐過程中，艾爾莎告訴凱斯勒，在她一再勸說她先生之後，他終於去拿了英國皇家天文學會頒給他的兩枚金獎章。那天下午，她和他在電影院碰面時，問他獎章是什麼樣子，他回答說他還沒打開包裝。艾爾莎繼續說，他對這些小東西不感興趣。她又舉了一個例子，顯示愛因斯坦對獎項和表揚的不屑：他堅決不肯戴上他獲得的普魯士功勛勛章。最近，在普魯士學會的一次會議中，能斯特對他說，一定是他太太忘了把獎章掛到他脖子上，但是愛因斯坦回答：「不是忘記，不，不是她忘了，是我不想戴。」當晚餐話題聊到最近一項驚人的發現，也就是天狼星（大犬座中的「犬星」）周圍有一顆巨大的衛星天狼B星時，愛因斯坦對在座賓客解釋了這項發現的重要性：因為天狼B星極度密實，因此根據廣義相對論的預測，它的光譜會有很大的紅移。凱斯勒寫道，他發現愛因斯坦有種無時無刻都帶著些許嘲諷的表情，「在他眼睛周圍跳躍的困惑又痛苦的懷疑論」。這讓他想到一個對人類表面上的自負，乃至於其根源，不由得發出微笑的人。[36]

注釋

1. Philipp Frank, *Einstein: His Life and Times* (New York: Alfred A. Knopf, 1947), p. 205. 該書作者說，愛因斯坦很討厭在講他如此珍愛的事物時，看到一張張茫然空白的臉。

2. 在古典的波茲曼統計中，粒子被視為可互相區分而加以計算。但年輕的印度數學家玻色（Satyendra Nath Bose）發現這在光子上並不成立。他因此沿用普朗克的電磁輻射公式，將光子視為無法互相區分的粒子，並將他的研究手稿寄給愛因斯坦。愛因斯坦將手稿翻譯成德文並發表。愛因斯坦發現同樣的想法除了用在光子上，也可以用於量子，因此將玻色的統計加以擴展，創造了理想氣體的量子論，也就是今日所知的玻色—愛因斯坦統計。Albert Einstein, "Quantentheorie des idealen Gases," *Königl. Preuss. Akad. der Wissenschaften* (1925): 18–25. 這個理論讓愛因斯坦得以做出兩個了不起的預測：(1)液化氣體的黏滯性在足夠低溫時就會消失；以及(2)在很低溫時，原子的波函數會互相重疊，而使原子濃縮成團塊。第一個現象，氦的超流態，一九二八年由凱松（Willem Hendrik Keesom）觀察到；第二個現象，所謂的玻色—愛因斯坦凝聚（Bose-Einstein condensate），一九九五年由麻省理工學院和科羅拉多州大學的實驗證實。

3. 一開始接觸愛因斯坦的是一個猶太文化團體「希伯來協會」（Asociación Hebraica），但是為了回應愛因斯坦的期望，正式的邀請函是由布宜諾斯艾利斯大學發出。大部分的資金，包括四千美元加上愛因斯坦與他太太的免費旅途，都是由希伯來協會和其他猶太組織提供。愛因斯坦造訪烏拉圭和巴西的資金則是另外募款得來。Eduardo L. Ortiz, "A Convergence of Interests: Einstein's Visit to Argentina in 1925," *Ibero-Amerikanisches Arkiv, Zeitschrift für Sozialwissenschaften und Geschichte, Berlin* 21 (1995): 67–126.

4. 跟愛因斯坦道別的人包括艾爾莎、著名的外科醫師也是他的好友卡贊斯坦（Moritz Katzenstein, 1872–1932），以及後來在一九二五年移民巴勒斯坦，在海法的理工學院教書的知名柏林建築師貝瓦德（Alexander Bärwald,

1877–1930）。

5. 理查·羅賓諾（Richard Robinow），瑪麗的先生，來自多人在漢堡公務體系任職的傑出猶太家庭。納粹當權後，他因為曾在一次大戰中服役，一開始仍被准許繼續從事法律工作，但一九三八年遭蓋世太保逮補。後來他從集中營被釋放，設法和家人移民到了倫敦。

6. 重兩萬三千噸的「波羅尼奧號」長六百六十二英尺，最高航速為十八節半。它是經典的黑殼船，有垂直型船首，以擁有鋪瓷磚的游泳池自豪。它建造於一九一四年，曾在一次大戰期間擔任輔助艦艇，一九一九年交給英國人作為戰爭賠償。漢堡南美郵輪公司在一九二一年將它買回，它最後在一九三五年報廢。

7. 耶辛豪斯（1886–1948）自一九一二年開始就在阿根廷擔任哲學和心理學教授。他後來回到德國，一九三五年至一九四五年間在苻茲堡擔任大學教授，戰後返回阿根廷。

8. 耶洛撒冷（1877–1942）娘家本姓柯坦伊（Kotányi），是知名的激進女性主義者，也是成功的作家。她的一本小說刷了三十二版。她出生於維也納的猶太家庭，一九一〇年左右和她的第二任先生維達柯維奇（Victor Widakowich）搬到布宜諾斯艾利斯，她先生在拉普拉塔大學擔任胚胎學教授。她在一九一一年改信基督教。我們從愛因斯坦的日記中知道他不僅在日記裡稱她「小豹子」，當面也是這樣叫她。

9. 梅爾森（1859–1933）是化學家、認識論者，也是科學哲學家。他反對實證主義，與愛因斯坦針對廣泛的主題書信往來。愛因斯坦讀的可能是《相對論之推論》（*La déduction relativiste*, Paris: Payot, 1925）。雖然他讚許這位作者很聰明，但反對他主張說外爾和愛丁頓的研究與相對論沒有任何關係。

俄羅斯出生的社會哲學家科根（1879–1933）在柏林教書。愛因斯坦覺得科根對抽象概念的操縱很奇特，認為這可能對東方的人比較有意義。David Koigen, *Der moralische Gott* [道德的上帝] (Berlin: Jüdischer Verlag, 1922).

10. 愛因斯坦在阿根廷的日記不多，因此此處的細節多從其他來源補充，尤其是 Ortiz, "A Convergence of Interests"。歐提茲（Ortiz）討論到好幾個本書沒有提及的愛因斯坦來訪的其他面向，例如愛因斯坦訪問後引發的激烈哲學辯論。

11. 尼倫斯坦（1877–1935）在布宜諾斯艾利斯大學教西班牙文學，並擔任行政祕書。他在阿根廷希伯來學會（Sociedas Hebraica Argentina）有人脈，讓這個猶太組織提供可觀的金錢支持，對促成愛因斯坦此行很有幫助。愛因斯坦離開阿根廷之後，尼倫斯坦寫了一篇文章，主題是他與愛因斯坦的對話，討論科學的認識論，這在當時是相當有爭議的議題。Ortiz, "A Convergence of Interests," p. 105. 關於愛因斯坦來訪的哲學背景，以及愛因斯坦在大學的介紹性演說的稿子，參見 Alejandro Gangui and Eduardo L. Ortiz, "Einstein's Unpublished Opening Lecture for His Course on Relativity Theory in Argentina, 1925," *Science in Context* 21, no. 3 (2008): 435–50。

12. 盧貢內斯（1874–1938）是一位多產且具影響力的作家及哲學家。他剛開始是無政府主義者，接著變成社會主義者，最後成為法西斯主義者。他對科學很有興趣，還寫了一本介紹相對論的小冊子。他和愛因斯坦是在日內瓦的國際聯盟委員會上認識。盧貢內斯一開始提議邀請愛因斯坦到阿根廷訪問，是因為在拉特瑙遭謀殺後，對愛因斯坦的安全感到憂慮。盧貢內斯的寫作文類包括小說、奇幻故事、阿根廷歷史和語言學。一九三八年，絕望又幻滅的盧貢內斯服下氫化物自殺。

13. 事實上，愛因斯坦是寫說他在一九二一年到美國的募款之旅中，對於大型聚會已經「吃到鼻子都滿了」（Neese pleng），這是柏林人常用的俚語。

14. 荷西（d. 1956）是巨型穀物出口公司邦吉伯恩（Bunge y Born）的合夥人，後來擔任董事長。他是事業成功又甚為慷慨的慈善家及藝術贊助者。

15. 甘斯（1880–1954）是因為愛因斯坦在政治上主張和平主義，而反對邀請他造訪拉普拉塔的人之一。他認為他們應該邀請生理學家艾博德哈登（Emil Abderhalden）。Ortiz, "A Convergence of Interests," p. 84. 怪異的是，艾博德哈登最出名之處是他發明了虛構的「保護酵素」，且是最惡名昭彰的科學騙子之一。參見 Walter Gratzer, *Eurekas and Euphorias* (Oxford: Oxford University Press, 2002), pp. 317–19。

甘斯是狂熱的德國國家主義者，當哥尼斯堡（Königsberg）的大學在一九二五年提供他教授職位時，他便返回德國。因為身為猶太人，他在納粹於一九三三年當權後，被迫解雇。但很驚人的是，他活過了納粹時代與二次大戰，因為他在一個武器研發計畫裡工作，而他在電磁學方面的專長被認為是該計畫不可或缺的。甘斯在近乎不可能的情況下存活下來，部分原因是德國物理學家看似心照不宣的共謀，一致聲稱這項用電子加速器產生X光，以射下同盟國轟炸機的徒勞計畫是可行的。甘斯在戰時一直於該計畫中工作，然後一九四七年返回阿根廷，在拉普拉塔和布宜諾斯艾利斯教書。Pedro Waloschek, *Todesstrahlen als Lebensretter*［死光武器成為一線生機］(Norderstedt: Books on Demand, 2004); 另見 Edgar Swinne, "Richard Gans: Hochschullehrer in Deutschland und Argentinien," *Beiträge zur Geschichte der Naturwissenschaften und der Technik* 14 (1992)。

16. 阿瑟（1881–1968）除了是卓越的醫師之外，也是政治人物及外交官。他在阿根廷的眾議院擔任議員多年；裴隆（Juan Perón）當權統治時，他先後流亡到馬德里和美國。

17. 艾伯瑞尼（1886–1960）是布宜諾斯艾利斯大學和拉普拉塔大學的哲學教授，反對「美國實用主義」，認為這將會威脅到傳統的宗教價值觀。他是愛因斯坦這群遊伴中唯一受他高度敬重的，因此兩人後來維持了數年的書信往來。布提是工程學教授，對相對論引發的哲學影響很感興趣，並追隨柏格森的哲學理念。阿根廷的外交部長葛拉多（Angel Gallardo）是這次旅途中另一位旅伴。

愛因斯坦描述他在科多瓦的短暫停留時，完全沒有提到的一個人是知名的和平運動分子及醫師尼可萊（1874–1964）。當時他是科多瓦大學的生理學教授。他和愛因斯坦在柏林就已經互相熟識，而在一九一四年，他還和愛因斯坦一起發表了「告歐洲人書」（Manifesto to Europeans），回應惡名昭彰的「對文明世界的申訴」，不過他們只找到極少數共同簽署人。在那之後，尼可萊和愛因斯坦因為牽涉到愛因斯坦較年長的繼女伊莎（Ilse）的事，發生很大的爭執。Walter Isaacson, *Einstein: His Life and Universe* (New York: Simon and Schuster, 2007), pp. 243–46.

18. 愛因斯坦的德文原文是：「Lakierte Indianer, skeptisch-zynisch ohne Kulturliebe, im Ochsenfett verkommen.」

19. Karl Gneist (1868–1939). Siegfried Grundmann, *Einsteins Akte: Wissenschaft und Politik—Einsteins Berliner Zeit* (Berlin: Springer, 2004), pp. 254–56.

20. 愛因斯坦解釋說，耶洛撒冷對他很「broges」，這是意第緒語中表示「生悶氣」的意思。

21. 他給耶洛撒冷的信，翻譯出來是：「這首詩獻給小豹子／雖然她憤怒地藏匿起／在嚴苛狂野的叢林裡／仍會拿到給她的簽名照。」

22. 愛因斯坦稱這些名人——校長、院長、外交官——是「Grosskopferte」，字面意思是「大頭人物」，這是帶著幽默輕蔑的俚俗說法。

23. 費瑞拉（1872–1958）是哲學家，也是多本書的作者。他以引介自由主義和實用主義的理念到南美社會而聞名。

24. Grundmann, *Einsteins Akte*, p. 258.

25. 南森（1861–1930）是傑出的運動員、科學家、外交官和探險家。他長時間在極北地區探險的堅忍事跡更是傳奇。他在一次大戰結束時，擔任挪威在國際聯盟的代表團團長，協助數十萬難民和戰俘得以獲釋及返國。他身為難民事務高級專員（High Commissioner of Refugees），還為無國籍人發明了南森護照。他也協助在一九二一年俄國大飢荒及一九二二年希土戰爭（Greek–Turkish war）中拯救了數百萬條人命，並在一九二五年的亞美尼亞種族屠殺後，協助倖存者移居。他在一九二二年獲頒諾貝爾和平獎。

26. 「瓦迪維亞號」於一九一一年在馬賽建造完成，總重七千噸，最高速度為十五節半。船主在一九一五年至一九一九年間將它借給英國海軍，作為醫護船使用。它在一九三三年報廢。

27. 有關愛因斯坦在巴西的紀錄，除了他的日記之外，作者還利用其他資料來源補充，其中最重要的包括：A. T. Tolmasquim and I. C. Moreira, “Einstein in Brazil: the Communication to the Brazilian Academy of Sciences on the Constitution of Light,” *History of Modern Physics, Proc. XXth Intl. Congress of History of Science* (Brepols: Turnhout, 1997), pp.

229–42：另有 Thomas F. Glick, "Between Science and Zionism: Einstein in Brazil," *Episteme* 9 (1999): 101–120。愛因斯坦的來訪有三方共同贊助，包括巴西科學院（Brazilian Academy of Science）、綜合理工學院（Polytechnic School），以及里約熱內盧大學。

28. 最早提倡這些理論的人包括布封伯爵（George-Louis Leclerk, Comte de Buffon, 1707–1788）和德博（Cornelius De Pauw, 1739–1799）。

29. 卡斯楚（1881–1959）是里約的醫學院教員主席。那位作家是女性主義作家李絲博亞（Rosalina Coelho Lisboa, 1900–1975）。

30. 愛因斯坦的德文原文評論，可在這篇文章找到：Tolmasquim and Moreira, "Einstein in Brazil"。英文的翻譯參見 Richard A. Campos, *Still Shrouded in Mystery: The Photon in 1925:* http://arxiv.org/ftp/physics/papers/0401/0401044.pdf。康普頓觀察到，當一個光子與一個電子碰撞時，光子的頻率會降低，但整體的能量與動量會守恆。Arthur H. Compton, "A Quantum Theory of the Scattering of X-rays by Light Elements," *Phys. Rev.* 21 (1923): 483–502.之後有科學家就「康普頓效應」提出統計的解釋，參見下面這篇文章：N. Bohr, H. A. Kramers, and J. C. Slater in "The Quantum Theory of Radiation," *Phil. Mag.* 47 (1924): 785–802。但是這所謂的ＢＫＳ理論所提出的統計解釋，在一項「符合實驗」（coincidence experiment）中被證實錯誤，因為該實驗顯示能量與動量在每一次光子電子的碰撞中都會守恆，而不只是統計上如此。Walther Bothe and Hans Geiger, "Über das Wesen des Comptoneffekts: ein experimenteller Beitrag zur Theorie der Strahlung" [關於康普頓效應之性質：放射線理論之實驗], *Z. Phys.* 32 (1925): 639–63.

ＢＫＳ理論的擁護者與反對者分別由兩位備受尊崇的科學家，波耳與愛因斯坦領軍，而且兩個陣營的爭辯非常激烈。關於這段精采的爭議，參見 Abraham Pais, *'Subtle Is the Lord . . .' The Science and the Life of Albert Einstein* (Oxford: Oxford University Press, 1982), pp. 416–22。

31. Hubert Knipping (1868–1937). Grundmann, *Einsteins Akte*, p. 259.
32. 隆登（1865–1958）在一九一〇年創立了印第安人保護組織（Indian Protection Service），是這類組織中最具人道精神的。
33. 愛因斯坦離開里約後不久，卡多索教授（Professor Licinio Cardoso）領軍的孔德（Auguste Comte）實證主義的擁護者，就開始對愛因斯坦與相對論展開攻擊。卡多索的文章〈想像的相對論〉（Imaginary Relativity）在學術界引發激烈的爭論，最後結束在卡多索的黨派徹底潰散。Glick, "Between Science and Zionism: Einstein in Brazil," 101–120.
34. 漢堡南美郵輪公司的「北方號」有一萬四千噸排水量，最高速度為十四節半。它的最大特色是不燒煤，而是燒油，並且（號稱）沒有煙。在二次大戰的最初幾個星期，它被「皇家貝爾法斯特號」（HMS *Belfast*）攔截俘虜，之後成為同盟國的運輸艦。
35. 這次跟愛因斯坦與艾爾莎同桌用餐的賓客包括法國外交官馬傑利（Roland de Margerie）、席爾絲朵夫女伯爵（Countess Hedwig Berta Sierstorpff）、自由派政治人物暨《柏林日報》（*Berliner Tageblatt*）編輯渥夫（Theodor Wolff）、律師西蒙斯（Hugo Simons，他的身影被永遠保留在畫家狄克斯所繪的肖像畫中）、實業家梅利許（Emile Mayrisch），以及法國作家史倫伯格（Jean Schlumberger）。Harry Graf Kessler, *Tagebücher 1918–1937* (Berlin: Deutsche Buch-Gemeinschaft, 1967), p. 456.
36. Kessler, *Tagebücher*, p. 396.

5 紐約與帕沙第納（一九三〇～一九三一）

柏林 一九二五～一九三〇

愛因斯坦還沒從他精疲力盡的南美之行中復原，又一頭栽進柏林生氣蓬勃的科學、藝術、社交與政治生活。他還要再過五年，才會再進行海上之旅。我在此簡單總結這期間發生的一些政治、科學，以及愛因斯坦私人生活中的重大事件。

一九二五年八月，愛因斯坦返回柏林兩個月，仍在休養生息時，再度利用了他的朋友安舒茲在拉特瑙遭謀殺後，提供給他隨意使用，在基爾的「避難所」。（參見第二章）愛因斯坦把基爾的這間公寓稱為他的「第歐根尼的木盆」——以雅典街頭為家的這個哲學家傳說中住在木盆裡。愛因斯坦的木盆比較奢華，從客廳打開門就能通往花園與一條河，河上還停了一艘帆船隨他使用。偶爾當愛因斯坦駕船到基爾海灣中，卻因無風而被困住時，安舒茲的汽艇會被派去拯救他。

這一次他帶了他的大兒子漢斯．亞伯特一起駕船度假。兩人住在基爾時，愛因斯坦還在研究安舒茲公司計畫要製造的一種新電羅經的設計。他和安舒茲一起搭上德國的海軍魚雷快艇，見證電羅經在海上的試驗——顯然他不覺得這與他的和平主義理念有任何衝突。愛因斯坦因為對電羅經設計的貢獻，而會收到售價的百分之三的權利金。[1]

不過安舒茲對他而言絕不僅只是工作夥伴。同年，漢斯．亞伯特宣布他要迎娶佛麗達．柯納許（Frieda Knecht），結果愛因斯坦和米列娃都強力反對。安舒茲主動提議幫忙。他邀請這對情侶到他位於慕尼黑的家，想要改變他們的心意。他提供漢斯．亞伯特在基爾的工程師職位，並勸他延後結婚的打算。但他的努力徒勞無功。就像愛因斯坦的家人二十五年前無法阻止愛因斯坦迎娶米列娃一樣，漢斯．亞伯特的父母也失敗了。這對情人在一九二七年結婚。愛因斯坦很快就跟小夫妻和解，而且不同於他自已的一段婚姻，他們的婚姻結果很快樂，延續了很久。

愛因斯坦的小兒子愛德華被診斷出有精神分裂症時，對愛因斯坦才是更重大許多的打擊。他最後被送進位於蘇黎世的一家精神病療養院——伯格赫茲利診所（Burghölzli clinic）。他的病情在這裡沒有獲得太多緩解，但他一直住在這裡直到過世。根據艾爾莎所說，愛德華不幸的命運對愛因斯坦的影響，遠超過他所表露出來的程度。他深信這孩子的病是遺傳自米列娃，因為她姊姊也住在精神病院。

在物理的世界裡，這幾年充滿了令人興奮的發展。一九二六年，薛丁格證明了他和海森堡的量子力學方程式是等價的，這大大開啟了通往物理學新時代的大門。愛因斯坦盛讚這新的力學的成功，但是「不確定性原理」的機率性詮釋對他而言還是難以下嚥。他設計了許多思想實驗，想揭露不確定性原理中的不一致，每次波耳或其他人卻都能指出他的分析有缺失。愛因斯坦雖然在哲學思考上有所保留，但仍提名薛丁格與海森堡角逐諾貝爾獎。

一九二八年三月，愛因斯坦參與了在瑞士的佐茲小鎮（Zuoz）舉行，以促進國際諒解為目標的會議。他在這裡的期間，短暫地離開幾天，去了一趟萊比錫，為西門子（Siemens）和AEG公司（AEG corporations）的一項專利爭議擔任專家證人。雖然愛因斯坦在專利局工作已經是二十年前的事，但是他對專利事務的興趣顯然有增無減。他在深夜回到佐茲，而必須拿著公事包跋涉過很深的積雪走上山，結果導致他循環系統衰竭，臥床好幾個月，更花了超過一年，身體才完全恢復。

愛因斯坦在呂貝克灣（Bay of Lübeck）的海邊度假勝地夏布茲（Scharbeutz）養病時，寫信給朋友和同事說，他發現了一種「超距平移」（distant parallelism）幾何學，有可能打開通往統一場論的大門。他在一九二九年底把這個理論提交給科學學會。但他的新理論尚未刊登於學會的會報，相關的報導已出現在媒體上，引發一般民眾的興趣。不過有見識的物理學家很快就發現當中有明顯的錯誤，地位顯赫的鮑立（Wolfgang Pauli）寫信給愛因斯坦，譴責他加入純數學家的行列，還預測他一年內就會放棄自己的新理論。事實上他花了兩年。[2]

雖然這件奇特的事件讓一些物理學家同儕感到困惑，愛因斯坦倒是對此不以為意，完全沒有因此中斷他對統一場論的尋找。這件事沒有減損他的名聲，他繼續利用他的知名度來倡議他最重視的兩項人道志業：和平主義，以及耶路撒冷的希伯來大學。他表示他之所以堅持和平主義，是因為全體人類的福祉應該超越個人對國家的忠誠。但即使是與他想法相同的人，也懷疑他主張只要百分之二的人口拒絕服兵役，政府就無法打仗，可能太不切實際。[3]

布萊希特與威爾（Kurt Weill）的《三便士歌劇》於一九二八年在柏林首演。同一年，處於經濟大蕭條的德國，失業工人人數達到了兩百萬的指標數字。愛因斯坦在這年雇用了杜卡絲（Helen Dukas）為他的祕書。她和艾爾莎來自斯瓦比亞的同一個地區，很快成為愛因斯坦家裡不可或缺的成員。她一直擔任這個職位，直到愛因斯坦過世為止。

一九二九年三月，愛因斯坦滿五十歲。柏林市議會想送給這位最知名的市民一棟湖邊別墅，作為生日賀禮。但他們的一番美意因為一連串的官僚疏失與政治糾葛，遲遲沒有進展。最後愛因斯坦婉拒了這項禮物，自己在卡普特（Caputh）鄉下蓋了一間簡單的木屋作為鄉村別墅。這間房子離柏林不遠，而且沒有裝設電話。這裡很快成為愛因斯坦遠離城市裡種種要求的庇護所。

在政治場域上，德國終於在一九二六年受邀加入國際聯盟，愛因斯坦有一段時間也在該聯盟有關學術合作的委員會裡擔任委員。但是他很快因為被捲入激烈的爭執而辭職。愛因斯坦在耶路撒冷大學董事會的任期同樣短暫。他對於該由誰擔任第一任校長，與某些具備影響力的金援者理念不同，因而辭去職務。[4]

一九二九年九月，「齊柏林飛船」繞行地球的壯舉引起很大的興奮騷動。一個月後，紐約股市的大崩盤則是接下來全世界經濟蕭條的先兆。

一九三〇年的大選讓納粹黨成為德國議會中的第二大黨，僅次於社會民主黨。但愛因斯坦仍將軍國主義視為比希特勒更大的對和平的威脅。在他之後的美國之行中，他把希特勒當時的成功歸咎於德國那時雖然只是一時的，但確實急迫絕望的經濟狀況。

在一九三〇年十月於布魯塞爾舉行的第六屆索爾維會議中，愛因斯坦與波耳繼續就量子力學的詮釋進行對話。愛因斯坦藉此機會去布魯塞爾的城堡拜會比利時皇室夫婦。[5]在給艾爾莎的一封信裡，愛因斯坦描述他和這對皇家主人分享的簡單蔬食晚餐，包括菠菜、煎蛋和馬鈴薯。他還補充說，用餐時沒有任何僕人在場，而且他很喜歡這對夫妻，並確定這種感覺是互相的。

同樣在一九三〇年，加州理工學院一位富有的董事會成員佛萊明（Arthur Fleming）到愛因斯坦位於卡普特的家裡拜訪他，重申密立根先前的邀請，希望他到帕沙第納待兩個月，跟他們一起做研究。[6]這次參訪將使愛因斯坦有機會與加州理工學院及在威爾遜山天文台工作的著名物理學家和天文學家互動交流。哈伯先前已利用天文台新的一百英寸虎克望遠鏡（Hooker telescope），顯示宇宙中包含了為數龐大的銀河系，而且每個銀河系都在彼此遠離；換句話說，我們的宇宙正在擴張——這項發現將促使愛因斯坦回國後修改他的相對論場方程式。[7]到帕沙第納參訪一段時間，就科學研究而言顯然很有道理；而佛萊明提議的慷慨酬金讓愛因斯坦更容易接受這項邀請。

前往美國的旅程

一九三〇年十一月三十日，愛因斯坦與艾爾莎在「動物園」般的火車站開始他們第二次前往美國的旅程。許多朋友家人來這裡送別——當然還有免不了的記者和攝影師。等愛因斯坦終於上車，他們的臥鋪塞滿了行李，艾爾莎卻不見了。火車離開車站之後，艾爾莎還是不見人影。等她終於出現時，又因為找不到他們的車票而怒氣沖天。最後原來車票已經在車掌手上。這對夫妻終於逐漸在送別的興奮激動後平靜下來，上床睡覺。他們在早上八點抵達科隆，然後瘋狂地衝到在另一個月台等著的，要轉搭的火車。上車之後，他們確定艾爾莎原本一直擔心挑夫漏掉一件行李，其實是多慮了。

三個小時後，他們在明亮陽光下抵達列日。愛因斯坦的舅舅西薩・柯克（Cesar Koch）帶著他的一個孫女在車站等候。四個人沿著馬斯河（Maas River）一路散步到西薩家，交換家人的消息並回味往事。到他家之後，愛因斯坦欣喜地發現他「離婚快樂」的表妹蘇珊娜也在。他非常享受接下來的家族聚餐，因為那是「用愛與高超廚藝」料理的食物。吃完飯後，一群紳士到家裡來拜訪，跟愛因斯坦討論當前的政治局勢。這群人的發言人是一位義大利工程師，他也是墨索里尼的狂熱支持者。墨索里尼最近試圖以獨裁的方式提高義大利里拉的購買力，但由其在國外的成效看來，愛因斯坦認為這根本是一場空想。接下來愛因斯坦與艾爾莎得去搭火車了。他們將搭四十分鐘的車到安特衛普。

紅星船運公司（Red Star shipping line）的代表在車站迎接他們，護送他們到豪華的世紀飯店（Hotel Century）——讓他們由側門進入，避開守候他們的記者。愛因斯坦與艾爾莎沒有同住一房——愛因斯坦解釋說，是因為艾爾莎「對鼾聲的恐懼」。當天晚上，他們在鄰近的一間啤酒屋吃了晚餐，那裡的義大利餃子讓愛因斯坦「難以忘懷」。在他看來，這間餐廳的客人似乎很開心而慵懶，自在舒適，而且幸運地能吃得很好。愛因斯坦回到華麗的飯店房間後，便洗了澡上床睡覺。

在飯店的十三樓用過早餐，欣賞俯瞰全市的壯觀景色後，愛因斯坦與艾爾莎前往港口，去搭「比利時號」郵輪（SS *Belgenland*）。這艘船將帶他們與他們的一小群跟班到加州——中間途經紐約與巴拿馬運河。[8]除了艾爾莎之外，這次旅途中陪伴愛因斯坦的，還有杜卡絲和他的數學助理與「計算師」邁耶（Walther Mayer）。

愛因斯坦與艾爾莎在「比利時號」上的艙房「如皇室奢華」。這艘船的英國船員舉止儀態如此優雅謙和，讓愛因斯坦莫名地覺得自己像個鄉巴佬。在艙房裡安頓好之後，他覺得心情如此寧靜，甚至沒有立刻開始工作，而是讀了柯克—葛魯伯格（Theodor Koch-Grünberg）所寫並送給他的一本書中，三個機智詼諧的動物故事。[9]

「比利時號」的第一個停靠港是南安普敦（Southampton）。愛因斯坦在甲板上觀察港口熙來攘往的忙碌作業，評論說整個港口的運作如此流暢平靜，明確顯示出英國驚人的力量。他不只寫到那些巨大的船隻與吊車，也描寫了陽光與薄霧結合在一起，照亮銀色的海面，還有海鷗優雅地飛翔在無數的港口小船之間。為數眾多的英國記者上船來訪問愛因斯坦。他很驚喜地發現他們如此自制有禮，只要說一聲「不」，就足以讓他們打消念頭！愛因斯坦想道，這世界可以從英國人身上學到很多；但是就他自己而言，他可不願事事都以他們為榜樣，他還是會繼續穿著輕鬆隨便，即使是出席「晚餐的神聖儀式」。[10]艾爾莎在乎的則是完全不同的事：她終於讓他們這桌在用餐時有一個大碗，可以用來幫沙拉拌入醬汁。顯然其他乘客吃的都是「赤裸乾澀」的沙拉。

「比利時號」後來又在瑟堡（Cherbourg）短暫停留，才終於駛向開闊的大海，往西邊航去。一群身長一公尺的白鮭在船邊伴隨著，嬉戲玩耍。愛因斯坦在他舒適的艙房裡安頓下來，一邊再度開始計算，一邊嚼著東妮・曼德爾——「上帝保佑她」——好心送給他在路上吃的美味甘草糖。[11]

隔天（十二月五日）進行救生演習，所有乘客都必須穿上救生衣，聚集在各自的救生艇旁。海象越來越惡劣，而船的大幅擺動迫使杜卡絲躲進她甲板下的艙房裡。在此同時，愛因斯坦與艾爾莎對於要如何回覆那經由船上的無線電不斷傳來的許多要求訪談或演說的電報，起了一次口角。比較開心的一件事是他認識了一個同船乘客，身材發福，喜愛音樂的荷蘭人魯恩先生（Mr. van Loon）。沒多久之後，他們就常一起演奏小提琴與鋼琴的奏鳴曲。這天晚上，愛因斯坦在他的日記中哀嘆，前往紐約的航程已經過去三分之一了！

隨著船進入在溫暖潮濕氣候中的墨西哥灣流，海象連續好幾天都很惡劣。愛因斯坦經常與邁耶討論技術上的問題。邁耶有系統的工作習慣很受愛因斯坦尊敬。他也研究了量子力學的最新發展，對其空前的成功相當佩服，但仍覺得它「不自然」，因為他堅信一個「好的理論」應該來自一個場論。

波濤洶湧的海象讓這艘船的所有關節都嘎吱作響，對所有乘客造成嚴重影響。愛因斯坦觀察到年紀較長的人，包括他和艾爾莎，都比較不容易暈船，跟船醫告訴他的一樣。他在日記裡呻吟說紐約就快到了，感覺像死到臨頭一般，但是又安慰自己說：「那一切也終究會過去的。」

「那一切也終究會過去的。」

九月九日這天，這艘船碰上強烈的逆風和惡劣的海象。愛因斯坦站上浴室的體重計，注意到上面顯示的最輕與最重的體重，比例大約是二比三；這讓他算出這艘船的垂直加速度大約是 2m/sec/sec。[12]他也發現他之前在寫的場方程式有個錯誤，不得不捨棄。隨著海面不再那麼騷動不安，痛苦了許久的杜卡絲終於再度出現在甲板上，但是她的樣子讓愛因斯坦想到「短暫度假的屍體」。

隔天是愛因斯坦在海上的最後一個整天，他寫了同意要廣播給美國的錫安主義年輕人聽的訊息，並回覆讓船上的無線電操作員忙瘋了的無數電報。愛因斯坦的新朋友，魯恩先生幫了很大的忙，把愛因斯坦的訊息翻譯成英文。

到了晚上，海面已經變得相當平靜，剛好迎接充滿慶祝氣氛的道別晚宴，乘客們在晚宴上來回拍打氣球玩樂。之後愛因斯坦和邁耶到甲板上聊天，凝望星光點點的夜空。他們可以聽到二等艙的乘客唱著歌，在踏上「乾涸」的美國之前，趁著道別喝最後一輪酒（美國此時已經禁止銷售酒類飲料十年）。

紐約的四天

愛因斯坦在一九三〇年十二月十一日抵達紐約時，迎接他的騷動之大，遠超過他「最異想天開的預期」。「比利時號」還在長島外海，大批記者和攝影師就上船來，像「一群飢餓的狼群」撲向愛因斯坦。記者問了他出奇愚蠢的問題，他用「廉價的耍嘴皮子」回答，卻得到興高采烈的熱情反應。一等「比利時號」停靠在哈德遜河西十九街街底的碼頭，國家廣播公司（NBC）和哥倫比亞廣播公司（CBS）都邀請愛因斯坦對美國人廣播一段訊息。愛因斯坦因為錄製這些訊息而為他的慈善基金賺到一千美元，這都多虧艾爾莎聰明地設立的一項制度。這項慈善基金完全來自請愛因斯坦簽名與拍照的酬謝。到了中午，愛因斯坦已經覺得自己死了一半了。到了下午，圓胖的德國領事史瓦茲（Paul Schwarz）開車載愛因斯坦與艾爾莎遊覽中國城，然後到跨越東河的一座橋，在此眺望欣賞薄霧中這城市「美妙的高聳建築」。接著，史瓦茲帶他們去「很接近天堂的他的小公寓」。根據愛因斯坦的紀錄，裡面沒有太多東西，除了史瓦茲「高挑纖瘦的英國太太……蹦蹦跳跳地像剛被抓到的小豹子」。（這間公寓其實是位於五十七街，聖莫里斯飯店〔Saint Maurice Hotel〕的一間套房。）

愛因斯坦以最愉快的方式在紐約度過五個夜晚。他和艾爾莎在他們的朋友米歇利斯的家裡享受了一頓「有如天堂」的晚餐。但是在此之前，愛因斯坦先跟他的東道主合奏了好幾首巴哈和布拉姆斯的奏鳴曲。米歇利斯和愛因斯坦在柏林時已經很熟識，此時定居紐約，在洛克斐勒學院（Rockefeller Institute，今洛克斐勒大學）擔任教授。（讀者可能記得在一九二二年時，愛因斯坦曾在名古屋驚喜地遇到米歇利斯，兩人一起合奏音樂。）晚餐後，一群哲學家來訪，跟愛因斯坦討論了各種認識論的議題。之後他和艾爾莎終於回到他們在「比利時號」的艙房。房間外有人站崗，以阻擋川流不息想來拜訪他們的人潮。

《紐約時報》對於愛因斯坦此行的詳盡報導，讓我們可以填補他在紐約四天的紀錄中遺漏的部分。[13]早在離開安特衛普之前，愛因斯坦就已經堅持在紐約期間，他都要待在「比利時號」上，也不會舉行任何記者會。他確實真的住在船上，但最後終於被說服忍受了記者十五分鐘的「酷刑折磨」，還有十五分鐘的拍照。在甲板上的拍照時間一到，愛因斯坦就試圖逃走，卻兩度被貪得無厭，包圍著他的攝影師拉回來。第三次他試圖離開時，成功脫身跑向通往船艙的升降口——卻發現門被鎖住了。最後他終於可以逃到船艙裡的會客室。愛因斯坦必須迎戰的、記者連珠炮般轟炸的提問包括：「請用一個詞定義第四個向量。」「請用一句話定義相對論。」「你對禁酒令有什麼看法？對政治呢？對宗教呢？」「你的小提琴有哪些優點？」

值得注意的是，愛因斯坦的日記裡鮮少被提及的艾爾莎，倒是相當受到美國媒體的善待。《紐約時報》描述她在「比利時號」上舉行的記者會之後，緊跟在她先生旁邊保護他，但神態「平靜而沉著」。她對記者解釋說，愛因斯坦很怕見到這麼多人，而且他本來希望根本不用跟他們見面。愛因斯坦在記者眼中顯得缺乏生氣，被他們描述為行動緩慢刻意，艾爾莎則被形容為「活潑，迅速，靈敏，機智圓滑，眼睛總像孩子般睜得大大的。她冷靜溫柔的語調很像她先生。她身材嬌小，一身樸素的維多利亞風格打扮」。和愛因斯坦不同的是，艾爾莎被描述為英文說得很流利。[14]

隔天（十二月十二日）早餐時，一個印第安人熱情地五體投地撲倒在愛因斯坦面前，讓他嚇得逃回艙房裡不敢出來。之後，都身為美國猶太人聯合分配委員會（American Jewish Joint Distribution Committee）官員的銀行家菲利斯．華寶（Felix Warburg）和康恩（Bernard Kahn）前來拜訪愛因斯坦。他們感嘆最近（一九二九年）在巴勒斯坦發生的，針對猶太屯墾居民的暴力示威，在美國猶太人當中引發驚恐的反應。接著他們護送愛因斯坦去出席一場超大型錫安主義者的聚會，愛因斯坦眼中的「一場鬧劇」。會中充滿了演說、有聲音的影片，還有愛因斯坦自己一段簡短而平淡的回應。烏斯什金發表了一段「狂熱的演說」，他在當中主張「你屬於我們」，讓愛因斯坦覺得忐忑不安。[15]這項活動結束後，緊接著是《紐約時報》發行人歐克斯（Adolph Ochs）主辦的午餐會，會中愛因斯坦又被迫聽更多態度高調的演說。他婉拒了以同樣的方式回應，說自己只是個赤身裸體，沒有槍械，只有弓箭防身的原住民印第安人。

參觀了《紐約時報》的報紙印刷廠後，愛因斯坦與艾爾莎被開車載往河畔教堂（Riverside Church），檢視愛因斯坦的肖像被刻在石頭上，跟其他偉大科學家和哲學家的雕像一起裝飾這間教堂的大門。他們回到「比利時號」上吃晚餐，之後去大都會歌劇院觀賞了比才的歌劇《卡門》，和杜卡絲及邁耶一起占據一個包廂。觀眾在序曲開始之前就得知愛因斯坦在場，熱烈鼓掌歡迎他。愛因斯坦並沒有察覺這掌聲是對他致敬，直到艾爾莎推了他，他才站起來揮了揮手帕致謝。表演結束之後，他在更衣室見到著名的女高音瑪麗亞·耶里扎（Maria Jeritza），但是當一群攝影師試圖在後台突襲他時，他立刻逃走，衝進等候的禮車。他坐在車子最暗的角落，儘管歌劇院的媒體代表一再懇求，也拒絕再出來。之後他和艾爾莎搭車回到「比利時號」，他們的海上避難所。

在隔天於市政府舉行的正式接待會中，市長沃克（Jimmy Walker）頒給愛因斯坦市鑰，哥倫比亞大學校長巴特勒（Nicholas Butler）則在歡迎愛因斯坦時，將他描述為「來訪的心智界的君王」，並在一段漫無邊際的學術演講中，將他與哥白尼、牛頓和刻卜勒相提並論。他的演說之後緊接著沃克「非常機智」的致詞，然後是愛因斯坦「簡短而可悲的」德文回應。他說他很感激自己受到這麼多的讚頌，但是他寧可認為這些儀式不只是對他個人致敬，而是對在全世界各地進行的所有科學研究。市立樂團接著演奏起德國國歌〈德國至上〉（Deutschland über Alles），然後是後來成為以色列國歌的〈希望〉（Hatikvah），最後是美國的〈星條旗歌〉。愛因斯坦與艾爾莎從市政府離開時，數千名紐約人在外頭對他們歡呼，還有眾多電影攝影機對著他們拍攝。他們的下一站是大都會美術館。他們在此參觀了好幾個陳列室，看到包括埃及陶器和林布蘭的畫作等藝術品，緊接著又趕去出席在華寶位於第五大道的宅邸裡的午餐會。[16]用餐過後，一位女歌手表演一場德國歌曲的獨唱，讓愛因斯坦格外開心——行程中穿插的大多數音樂活動都會讓他開心。接著他被送到國家廣播公司的總部，去唸將經由國際廣播播送給錫安主義年輕人的演說。他敦促他的聽眾不要因眼前的困難而消沉，要堅忍不拔，並與阿拉伯人培養良好的關係——因為他們在打造的巴勒斯坦必須能同時維護他們真正的利益；否則猶太人與阿拉伯人都不會有幸福的未來。

回到「比利時號」上後，俄羅斯大提琴家巴揚斯基（Aleksandra Barjanski）與他太太來拜訪愛因斯坦和艾爾莎，並帶他們到「氣氛和諧」的朋友家裡，度過他們很需要的安靜放鬆的時光。他們下一個公開行程在當晚更晚的時候，到麥迪遜花園廣場參加一個盛大的光明節慶祝活動。愛因斯坦與艾爾莎受到現場聚集的一萬八千名錫安主義者熱烈喝采歡迎。愛因斯坦簡短致詞，鼓勵大家面對最近巴勒斯坦的困難時仍要有信心。艾爾莎也簡短說了幾句話，表示她很高興能在今晚跟他們一起慶祝。她和愛因斯坦都很快就學會應付公關需求，能隨口說出一些陳腔濫調。他們回到船上時已經過了午夜，而愛因斯坦還是能在日記裡寫下他們這一整天的活動。

十二月四日星期天這天，是愛因斯坦在紐約的最後一個整天。他在日記開頭的第一句話就寫下：「謝天謝地！」這天的開始是好幾位賓客的來訪，其中之一是佛萊斯納（Abraham

Flexner）。他是一位教育家，想來詢問愛因斯坦關於在普林斯頓設立一個新科學研究機構的事——這個機構在未來多年後將成為愛因斯坦學術上的家。愛因斯坦接著到偉大的小提琴家克萊斯勒（Fritz Kreisler）的飯店拜訪他，在這裡看到克萊斯勒的「嫉妒女神」（Megaera）穿著她的睡衣。[17]在他們的談話中，愛因斯坦得知好幾首克萊斯勒宣稱他發現的，很受歡迎的經典樂曲，其實是他自己寫的。愛因斯坦接著拜訪了知名的孟加拉詩人泰戈爾。前一年，他在柏林和他有過好幾次對話。[18]泰戈爾最近剛從蘇聯回來，而在愛因斯坦看來，他在那裡受到的恭維對他相當有效。泰戈爾對他看到的一切都很欣賞——尤其是公共教育體系，他認為這種體系會很適合印度。

之後愛因斯坦與艾爾莎到薩佛伊廣場飯店（Hotel Savoy-Plaza）接受史瓦茲領事宴請。愛因斯坦得以在此繼續與克萊斯勒閒聊，直到他們必須啟程去大都會歌劇院聽紐約愛樂的音樂會。愛因斯坦與艾爾莎再度受到觀眾自發性的鼓掌歡迎，掌聲一直持續到托斯卡尼尼（Arturo Toscanini）上台，開始指揮貝多芬第六號交響曲〈田園交響曲〉為止。愛因斯坦對這表演的準確速度與清晰呈現至為讚賞，更興奮能在中場休息時，到指揮休息室與托斯卡尼尼握手。音樂會後，他與艾爾莎應邀到洛克斐勒二世（John D. Rockefeller Jr.）在城裡的家中喝茶，與他討論關於獎學金的政策。當天下午稍晚，愛因斯坦分別對猶太物理學家代表團，以及美國猶太人聯合分配委員會的成員各發表簡短的致詞。接下來他趕往當天最主要的活動，新歷史學會（New History Society）的一場會議，在會中發表激勵人心的演說，倡導軍事和平主義。他主張，只要百分之二的男人拒絕服役，就沒有足夠的監獄可以拘禁他們，而他呼籲和平主義者站出來，顯示他們的勇氣與耐性。他宣稱，現在的狀況似乎規定一個人有義務以國家之名犯罪，但是對他而言，將人類從這樣的義務中解放出來，才是一個人應負的職責。

十二月十五日，啟程離開的這一天，佛萊明載愛因斯坦與艾爾莎去他的女婿威頓—史密斯（Lloyd Wilton-Smith）位於長島的遼闊莊園。這片莊園位於一座森林覆蓋的山丘頂端，可以眺望距離大頸鎮（Great Neck）不遠的一片海灣。愛因斯坦對他的東道主及他的家人都有好感，更驚訝他們住得如此奢華。他們的家如此寬闊，還有一間有屋頂的網球場。到了傍晚，他和艾爾莎回到紐約市，也回到「比利時號」。眾多朋友和好意的人都等在船上，要跟他道別。天氣變得刺骨寒冷。在所有道別和恭維都結束之後，時間已經接近午夜。船離開碼頭，駛入哈德遜河中時，愛因斯坦感覺到「如釋重負」。

一九二三年到巴勒斯坦的行程結束時，他曾表達同樣的感覺。

再度出海：哈瓦那與巴拿馬

在海上只航行一天，天氣就明顯變暖許多，濕度也變得很舒適。愛因斯坦再度埋首工作。他和邁耶一起研究狄拉克最近導出相對論性波動方程式的論文。[19]愛因斯坦也在寫作有關廣義相對論的詳盡說明，打算賣給一間大學出版社出版。他發現船上大部分新來的乘客都是老太太，海象平穩，加上天氣日漸暖和，讓他很珍惜船上和平寧靜的生活——「但是已經有在古巴的猶太人打電報來了……」

「比利時號」在十二月十九日抵達哈瓦那。這時的哈瓦那因人民持續抵抗古巴的軍事獨裁者馬查多（Gerardo Machado）而動盪不安。（兩年後，在美國的協助下，馬查多被迫下台，取而代之的是同樣貪腐的巴蒂斯塔〔Fulgencio Batista〕。）愛因斯坦評論說，雖然這城市處於革命當中，卻幾乎讓人察覺不到。由於一九二九年股市崩盤後的影響，大多由外國人掌握的古巴經濟一蹶不振；全球糖價跌到歷史新低，每磅只有一分半美元——對這個國家是一大打擊。

愛因斯坦與艾爾莎在岸上接受當地政府官員及學術人士，還有當地德國領事齊特爾曼（Franz Zitelmann）的歡迎。他們立刻被帶去遊覽哈瓦那。在紐約經歷刺骨嚴寒之後，愛因斯坦格外喜歡古巴溫和的冬天。他欣賞這城市古老的西班牙建築，以及儘管美國人在此投資甚多，卻沒有美國主義（Americanism）的氣息。但他對他的東道主不甚欣賞，因為他們「拉著他到處跑」，趕赴一場又一場的接待會：從地理學會，到天文學會，到工程學會，然後是哈瓦那猶太人協會——在他看來，它們全都一樣。到了傍晚，愛因斯坦在科學學會發表一場演說，說明他將在帕沙第納期間實行的科學計畫。

在古巴時，真正讓愛因斯坦驚愕的是舉行這些接待會的俱樂部如此豪華，而大部分為有色人種，住在沒有窗戶的小屋裡的人民卻如此貧困，形成強烈的對比。但是儘管失業情況嚴重，人民普遍貧窮，愛因斯坦還是看到許多快樂的臉孔——這要歸功於這溫和的氣候與茂盛生長的香蕉。他因此認定，最可怕的貧窮只存在於氣候惡劣而人民又與土地疏離的地方。

愛因斯坦在隔天早上與馬查多總統有一場會談。之後他與古巴的錫安主義者見面，接著他見到在此製造女性洋裝和內衣的猶太移民。他們還帶了一個兒童合唱團來唱歌給他聽。一位年輕的天文學家陪他散步到一個在明亮陽光下豔麗如畫的水果市場。之後愛因斯坦拜訪了齊特爾曼領事，見到他「聰明的妻子」，以及他們三個金髮碧眼的「萊茵河的女兒」，才結束了他在哈瓦那的短暫停留。

「比利時號」在下午一點離開哈瓦那，不過在此之前，愛因斯坦還接受了一個完全意料之外的愉快驚喜：現在已經十四歲的那個「可愛的日本孩子」恭子和她的父母一起到船上來送他。八年前，愛因斯坦在從馬賽到日本的航程中認識小恭子和她父母，當時他們都是「北野丸」上的乘客。愛因斯坦對於這次意外的快樂重聚真是喜出望外。

回到海上之後，「比利時號」沿著古巴的海岸航行，然後才往南航向巴拿馬。天氣變得極度炎熱潮濕。他們歷經了一連串的熱帶暴雨，還在十二月二十二日遭遇惡劣的海象與狂風。愛因斯坦待在他的艙房裡，繼續和邁耶一起研究狄拉克最近的文章。之前他接到消息，說他在紐約對錫安主義年輕人廣播的訊息得到廣大的肯定——阿拉伯人那方也是，這讓他非常欣慰。

隔天一早，「比利時號」在酷熱的熱帶天氣中，進入了巴拿馬運河。愛因斯坦很有興趣地看著船穿過三道閘門，並一路看著船經過覆蓋著熱帶植被的許多玄武岩錐體形成的「奇妙的風景」。當船接近運河的南端（太平洋）出口時，運河兩旁的玄武岩山丘變得更高，空氣也明顯變得乾燥，還帶著一種藍色色調。

當天傍晚，船抵達了巴波亞（Balboa）這個小港市（現在屬於巴拿馬市一部分）。一個歡迎委員會來迎接愛因斯坦與艾爾莎，並給他們看德國大使在他們的船停留在港口的五小時內，為他們安排的行程。首先是看小孩子表演游泳——他們游泳的樣子像「小海豹」——接著是搭車上到覆蓋著茂盛植物的山丘頂端，從那裡眺望壯麗的景觀。接下來，他們去晉見巴拿馬總統。結果巴拿馬總統曾在蘇黎世求學，與愛因斯坦交換了愉快的年少記憶。日落時，在德國聯誼會的海灘上有一場握手會，然後一個開朗的柏林人——某位庫恩太太（Frau Kuhn）——開車載愛因斯坦夫婦遊覽一六七〇年被私人武裝船長摩根（Henry Morgan）洗劫一空的，原本巴拿馬古城的遺跡。[20]愛因斯坦與艾爾莎的旅程最後結束在一座「美妙的花園」。他們在戶外吃晚餐，伴隨著爵士樂團演奏的憂鬱音樂。商業部部長送給愛因斯坦一頂極為昂貴的巴拿馬帽，一行人回到「比利時號」時，還興致高昂得手舞足蹈。愛因斯坦在日記中坦承，在岸上的這幾個小時確實很「神奇」。

「比利時號」在比較溫和的天氣和星光閃耀的天空下，再度航向大海。船上舉辦了一場聖誕節前夕的音樂會，愛因斯坦演奏了小提琴。兩天後，當這艘船毫不留情地沿著墨西哥海岸直奔北方時，愛因斯坦哀嘆說他的海上航程快要結束了；但他很快又安慰自己，他在家裡，在卡普特時，所能享受的孤獨更是美好！

天氣再度變得如此酷熱，讓愛因斯坦想到煉獄裡的火。更雪上加霜的是，乘客無止境的拍照要求越來越肆無忌憚——雖然這的確幫艾爾莎設立的慈善基金增添了不少錢。除此之外，愛因斯坦覺得自己真是愚蠢，居然同意從船上對美國人廣播聖誕節致詞。他對這些瑣事顯然感到煩躁，呻吟說：「這一切要如何結束？」

「這一切要如何結束？」（對頻繁瑣事要求的感想）

幾天後，他在甲板上欣賞到一輪絢爛奪目火紅燃燒的夕陽——這是他從來看不膩的美景——同時大群的小隆頭魚在船旁的水上躍起。他去船橋拜訪船長，一個「帶著警醒粗魯笑容的好傢伙」，並忍受他的拜訪引發的不可避免的拍照干擾。船上乘客在當天晚上表演了一場音樂會，結果讓愛因斯坦抱怨他們的幽默很幼稚，藝術才華也很平庸。

到了十二月二十九日，天氣已經徹底轉為清冽，在甲板上非得穿大衣不可。愛因斯坦和「邁耶先生」又回去研究狄拉克最近對量子力學的重大貢獻——愛因斯坦說這是「真正天才的系統」。此時距離聖地牙哥只剩兩天航程，讓愛因斯坦在日記中坦承他有點害怕踏上這塊充滿無限可能的土地！在「比利時號」上待了整整一個月後，愛因斯坦必須向同船乘客們道別了，但是只有跟船上樂手的道別，才讓他真正覺得感傷。

帕沙第納

十二月三十一日早晨，「比利時號」在聖地牙哥靠岸。艾爾莎叫醒她先生，告訴他已經有蜂擁而至的記者在甲板上等他。在船上的記者會上應付了那些常見的問題後，愛因斯坦接受市長的歡迎，還有號角手和一個男女孩童組成的合唱團唱歌迎接。之後所有女孩子都上船來，每人手上拿著一束花送給愛因斯坦，讓他很快就得拿著兩隻手臂都快抱不住的一大堆花。最後他終於逃到他的艙房裡。過了一會兒，他和艾爾莎才穿過等候的龐大人群，被帶去參觀聖地牙哥市。愛因斯坦很高興發現這城市還保留著一些西班牙的風味，但是真正讓他驚訝的是，在這城市裡，每兩個市民就有一輛汽車！

在市立花園舉辦的正式歡迎儀式中，該市兩個猶太會眾的兩位猶太拉比都發表了歡迎致詞。當風琴手沒有彈奏德國國歌，而是奏出〈守衛萊茵河〉時，愛因斯坦與艾爾莎都覺得莫名困惑，因為這是德國軍國主義者的主題曲。（五年前，他在孟都的一場接待會上，也碰過相同的音樂選擇上的失態。）飯店的午餐會後，愛因斯坦的加州理工學院東道主佛萊明開車載這對夫婦前往帕沙第納。在這沿著海岸公路的三小時車程中，愛因斯坦每次得以看到遠方綿延的沙丘般的山脈，都覺得興奮不已。

艾爾莎與愛因斯坦上岸後的第一晚，是在佛萊明很棒的瑞士風格木造農舍度過，這小屋還有個坡度陡峭的美麗花園。第二天是元旦，也是帕沙第納一年一度的玫瑰花車遊行日。愛因斯坦夫婦受邀和佛萊明一起去城裡一間位置絕佳的銀行觀賞遊行。他們在一輛警方摩托車的前導下到達。愛因斯坦坐在可以俯瞰遊行路線的大面窗戶前，對眾多的樂隊與裝飾著數千花朵的許多奇妙花車印象相當深刻。根據《洛杉磯時報》一位記者所言，這是愛因斯坦「畢生最愉快的日子之一」。

隔天早上，愛因斯坦拜訪了加州理工學院物理系，之後在佛萊明的花園裡漫步。認真的工作在第二天展開。愛因斯坦一開始很懷疑托爾曼（Richard Tolman）的「脈動宇宙」（pulsating universe）的宇宙模型，但托爾曼設法讓他相信這個模型是正確的。[21]這天下午，他和艾爾莎搬進了他們在帕沙第納的房子，一間「有瓦片屋頂的薑餅屋」，這將是他們接下來兩個月的家。他們搬家的過程被詳細觀察並拍照記錄；帕沙第納的小報隔天就告知讀者，愛因斯坦在搬家後一小時內即開始在他的書房裡工作。艾爾莎則是接待了她小時候在德國的朋友，塞伯太太（Mrs. Barbara Seibert），兩人並一起出門購物。

愛因斯坦與艾爾莎在密立根家裡度過一月六日的晚上。密立根因為測量出電子的電荷，享譽國際，而且根據愛因斯坦的說法，他在帕沙第納受到如神般的尊敬。隔天，愛因斯坦、密立根、邁克生和亞當斯（Walter Adams）為一部新聞影片一起接受拍攝。[22]

愛因斯坦描述帕沙第納像一個大花園，有方形格網狀的街道。街道兩旁排列著大宅邸，每間宅邸周圍都有一座花園，種著棕櫚樹、小葉橡樹和胡椒樹——愛因斯坦責怪就是因此帕沙第納的所有菜肴都撒了太多胡椒。整個城市都覆蓋著熱帶植被，頂端平緩的山脈圍繞。這片土地上被切割出筆直的道路，居民靠著排成長列的車子來往。愛因斯坦很驚訝車子在這裡扮演如此重要的角色，也訝異看到為數龐大的「史前時代的老爺車」。他還看到一輛破爛的老爺車，只要二十五美元就可以買到！他注意到帕沙第納街上很少看到行人，但是他在街上碰到的少數行人似乎都知道他是誰，而對他微笑。他發現當地的商店以一種非常聰明、在歐洲從未見過的方式經營：你在進入商店時拿一個籃子，然後離開時付錢，購買你自己放到籃子裡的東西。愛因斯坦對於他看到的一些聰明的包裝方法也很佩服，尤其是裝雞蛋的紙盒子。

在例行參加的物理座談會上，愛因斯坦會坐在學生和教授當中，抽著他的煙斗。在他自己主講的座談會上，他用一個木頭箱子作為道具，介紹一項思想實驗；他很可能又想藉此證明海森堡的不確定性原理中有根本的矛盾之處。他也參與物理學與天文學的座談會，在其中一場裡，他聽到亞當斯談論他最近嘗試測量天狼B星的光譜——這是大犬座中的天狼A星的超巨大伴星。這項實驗讓愛因斯坦尤其感興趣，因為它有可能證明廣義相對論預測的重力導致的紅移。[23]在另一場座談會上，聖約翰（Charles St. John）描述的太陽的自轉與熱循環，激發了愛因斯坦的靈感，為他的觀察提出一個熱力學的解釋。[24]愛因斯坦很喜歡在所有學術聚會中都瀰漫著的志趣相投的氣氛。他顯然很享受加州理工學院充滿活力而且輕鬆非正式的環境，與普魯士學會拘泥許多的氣氛截然不同。

好萊塢距離帕沙第納很近，因此電影界和科學界的名人難免會相遇。愛因斯坦的好萊塢初體驗是在一月八日，他在這天見到跟他同樣為斯瓦比亞猶太人的電影製片拉姆勒（Carl

Lämmle）。愛因斯坦描述他是個聰明矮小的駝背傢伙，可以「讓電影明星跳舞，而且是製造騙局的大師」。[25]拉姆勒是知名的電影大亨，也是環球影業（Universal Studios）創辦人，該公司最近剛發行了反戰影片《西線無戰事》（*All Quiet on the Western Front*）。這部影片在德國被禁，愛因斯坦看出這項禁令是一項重大的外交挫敗，顯示出威瑪政府的弱點，以及納粹黨日漸高漲的影響力。拉姆勒邀請愛因斯坦、艾爾莎和杜卡絲出席該片的特別放映。放映時燈光突然大亮，知名電影明星瑪麗．畢克馥（Mary Pickford）從走道走來，對愛因斯坦自我介紹，愛因斯坦禮貌地跟她握手，但之後杜卡絲聽到他問艾爾莎：「瑪麗．畢克馥是誰？」[26]

「讓電影明星跳舞，而且是製造騙局的大師。」（對一位電影製片的描述）

卓別林則是愛因斯坦熟悉也很景仰的電影明星。卓別林聽說愛因斯坦很有興趣，便邀請他和艾爾莎與他及他當時的女友克勞黛．考爾白（Claudette Colbert）共進晚餐。卓別林請司機用他的車接愛因斯坦夫婦來用餐，他們在卓別林、克勞黛．考爾白、拉姆勒、報紙發行人赫斯特（William Randolph Hearst），以及他的女伴演員瑪莉安．黛維絲（Marion Davies）的陪伴下，想必度過一個很美妙的夜晚。（電影《大國民》〔*Citizen Kane*〕中被認為是描述瑪莉安．黛維絲的愚蠢角色蘇珊娜．亞歷山大，對她實在是一大污蔑。）用餐過程中，卓別林邀請愛因斯坦與艾爾莎一起出席他最新影片《城市之光》（*City Lights*）的世界首映會。在這星光閃閃的活動中，愛因斯坦對於他們抵達會場時，迎接這兩位名人的騷動和群眾非常不解。他問卓別林這樣做有什麼意義？卓別林回答：「完全沒有。」

一月九日這天，愛因斯坦拜會了辛克萊（Upton Sinclair）。他是一位多產且受歡迎的小說家，也是當代社會評論家，並且剛贏得諾貝爾文學獎——第一位獲此殊榮的美國人。雖然他在今天似乎有點受到忽略，但當時他卻是美國社會中很嚴厲且有影響力的評論者。愛因斯坦認為他是偉大的理想主義者，還注意到即便如此，他仍保持了開朗的個性。辛克萊對蘇聯相當傾心，因為蘇聯致力於教育並喚醒大眾。他邀請愛因斯坦一起觀賞知名蘇聯電影導演艾森斯坦（Sergei Eisenstein）最近在墨西哥拍攝的幾段影片。一項原本大部分資金由辛克萊與他妻子贊助的電影計畫最後宣告失敗，而這些影片就是該計畫最後唯一留下的成果。艾森斯坦在墨西哥待了好幾個月，總共拍了二十萬英尺的影片。他在那裡期間，經常與藝術家芙烈達．卡蘿（Frida Kahlo）和里維拉（Diego Rivera）來往。最後這項計畫因為艾森斯坦、辛克萊夫婦，以及艾森斯坦真正的雇主史達林之間的激烈爭執，終於瓦解。[27]

密立根與帕沙第納學術圈其他人安排了一連串的表揚聚會和募款聚會，讓愛因斯坦十分忙碌。這些聚會通常在加州理工學院的雅典娜學術聯誼會（Athenaeum）舉行。邁克生的太太艾德娜．邁克生（Edna Michelson）也在此舉辦了一場對艾爾莎致敬的午餐會，在此場合特別表揚艾爾莎對愛因斯坦扮演的重要支持角色。即使艾爾莎很少出現在愛因斯坦的旅行日記裡，但是她活力充沛的身影，以及她對「小亞伯特」的照顧，在照片中都清晰可見。

一月十五日這天，一場對愛因斯坦與艾爾莎致敬的特殊晚宴在雅典娜學術聯誼會舉行，七位傑出的科學家在會中以一般大眾的語言，介紹最近物理學與天文學的重大進展。[28]他們的演說，加上愛因斯坦的回應，都向全美廣播播出。愛因斯坦用德文致詞，對招待他的密立根致謝，並說他覺得很幸運能以如此喜悅的心情，與科學家同儕們共進晚餐。他接著說，當邁克生做出他「神奇的實驗成果」，點燃了勞倫茲與費茲傑羅（George F. FitzGerald）的靈感，而為他的相對論鋪好了路時，他才只有三英尺高。邁克生感謝愛因斯坦如此謙虛大方的話，並說他在一八八七年時絕對沒有想到，他的實驗會有如此深遠的影響。在這眾星雲集的場合，其他講者還談到光電效應、宇宙擴張，以及最近正在設計、打算測試相對論的預測的實驗。

愛因斯坦在一月九日後就沒有天天寫日記，直到一月二十二日才又恢復，反映出他忙碌的學術與社交行程。恢復寫日記時，他下結論說，帕沙第納人跟西班牙人一樣喜歡浮誇與儀式。他也注意到，總讓他聯想到福音會傳教士的葛麗塔．密立根（Greta Millikan）尤其如此。她經常出現在愛因斯坦的家，拿著她為他準備的社交行程給他，包括他最討厭的任務，一場為加州理工學院捐款人辦的接待會。他在這場聚會中被迫要跟三百五十人握手，聽無數官腔的致詞，包括他自己的致詞。

在科學方面，愛因斯坦很珍惜加州理工學院充滿刺激的環境。他周圍的科學家為他的理論工作提供了實驗的基礎。他很急著想去參觀威爾遜山天文台，但是之前他得先接受一位醫師進行身體檢查，確定這座天文台所在的海拔高度（五千七百英尺）不會對他帶來健康威脅。之後哈伯開車載他與艾爾莎經由蜿蜒的道路上山來到天文台，參觀那座巨大的一百英寸望遠鏡。愛因斯坦得以檢視記錄了遙遠銀河系與恆星的光譜的攝影玻璃片。他也和聖約翰談話，對方給他看了最近發現的一些太陽的現象，例如他們觀測到每次太陽自轉一圈，太陽黑子的磁極就會反轉。[29]這些發現讓愛因斯坦很著迷，試圖尋找理論上的解釋。

愛因斯坦到加州理工學院之前，很多人相信他只會跟幾位理論家研討，除此之外都會遺世獨居。結果事實截然不同，他經常拜訪同事和同事的實驗，對技術性細節表現出非基於學術的興趣——例如他很有興趣了解他們如何建造一種極敏感的熱電偶（thermocouple），可以測量到遙遠恆星發出的熱。[30]如果知道愛因斯坦長久以來都很關注各種發明，尤其是電羅經的人，應該不意外他會對這類實用的事物感興趣。在此同時，他和理論家的互動成效卓著，尤其是與他很尊敬的托爾曼。托爾曼，加上哈伯，終於說服愛因斯坦拋棄原本相對論中認定宇宙是靜止且均勻的假設。事實上，愛因斯坦還在他的日記裡抱怨說，他在加州理工學院的同事如此有趣又慷慨，讓他幾乎沒時間做他自己的研究。

然而，他在這裡不是只有工作。當地的一位樂器經銷商借給愛因斯坦一把瓜奈里（Guarneri）小提琴，他充分加以利用。他找到了一度非常知名的小提琴家莉莉・佩許尼可夫（Lili Petschnikoff，第七章會有更多描述），成為他絕佳的室內樂同伴，並經常在她家一起演奏。他與艾爾莎也去欣賞了洛杉磯愛樂的一場音樂會。聽了他們演奏的布拉姆斯第四號交響曲後，愛因斯坦對指揮羅金斯基（Artur Rodzinski）讚不絕口。

愛因斯坦與艾爾莎也到更遠的地方旅行，在安德邁爾（Samuel Untermeyer）位於棕櫚泉的家裡作客，度過放鬆的幾天。安德邁爾是富有的紐約律師，也是民主運動和錫安主義的慷慨支持者。在穿越加州沙漠的「美妙」車程後，他們抵達了安德邁爾的奢華宅院（一月二十五日）。[31]他們跟東道主一起度過愉快的夜晚。愛因斯坦已經認識安德邁爾好幾年，不過覺得他近年來越來越悲觀。隔天早上，愛因斯坦爬上安德邁爾家後面一座陡峭的山丘，去欣賞日出：隨著太陽在山丘起伏的沙漠中升起，聖哈辛托山脈（San Jacinto Mountains）鉛灰色的岩壁轉為金黃。不久萬物都沐浴在燦爛溫暖的陽光下，這是愛因斯坦鍾愛的景色。之後安德邁爾開車載他們去一座仙人掌農場，愛因斯坦很喜歡那裡各種奇形怪狀的仙人掌，但對無所不在的拍照要求就不是如此了。他們從那裡又開車到棕櫚峽谷（Palm Canyon），爬下很深的河谷，看到一條小河就讓棕櫚樹可以在沙漠中茂盛生長。許多遊客攜家帶眷趁著週日來峽谷遊覽，而即使在沙漠當中，他們都認得出愛因斯坦。他們不斷地想跟他握手，跟他拍照——所有人都是，除了一個小女孩，「忿恨地皺起眉頭」，拒絕和他一起拍照。「希望上帝垂憐，讓她永遠保持如此！」愛因斯坦評論道。

「希望上帝垂憐，讓她永遠保持如此！」（對一位拒絕一起拍照的女孩的評論）

隔天安德邁爾開車載他的客人穿過沙漠，去參觀一座種棗子、葡萄柚和蔬菜的很棒的農場。這天結束時，他們在這裡再度大飽眼福地欣賞了一次璀璨的沙漠日落。

＊＊＊

很遺憾的是，愛因斯坦的旅行日記在此戛然而止。愛因斯坦與艾爾莎在他們的帕沙第納小屋待到一九三一年二月底，然後搭乘「曼哈頓特快車」火車，在三月四日清晨抵達賓夕法尼亞火車站，到達紐約。他們的船「德意志號」（SS *Deutschland*）午夜啟程。[32]愛因斯坦利用其間短暫的停留時間，來支持他最鍾愛的兩項目標：和平主義與錫安主義。

愛因斯坦與艾爾莎在「德意志號」上用過早餐之後，愛因斯坦對反戰聯盟（War Resisters' League）的代表發表了慷慨激昂的演說。這些代表中包括社會黨的領袖湯瑪斯（Norman Thomas）。湯瑪斯問愛因斯坦說，在美國看到這麼多領救濟糧食的人難道沒有令他感到驚駭嗎？愛因斯坦回答說，今天的社會與經濟問題比和平的問題困難多了。他也屈服於魏茲曼的一再懇求，在當晚於阿斯特飯店（Astor Hotel）舉辦的募款餐會中現身。總共有一千兩百人付了每人一百美元，來看和聽這位偉大的人物——這在大蕭條時代是很可觀的金額。愛因斯坦在致詞中再度呼籲猶太人與在巴勒斯坦的阿拉伯人合作，請他們仿效同樣由數個截然不同的國家族群組成的瑞士。

就在「德意志號」開航前，一個記者問愛因斯坦，對於數百萬人完全不了解他的研究，卻對他如此讚譽，他有何感想；他回答說，他窮盡心力忙於解答宇宙的謎，實在不可能再試圖解開關於人性的謎。[33]

「德意志號」經歷一段艱辛的航程，橫越大西洋後，在三月十四日來到德國的庫克斯港（Cuxhaven）。但是愛因斯坦看到在岸上等候他的大批記者和眾多攝影機的陣仗，便要求船長讓他和艾爾莎繼續留在船上，不要跟其他乘客一起下船。結果這艘船沿著易北河往上到漢堡的途中，愛因斯坦與艾爾莎是船上僅有的乘客。他們從漢堡直接前往柏林。[34]

愛因斯坦之後會在加州理工學院再待兩個冬天。他在一九三一年至一九三二年的那次停留將在第七章描述，一九三二年至一九三三年的那次則在第八章。愛因斯坦認為接下來那兩次參訪都比第一次來得更愉快，也更有成果，很大的原因是一般大眾對愛因斯坦個人的興趣已經減退許多，謝天謝地。

然而，第二次美國之旅啟程前，愛因斯坦先去了他另一個學術上的避難所：牛津。

注釋

1. Dieter Lohmeier and Bernhardt Litrow, *Einstein, Anschütz und der Kieler Kreiselkompaß*〔愛因斯坦、安舒茲，以及基爾的電羅經〕(Heide in Holstein: Verlag Boyens, 1992). 這本書包含了愛因斯坦與安舒茲一直到安舒茲於一九三一年過世之前，都持續來往的許多信件內容，信中涵蓋技術的討論與私人的事務。這些信件證實了愛因斯坦曾深入參與，幫助解決製造實用的電羅經時艱巨的電學和機械學上的問題，也見證了兩人對彼此的敬重。另參見 Albrecht Fölsing, *Albert Einstein: A Biography*, trans. E. Osers (New York: Viking, 1997), p. 520, 542, 596。

2. 這個新理論的問題包括普朗克常數 *h* 沒有出現在裡頭，而且它與相對論不符合。愛因斯坦在一九三二年一月寫信給鮑立說：「結果你當初說的是對的，你這個無賴。」Fölsing, *Albert Einstein*, pp. 602–607.

3. Thomas Levenson, *Einstein in Berlin* (New York: Bantam, 2003), p. 381.

4. Fölsing, *Albert Einstein*, p. 451.

5. 愛因斯坦是在前一年去安特衛普探望舅舅西薩．柯克時，首次見到比利時的伊麗莎白皇后（Queen Elizabeth, 1876–1965）。當時他與她和她的一位侍女一起演奏三重奏。伊麗莎白出身巴伐利亞的威特巴赫家族（Wittelsbach）。奧皇弗朗茨．約瑟夫的妻子，不幸的「奧地利的伊麗莎白」，就是她的姑姑。她和愛因斯坦持續通信到愛因斯坦過世為止。Fölsing, *Albert Einstein*, p. 630.

6. 佛萊明（1856–1944）是加州理工學院成立初期的重要贊助人。

密立根（1868–1953）最知名的成就是他的「油滴實驗」，他用此實驗確定了電子的電荷。愛因斯坦來訪時，密立根是加州理工學院的校長，同時繼續他對宇宙射線性質的研究。密立根在一九二一年就認識愛因斯坦，並在一九二五年便邀請他，但是愛因斯坦因為答應了去南美洲，後來又在一九二八年心臟病發，而延遲了接受這項邀約。

7. 哈伯（1889–1953）在一九二五年宣布他的驚人發現，表示在我們所知的銀河以外仍存在其他銀河系。不過要指出的一點是，在哈伯宣布前一個世紀，天縱英才的赫歇爾（William Herschel）已經用他設計的望遠鏡，以肉眼觀察，而主張在銀河以外，還有其他更多銀河系。Richard Holmes, *The Age of Wonder: The Romantic Generation and the Discovery of the Beauty and Terror of Science* (New York: Vintage Books, 2010), p.123.

愛因斯坦在帕沙第納時有互動的其他科學家，還有艾普斯坦（Paul Epstein, 1883–1966）及卡門（Theodore von

Kármán, 1881–1963）。

8. 「比利時號」一九一四年在貝爾法斯特建造時是貨運船，一次大戰爆發時改裝成兵員運輸船。它的排水量是兩萬七千噸，有三台推進器，三個煙囪。一九二三年，它再度改裝為豪華郵輪，有鋪瓷磚的游泳池，不過大蕭條時，它無法賺得利潤，而在一九三六年拆解。

納粹引用愛因斯坦偏好屬英國公司所有的「比利時號」，而沒有選擇德國郵輪一事，來證明他對德國不忠誠。事實上，他選擇「比利時號」是因為它在紐約和洛杉磯兩地都會停靠。

9. 柯克—葛魯伯格（1872–1924）是傑出的德國民族學家，費時多年研究亞馬遜河的印第安人，收集他們的傳說。

10. 「比利時號」抵達聖地牙哥時，記者訪問了幾位乘客，其中有人說愛因斯坦偶爾會在用餐時間，心不在焉地走進餐廳，身上還穿著睡衣。*The New York Times*, January 1, 1931.

11. 在柏林時，賀莎・曼德爾（Hertha Mendel）的寡母東妮・曼德爾（Toni Mendel）是愛因斯坦多年的親近好友。兩人經常一起駕帆船出海，一起聽音樂會，也一起閱讀討論佛洛伊德最新的文章。兩人都在一九三三年離開德國，在她住在加拿大期間，兩人仍持續通信到一九五〇年代。愛因斯坦稱這甘草糖為「Bärendreck」，這個口語的字面意思是「熊糞便」。

12. 愛因斯坦觀察到代表體重計上最低與最高重量比例的 R 是⅔。假設 g 為重力導致的加速度，a 為船隻的垂直加速度，利用重力與慣性力相等的原理，愛因斯坦計算出：$R = (g - a) / (g + a)$，因此 $a = g(1 - R) / (1 + R)$。既然 $R = 2/3$ 且 $g \sim 10$ m/sec^2，愛因斯坦就能估計出船落下時的加速度是 $a = (1/5)g \sim 2$ m/sec^2。

13. *The New York Times*, December 10–16, 1930. 有些日記抄本上的日期是錯誤的。這裡所寫的日期來自報紙對於愛因斯坦在紐約期間活動的報導。

14. *The New York Times*, December 12, 1930.

15. 出生於俄羅斯的烏斯什金（1863–1941）是工程師，後來成為重要的錫安主義領袖。他提倡使用希伯來文，設立農業屯墾區，以及建立希伯來大學。他從一九二三年開始擔任猶太國家基金會的理事長，直到過世為止。他在愛因斯坦於一九二三年拜訪巴勒斯坦時，就已經跟他見過面。

16. 菲利斯・華寶（1837–1937）是在漢堡的這個銀行世家的成員之一。銀行家馬克斯・華寶和保羅・華寶（Paul Warburg），以及知名藝術史學家艾比・華寶（Aby (Abraham Moritz) Warburg）都是他的兄弟。菲利斯是投資銀行家，一八九四年來到美國。他也是知名的慈善家，以及錫安主義志業的支持者。

17. Megaera 意即「嫉妒女神」，希臘神話中三個復仇女神之一。我們不清楚愛因斯坦為什麼給克萊斯勒的太太哈麗葉（Harriet）取這樣的綽號，但顯然不是只有他抱持這種看法。

18. 泰戈爾（1861–1941）是著名的孟加拉作家、詩人、音樂家和書法家，一次大戰後在歐洲有很多熱情的追隨者。許多人將他和愛因斯坦視為各是東方與西方文化的代表。他們的兩段對話被記錄下來並公開出版。第一次對話是於一九二六年，在愛因斯坦的柏林公寓進行。第二次對話是在一九三〇年七月，在東妮、布魯諾和賀莎位於萬湖（Wannsee）的家裡進行。Rabindranath Tagore, *Das goldene Boot*, ed. M. Kämpfchen, trans. A. O. Carius (Düsseldorf: Artemis & Winkler, 2005), pp. 547–55. 他們的對話紀錄顯示兩人鮮少意見一致。參見 Wendy Singer, "'Endless dawns' of imagination," *The Kenyon Review* 23, no. 2 (Spring 2001): 7–33。另參見 Dipankar Home and Andrew Robinson, "Einstein and Tagore: Man, Nature and Mysticism," *Journal of Consciousness Studies* 2, no. 2 (1995): 167–79。

19. 狄拉克（1902–1984）在一九二五年至一九三〇年間，對理論物理學有許多重大的貢獻：最重要的莫過於他推導出相對論性波動方程式及他的電子理論，並因此預測出正電子的存在——與電子等質量的帶正電的粒子。

20. 庫恩太太幾乎肯定會告訴愛因斯坦與艾爾莎有關摩根的故事。摩根是以簽約雇工的身分來到巴拿馬，後來合約期滿後，變成私人艦隊的船長。他奪下位於巴拿馬大西洋岸的西班牙人碉堡聖羅倫佐（San Lorenzo）後，帶著五百名他手下的海盜越過地峽，將位於太平洋岸的原本的巴拿馬市洗劫一空。在此之前，西班牙人都把祕魯的黃金經船運送到巴拿馬市，然後經由陸路運到位於大西洋岸的貝約港（Porto Bello），再運回西班牙。等英國人與西班牙人的敵對狀態結束後，摩根帶著大筆財富回到英國，並受封為騎士。

21. 理論物理學家托爾曼（1881–1948）曾多次擔任愛因斯坦在加州理工學院時的翻譯與嚮導。根據托爾曼的模型，宇宙會持續擴張，直到重力導致它塌陷（「大崩墜」〔big crunch〕），然後又是一次大霹靂。這簡單又對稱的模型很吸引人，但是現代的觀測已經證實大多數遠方的銀河系並沒有減緩速度，反而是加速遠離。

22. 邁克生（1852–1931）是傑出的天才實驗家，對干涉儀有重大貢獻。他最著名的研究應該是他與莫里（Edward Morley）所做的邁克生—莫里實驗（一八八七年）。這項實驗很有說服力地證明了光的速度不會受到地球在空間中的移動影響。他們對此結果很意外，因此重複實驗了好幾次，不斷增加準確度，還是得到同樣的結果。這個結果敲響了以太理論的喪鐘，讓科學圈準備好接受愛因斯坦的相對論——雖然愛因斯坦自己在提出相對論的原理時，並不知道邁克生—莫里實驗。

23. 亞當斯（1877–1956）是當時威爾遜山天文台的台長。他確認了天狼星的伴星是白矮星。天狼B星的重力紅移讓人很感興趣，是因為科學家預期這紅移會很大，而可以用來再度測試廣義相對論。（重力引發的紅移，與遠離的來源發出的光的都卜勒〔C. J. Doppler〕紅移效應是分開的。）愛丁頓認為廣義相對論在直覺上看來很明顯，而利用測出的重力紅移來驗證他對這顆星的質量與半徑的估計。現代科學研究已經證實，他的估計是錯誤的，關於重力紅移的判斷也是錯的。有關紅移測量漫長又糾結的歷史，參見 Jay B. Holberg, *Sirius, Brightest Diamond in the Night Sky* (Berlin: Springer Verlag, 2007), p. 141。

24. 天文學家聖約翰（1857–1935）最知名的成就是他對於太陽黑子與太陽大氣層的研究。

25. 拉姆勒（1867–1939）出生於距離愛因斯坦出生地烏爾姆不遠的勞普海姆（Laupheim）。他在十七歲時移民美國，做過好幾份職業後，成為好萊塢獨立製片，之後更成為環球影業的董事長。他製作過的影片包括《鐘樓怪人》、《歌劇魅影》和《科學怪人》等。

拉姆勒和他的斯瓦比亞家鄉一直保持緊密的關係，經常回去探望，並送去食物和金錢，協助減輕那裡的人在一次大戰後承受的苦難。納粹掌權之後，他無法再返回德國，但是他提供了宣誓證詞，讓大約三百名猶太人可以逃到美國。二次大戰後，拉姆勒成為勞普海姆的榮譽市民，那裡有數條街道、一座廣場和一所高中都以他命名。

26. Abraham Hoffman, "Albert Einstein at Caltech," *Calif. Hist.* 76, no. 4 (1997/8): 108–21.

27. 愛因斯坦觀看的影片拍攝的是印第安人去朝聖墨西哥最重要的聖人，瓜達盧佩的聖母大殿（shrine of Our Lady of Guadalupe），還有愛因斯坦極度厭惡的鬥牛場景。到後來，史達林要求艾森斯坦返回蘇聯，但是他拍的影片仍在辛克萊手上。艾森斯坦從來沒有見到影片放映。最後，其中一些片段經過剪輯，以《墨西哥萬歲》（*¡Que viva México!*）的片名發行。

28. 參與這次晚宴及廣播的人包括邁克生、密立根、坎貝爾（William W. Campbell）、亞當斯、聖約翰、哈伯，以及托爾曼。

29. 這項觀察其實是錯誤的。現在科學家認為，每個太陽黑子連結的巨大磁場其實是一個龐大的電磁場環路，環的另一端會連到太陽表面的另一個黑子。這解釋了為什麼成對太陽黑子形成的磁場，會如聖約翰觀察到的，產生磁極對換。

30. *The New York Times*, February 8, 1931.

31. 安德邁爾（1858–1940）在棕櫚泉的這間鄉間豪宅，現在是一間名為柳樹飯店（The Willows）的奢華飯店。

32. 兩萬一千噸重的「德意志號」是航行於漢堡與紐約之間的固定航線豪華郵輪。它在一九四〇年被德國海軍徵用，一九四五年在呂貝克附近被英軍空襲擊沉。

33. *The New York Times*, March 5, 1931; also Fölsing, *Albert Einstein*, p. 640.

34. *The New York Times*, March 15, 1931.

6

柏林與牛津（一九三一）

一九三一年春天，愛因斯坦受邀到牛津，在聲望崇高的羅德紀念講座（Rhodes Memorial Lectures）發表演說，並在此停留一個月，擔任訪問學者。這項邀請是由物理學家林德曼（Frederick Lindemann）所促成。一九一一年，他在理論物理學界佼佼者群聚於布魯塞爾的索爾維會議第一次見到愛因斯坦，成為他忠實的仰慕者。不過這兩位科學家的研究道路在更早時就曾經交會：一九〇七年，在英國長大，之後到德國研究物理的林德曼，在能斯特位於柏林的實驗室工作。他在此測量各種金屬的比熱，印證了愛因斯坦根據金屬的量子論所做出的預測。[1]他回到英國之後，在一次大戰期間，擔任皇家飛行軍團（Royal Flying Corps）一個設施的主任，對航太科學有重大貢獻。戰後他在牛津大學擔任實驗哲學教授。

到了一九三一年，愛因斯坦已經越來越明顯察覺希特勒帶來的與日俱增的威脅，因此開始探詢在加州理工學院或普林斯頓獲得學術職位的可能——以備他必須離開柏林。林德曼的邀請讓愛因斯坦有機會與英國科學家恢復聯繫，並告知他對政治的擔憂。他因此樂意地接受了邀請。

愛因斯坦這次一反往常，在啟程**之前**十二天就開始寫旅行日誌。他在四月八日到二十日之間所寫的這些紀錄，因而難得地讓我們能一窺他在柏林的日常生活。

在柏林家中

愛因斯坦第一天的日記告訴我們，一九三一年四月八日的柏林是個舒適宜人的春日。作者坐在他狹小的閣樓書房，所謂的「閣樓房」裡。這是在他和艾爾莎位於哈伯蘭街的公寓，再往上一層樓。他在此細細品味他喜愛的寧靜。這個書房專門為他建造，而且陳設非常簡單，只有一個書架、一張小書桌和一張椅子。牆上掛著愛因斯坦最景仰的前輩的照片：牛頓、法拉第（Michael Faraday）和馬克士威。

那天早上，愛因斯坦剛完成一篇論文，討論馬克士威對物理性真實的概念，記念這位偉大物理學家的百年冥誕。[2]接著他開始寫一篇初稿，要發表一項系統性的目錄，為超距平移的統一場論列出可能的場方程式。他也在日記裡提醒自己，隔天他要去波茨坦的天文台，幫忙平息天文台台長漢斯．魯登道夫（Hans Ludendorff）與物理學家弗倫狄區之間的爭執。勞厄和薛丁格也會來幫忙。愛因斯坦把他們的三人組合稱為是三隻「和平鴿」，他們的任務讓我們更深入看到愛因斯坦在柏林學術圈的活動。

波茨坦天文台台長漢斯．魯登道夫是惡名昭彰的艾利．魯登道夫將軍的弟弟。魯登道夫將軍和與登堡一起在一次大戰時掌握最高軍權，是很投入的日耳曼國家主義分子，並參與了一九二三年希特勒發起而失敗的啤酒間叛變，但十年後對此事十分懊悔。[3]漢斯・魯登道夫經常與當時擔任愛因斯坦研究所（Einstein Institute）所長的弗倫狄區起衝突。愛因斯坦研究所是位於造型新奇的愛因斯坦塔裡的太陽觀測站。弗倫狄區特別設計這間太陽觀測站的儀器，以進行測試廣義相對論的實驗，尤其是測量太陽重力造成的紅移現象。但是由於太陽表面的巨大紊流（turbulence），這項實驗進行起來比預料中困難許多，而天狼B星的紅移光譜提供了前景比較可期的實驗方式（參見第五章）。雖然愛因斯坦研究所通常完全由魯登道夫主管，不過因為它的部分資金來自愛因斯坦基金會（Einstein Foundation）[4]，因此享有某種程度的自主權。這樣模糊不清的行政架構導致魯登道夫與弗倫狄區之間無止境的爭執——並因為前者的獨裁專制作風和後者的高壓管理手法而越加惡化。兩人的科學觀點也截然不同，因為魯登道夫是注重實際觀測，對理論毫無興趣的天文學家，弗倫狄區過去卻在哥廷根研究理論物理。

這三隻「和平鴿」都是愛因斯坦基金會的董事，勞厄和薛丁格更是愛因斯坦在科學院和大學裡最志趣相投的同儕。勞厄曾是備受尊崇的普朗克的弟子，也是愛因斯坦的親近好友。他即使在納粹掌權之後，仍挺身捍衛相對論，也是一九三三年時唯一一個反對將愛因斯坦逐出科學院的院士。[5]一次大戰後，愛因斯坦唯一願意通信往來的德國科學家就是勞厄。

第三隻和平鴿薛丁格是奧地利物理學家，他當初被慫恿從蘇黎世移居柏林時，狀況跟愛因斯坦十年前被吸引來柏林很相似。他的重大之年是一九二六年，當時他發表了一系列的六篇論文，奠定波動力學（或量子力學）的基礎。不久之後，柏林大學提供他理論物理的教職，他也被選為普魯士科學院的院士。他來到柏林後，與愛因斯坦成為朋友。他們同樣厭惡科學院同僚僵化拘泥的繁文縟節，喜歡穿著隨便，都不怎麼尊崇一夫一妻制。薛丁格經常去愛因斯坦在卡普特的度假小屋作客，一起搭帆船出海或散步。不過和愛因斯坦不同的是，薛丁格並沒有積極參與德國的政治，而且雖然他不是猶太人，但是在希特勒於一九三三年上台執掌德國政府時，他很樂意地放棄了柏林的教授職位，到牛津大學拿研究獎助金。[6]

這一次，這三位教授成功地使和平降臨。（魯登道夫與弗倫狄區之間的緊張關係後來仍不時爆出火花，直到這緊繃的僵局終於在納粹政府執政下消除：弗倫狄區因為有一位祖母是猶太人，被迫辭職移民。在此同時，魯登道夫成為納粹現成的盟友，掌控了弗倫狄區的愛因斯坦研究所。）

愛因斯坦完成在波茨坦的任務之後，與經濟學家暨社會學家奧本海默（Franz Oppenheimer）共度了一個愉快的夜晚。愛因斯坦很景仰奧本海默的聰穎與機智，更為奧本海默當晚所說的超好笑笑話折服——真可惜他沒有在日記裡記下來。

出發前往英格蘭之前那段時間，愛因斯坦每天都在研究他當時專注的統一場論，有時獨自工作，有時跟他的「計算師」邁耶一起。但他仍盡忠職守地執行他在科學院的職務，也廣泛參與社交、政治和音樂活動。因此，四月十一日，他拜訪了代表普魯士教育部的歷史學家溫德班（Wolfgang Windelband），希望為邁耶爭取到科學院的職務。愛因斯坦此時變得很仰賴邁耶與他合作，甚至因為加州理工學院沒有同時提供邁耶職位，而拒絕了一項工作的提議。當天稍晚，他見了奧本海默的一位外甥，一個「有同情心的好孩子」。當園丁的他希望移民到加州，因此想和去過加州的這位科學家尋求建議。

第二天早上，愛因斯坦和幾位朋友一起演奏室內樂：賀曼女士（Ms. Herrmann）演奏第一部小提琴，厄娜・舒茲（Erna Schulz）演奏中音提琴，史泰格曼（Ewel Stegmann）演奏大提琴，愛因斯坦自己則演奏第二部小提琴。他們一起視譜演奏了布拉姆斯的一首四重奏和一首莫札特的嬉遊曲。值得注意的一點是，布拉姆斯的弦樂四重奏需要高超的技巧，而愛因斯坦的三位同伴都是經驗豐富的職業音樂家。舒茲是聲望很高的維特洛維茲四重奏（Wietrowetz Quartet）的小提琴手，之後不久又與愛因斯坦在牛津合奏。愛因斯坦待在柏林的最後兩週，在繁忙的種種工作當中，還是參加了至少六次室內樂的演奏排練。這足以顯示出他最在意什麼事。莫札特、舒伯特和布拉姆斯是他最愛的作曲家。

到了下午，愛因斯坦和弗倫狄區去找設計愛因斯坦塔的建築師孟德爾松（Erich Mendelsohn）。他的家被愛因斯坦描述為「品味獨具，極度美國的家屋」。愛因斯坦對室內樂的胃口還未滿足，因此晚餐後，他又與兩位同伴一起演奏海頓的鋼琴三重奏。之後他爬到他的閣樓書房，開始寫一篇文章，討論宇宙問題——關於廣義相對論可以揭露宇宙的什麼祕密。

第二天的大部分時間都被愛因斯坦大量的書信占據。在他對祕書杜卡絲口述的信件中，有一封是給捷克斯拉夫的馬薩里克總統（Tomáš Masaryk），為一個拒絕當兵的年輕人求情。接著他完成了兩天前開始的宇宙學手稿，遞交給學會。在這篇文章裡，愛因斯坦接受動態的（而非靜止的）宇宙模式，是他的重力場方程式的正確解，拋棄認為宇宙常數是必要的。[7]

讓愛因斯坦來到這一步的一連串事件大致如下。他在一九一七年首先把重力場方程式應用在宇宙學上時，大部分天文學家都把宇宙想像成一個靜止的球體，包圍我們的銀河系。因此，愛因斯坦自然會在方程式裡加入一個數項，可以避免宇宙最終的重力崩塌，這個數項就是後來所稱的宇宙常數。直到一九二〇年代，其他銀河系的存在才被確認。也直到一九二九年，哈伯才發表他的發現，提出所有銀河系都在互相遠離，而且遠離速度與彼此相隔距離成正比（哈伯定律）。事實上，在此之前三個月，當愛因斯坦去威爾遜山天文觀測站時，哈伯才給他看證明宇宙擴張的光譜證據（參見第五章）。**沒有了**宇宙常數，場方程式的解答顯現出宇宙源自一個大霹靂，之後便不斷擴張——這個解答是俄羅斯物理學家佛里德曼（Aleksandr Friedmann）在一九二二年首先提出，今日基本上已經是廣被接受的觀點。

據說愛因斯坦當時曾說，引入宇宙常數是他最大的失誤。但是現代天文物理學的資料已經顯示，大多數遙遠的銀河系遠離的速度其實**超過**哈伯定律的預測，而這項觀察結果可以由假設瀰漫充滿太空的「暗能量」（dark energy）來解釋。但宇宙常數與加速宇宙擴張的「暗能量」之間到底是什麼關係，至今並未確定，科學家仍對此爭論不休。

愛因斯坦交出他的宇宙學論文的那天（四月十六日），參加了科學院的一場會議，聽一個文獻學家的「愚蠢演講」，一件「典型的無用瑣事」。這位講者研究了奧古斯都大帝用於某些公共捐獻的資金來源為何。愛因斯坦在他的日記中問道，國家付錢給這些書蟲，真的是要他們做這些事嗎？

當天晚上，愛因斯坦看了一場「精采的演出」，雷辛（Gotthold Ephraim Lessing）的舞台劇《明娜．馮．巴爾赫姆》（*Minna von Barnhelm*）。他尤其欣賞女演員凱絲．杜歇（Käthe Dorsch）的演出；他覺得很有趣的是，這齣戲顯示就連雷辛也免不了某些階級歧視。[8]

接下來幾天，愛因斯坦完成了那份手稿，介紹統一場論的一系列可能的場方程式，並請邁耶幫他檢查校訂。到了晚上，他不是演奏室內樂，就是參與他和艾爾莎很熱中的社交活動。他們出席了好幾場晚宴，其他客人包括家庭成員、學術界人士、政治人物、生意人、藝術家，還有一次甚至有柏林的警察首長。

四月十九日，柏林好幾間花店的老闆卡茲娜倫波根（Estella Katzenellenbogen），也是愛因斯坦常碰面的朋友，邀請他去看戲。他們看的是表現派雕塑家和劇作家巴拉赫（Ernst Barlach）的作品《藍色波爾》（*The Blue Boll*）。巴拉赫在一次大戰的餘波中，以強烈的反戰立場聞名。[9]兩天後，愛因斯坦提到他和他的多年好友東妮．曼德爾共度了「中午與午後」。（艾爾莎對愛因斯坦與東妮之間的親近友誼抱著默許，但或許不是很樂意的態度。東妮是賀莎．曼德爾寡居的母親。無論如何，愛因斯坦與曼德爾家的人一直維持著很好的關係。[10]）他們一起閱讀討論了佛洛伊德最近發表的一篇論文〈文明及其不滿〉（Das Unbehagen in der

Kultur），其內容探討個人與社會之間的緊張關係，引起了不小的騷動。愛因斯坦仰慕佛洛伊德的寫作風格，但是對他的精神分析理論還是相當懷疑。不過佛洛伊德與愛因斯坦多年間都維持著溫暖且經常是輕鬆愉快的書信往來。[11]

四月二十三日這天，愛因斯坦去學會聽了哈柏一場關於水溶液中的催化作用的演講，然後出席了一場「難忘」的院士會議，目睹普朗克以高超的手腕，提名勞厄競爭索爾維的教授職位。愛因斯坦也去柏林一位富商伊斯瑞爾（Berthold Israel）家中拜訪，在那裡聽到一男一女「精采」的黑人靈歌表演。[12]之後他拜訪了年老的作家亞歷山大・莫茲可夫斯基（Alexander Moszkowski）。他已經眼盲又跛腳，但頭腦仍很清醒。（莫茲可夫斯基在一九一六年認識愛因斯坦，當時距離他變成世界知名作家還很遠，而他在一九二〇年出版第一本關於愛因斯坦的書。這本書是根據一系列對話寫成，它的出版對作者和他筆下的主角都帶來巨大壓力。愛因斯坦否認該書的內容，不過到頭來，莫茲可夫斯基和他的太太貝莎〔Bertha〕仍舊是愛因斯坦與艾爾莎的親近好友。[13]）

幾天前，愛因斯坦與紐約銀行家高曼（Henry Goldman）共進午餐。他很高興愛因斯坦沒有接受加州理工學院的工作，因為他認為愛因斯坦自由派及和平主義的觀點最終一定難免與保守的密立根產生衝突。到了下午，愛因斯坦去幫他的妹妹瑪雅買鋼琴——兩人一直都很親近。他最後決定買一台以音色優美著稱而售價高貴的博蘭斯勒（Blüthner）鋼琴。[14]這天晚上，愛因斯坦原本要去人權聯盟演說，支持最近因為發行一本反納粹的小冊子而陷入高度危險中的數學家古貝爾（Emil Gumbel）。[15]但是愛因斯坦最後沒有機會發表他準備好的演說。

四月二十九日一早，愛因斯坦先在杜卡絲的協助下，寫了許多封信，其中一封是告知一家報紙，他的和平主義論點已經受到美國神職人員的支持。當天稍晚，他展開前往牛津的旅途，首先搭晚間的火車到漢堡，再從那裡搭上往英國的船。漢堡的銀行家馬克斯．華寶剛好在同一班火車上，兩人用這個機會討論有關巴勒斯坦的各項議題，尤其是關於海法的理工學院。抵達之後，一位赫伯航運公司（Hapag）的代表來接愛因斯坦，護送他到附近的萊許霍夫飯店（Hotel Reichshof）。這家飯店的位置很方便，就在易北河的港口旁。

愛因斯坦隔天一早就搭上「亞伯特．巴林號」（*SS Albert Ballin*）出發。這是一艘配備有穩定器、網球場，甚至有一個露天保齡球道的豪華固定航線海上郵輪。它是一次大戰後在德國製造的第一艘客輪。這艘船的名字想必讓愛因斯坦心頭一緊，因為亞伯特．巴林（Albert Ballin）是赫伯公司直到一九一八年前的總經理，曾經隸屬威廉皇帝最忠誠的顧問團——皇帝經常諮詢的一群具有影響力的富有猶太人。但是他們的忠告卻經常被忽視，例如他們請求他遏止官方的反猶太主義，或試圖阻止他莽撞地開啟戰爭。[16]

愛因斯坦安頓在一間華麗舒適的艙房後，很開心能在美好的天氣裡，再度出海，而在日記裡感嘆這次航程太過短暫。統一場論盤踞在他心裡，他覺得一定可以找到跟先前的重力方程式相符的場方程式。

愛因斯坦也決心努力聯合各國的神職人員，讓拒絕服兵役合法化。

牛津：大學生活

「亞伯特．巴林號」在五月一日抵達南安普敦。林德曼到船上來，帶愛因斯坦坐著汽艇上岸，接著兩人搭乘林德曼有司機駕駛的勞斯萊斯到牛津。在路上，會說流利德文的林德曼告訴愛因斯坦說英國會提供學生獎學金，好支持那些有天分卻沒有錢唸大學的年輕人就學。他們途中繞路去了一下溫徹斯特，讓愛因斯坦欣賞這城裡美麗的哥德式教堂，以及短暫參觀於一三八二年創立，可能是英國現存最古老男子學校的溫徹斯特公學（Winchester College）。

在這學院裡，一位名叫葛瑞菲斯（John Griffith）的學生負責帶這兩位客人參觀。他在多年後這樣描述意外來訪的兩人：「打扮得一絲不苟的林德曼，身邊跟著一位個子矮小的男人，穿著中東風格斗篷，蓬鬆卷髮從某種貼著頭的小帽旁跑出來。」溫徹斯特公學的校舍是古老的建築，建築牆上鑲著許多紀念的大理石，這顯然讓愛因斯坦很感興趣。在一間鑲了許多大理石飾板，作為更衣室的房間裡，運動服掛在牆上整排的掛鉤上。愛因斯坦想了一下，對林德曼說：「啊，我懂了，先人的精神就由此傳遞到活人的褲子上。」[17]

兩人參觀後繼續上路，趕在晚餐時間前抵達林德曼任職的學院，基督學院（Christ Church College），也是愛因斯坦在牛津期間的住所。愛因斯坦和大約五百位教職員及學生一起在一間像羅馬方形會堂的大廳裡用餐。所有人都穿著燕尾服和學位長袍，他為了這「怪異而無聊的事」，被迫穿上他厭惡的燕尾服。這頓飯「自然」是由男人負責上菜（女人只有在極罕見的情況下才能進入學院），讓愛因斯坦多少體會到沒有女性的生活是多麼可怖。

愛因斯坦在基督學院住的套房平常屬於一位語文學家，但他目前在印度。這套房讓愛因斯坦想到一座小碉堡。他很享受他在這裡如僧侶的安靜生活，不過不喜歡房間裡刺骨的寒冷。後來他甚至喜歡上每天「狀似神聖的晚餐」，在晚餐上被慎重其事地介紹給其他「穿著燕尾服的兄弟們……雖然沉默寡言，但舌尖總有些若有似無的隱諱笑話」。

五月四日這天，愛因斯坦受邀到默雷（Gilbert Murray）可愛的鄉下別墅吃午餐。他是著名的古典文學學者，也是活躍的人道主義者。愛因斯坦與他討論當前可悲的國際局勢，並對其他午餐賓客的博學感到驚訝。他對在座女士尤其印象深刻，他發現她們對公共事務的關注遠勝過德國的女性。

愛因斯坦沒有忽略牛津周圍可愛的環境。他經常漫無目的地隨意散步，很喜歡美麗的鄉村景致和英國建築：絲毫不浮華，一切精心設計，富有品味，明顯地符合傳統。他也認為，在學院裡，大家習慣在中庭或走廊上相遇時不互相打招呼，而是採取一種節制謹慎的態度，這是英國人獨特的作風。愛因斯坦覺得這種習慣很讓人感動。

五月五日這天，愛因斯坦在三一學院用餐，之後和一小群人去聽天文物理學家米爾恩（E. A. Milne）解釋他對於恆星內部結構的理論模型。（當時科學家並不知道恆星的能量來源——核融合。）米爾恩——愛因斯坦認為很聰明的人——也討論到最近剛

「啊，我懂了，先人的精神就由此傳遞到活人的褲子上。」

「穿著燕尾服的兄弟們……雖然沉默寡言，但舌尖總有些若有似無的隱諱笑話。」

發現的新星（nova）。他說它們之所以會爆炸變形成白矮星，是因為原子核失去所有電子，恆星雲氣（gas）就會「衰退」，讓恆星變小且變得密實。恆星的熱力學，以及米爾恩想取代廣義相對論，而用來解釋宇宙擴張的「運動學相對論」（kinematic relativity），顯然都是愛因斯坦新近感興趣的主題。[18]接下來幾天，米爾恩和愛因斯坦在愛因斯坦的房間裡會面了好幾次，有時候林德曼也在場。他們討論最近發現的關於銀河的天文資料，對宇宙起源與宇宙的物質密度有什麼啟示。

愛因斯坦很珍惜他在大學裡安靜的生活，以及他在清冷、偶爾有太陽的天氣裡的散步。在某一次早晨散步中，他發現一組特別有意思的，代表重力的場方程式——但是他在日記裡沒有進一步說明。有一天，當地的音樂愛好者皮爾斯家族（Pearces）邀請他去聽一場在家中舉行的私人音樂會。他在那裡聽到了當時最有名的小提琴鋼琴組合，布許（Adolf Busch）與塞爾金（Rudolf Serkin），完美地演奏多首貝多芬奏鳴曲及一首舒伯特的迴旋曲。[19]音樂會後，兩週前和他一起在柏林演奏過的小提琴手厄娜．舒茲送他回家。

愛因斯坦在五月九日發表他的第一場羅德紀念講座演講。他以邏輯的觀點討論相對論——他在日記中描述這是很費力的工作，因為他演講時沒有用筆記。到了下午，林德曼開車帶愛因斯坦去他父親的鄉下別墅，愛因斯坦很高興認識這位已經八十五歲，但「活力充沛的人」。老林德曼曾在沙皇時代的俄羅斯做生意，而告訴愛因斯坦他在那裡碰到無所不在的貪污腐敗：他的公司送了十艘船去俄羅斯之後，他只拿到九艘船的錢，因此他詢問負責這筆交易的政府官員為什麼他沒有收到第十艘船的錢。結果這官員回答他：「那我呢？你最好趕快回家吧！」根據老林德曼的說法，沙皇時代的首相威特伯爵（Count Sergei Witte）也極度腐敗，核發開礦特許權時索取大筆賄賂。愛因斯坦很高興地發現他的東道主還是個業餘天文學家，與他的兒子一起設計製造了許多極富巧思的科學儀器。他們測量電子電荷的靜電計和測量電流的電流計，在愛因斯坦眼中尤其「漂亮」。除此之外，他還很欣賞這主人家裡的絕佳菜肴、花園、小狗，以及眺望泰晤士河谷的景觀——總而言之，他認為這是一次非常棒的作客經驗。

音樂的牛津

雖然愛因斯坦想必知道牛津活躍的音樂生活，但他並沒有帶他的小提琴一起去。不過他還是用一把借來的小提琴，享受了好幾個演奏室內樂的夜晚，其中數次是在甘菲德（Gunfeld）的德內克家族（Deneke）家裡。德內克家的姊妹，瑪格麗特（Margaret）和海倫娜（Helena），是牛津大學第一所女性學院瑪格麗特夫人學堂（Lady Margaret Hall）的最早贊助者。她們也在牛津的音樂圈扮演重要的角色。她們的母親曾是著名鋼琴家舒曼（Clara Schumann）的親密好友，而她的兩個女兒都曾跟舒曼的女兒尤吉妮（Eugenie）學過鋼琴。牛津的許多音樂之夜都在甘菲德這裡的音樂室發生。

瑪格麗特・德內克一聽說愛因斯坦要來牛津，就邀請了其他三位音樂家前來，與他一起演奏弦樂四重奏。這三人都接受了，組成一個驚人傑出的音樂組合：除了愛因斯坦之外，他們都與十九世紀偉大音樂家，包括布拉姆斯、舒曼和約阿希姆（Joseph Joachim）等人有親近的私人關係。瑪麗・索達特（Marie Soldat）在這個弦樂四重奏中拉第一部小提琴；愛因斯坦拉第二部小提琴；厄娜・舒茲拉中提琴；威廉斯（Arthur Williams）拉大提琴。偶爾瑪格麗特・德內克會加入他們的行列，演奏鋼琴。索達特小時候就是個神童，也是布拉姆斯的朋友，並且是在布拉姆斯的勸說下，十六歲時成為知名小提琴家約阿希姆的學生。她成為他的明星學生之一，而她演奏的布拉姆斯小提琴協奏曲贏得布拉姆斯的仰慕，將她介紹給他的音樂圈朋友，尤其是維根斯坦家族（Wittgenstein）。厄娜・舒茲是約阿希姆的另一個明星學生，也享有璀璨的音樂事業。至於大提琴家威廉斯則曾跟隨布拉姆斯最喜愛的大提琴家豪斯曼（Robert Hausman）學習，曾是赫赫有名的克林格弦樂四重奏（Klingler Quartet）的成員。[20]

瑪格麗特・德內克在她的回憶錄中記錄她與愛因斯坦的首次見面：

> 他踩著快而短的步伐進來。他有一顆大頭，很高的額頭，蒼白的臉，以及滿頭灰白的亂髮。……〔晚餐後〕他轉向母親，露出迷人的微笑說：「您幫我們準備了一頓愉快的晚餐，但今晚美好的部分就要到此結束了，我們得拿起樂器上工了。我們拉莫札特好嗎？莫札特是我的音樂初戀——是上上之作——因為我得費力才能演奏貝多芬，但是演奏莫

札特是全世界最美妙的經驗。」於是他們從一首莫札特開始演奏；跟隨著瑪麗・索達特用她的耶穌・瓜奈里名琴拉出的豐潤音色。[21]教授用的借來的小提琴聽來飢渴刺耳，不過他的節奏完美無瑕。在繼續演奏海頓之前，中間有一段閒聊的休息。瑪麗・索達特提到教授的修長手指很適合拉小提琴，尤其是他的手指尖端纖細，更是有利。教授說：

「是，我從不練習，我的演奏就是這種程度……」[22]

這個弦樂四重奏的第一次見面是在五月十一日，在甘菲德，愛因斯坦當天過得非常開心。不過演奏音樂不是愛因斯坦在德內克的家裡這麼自在的唯一原因。他們兩姊妹都會說流利的德文，所以是除了林德曼之外，愛因斯坦在牛津可以用德文隨心所欲交談的另外兩人。

愛因斯坦繼續找尋適合統一場論的場方程式，但是沒有表示得到任何成果。由於缺少了平常的祕書協助，他得自己回覆信件。在跟一群錫安主義學生的會議上，他聽到一場關於阿拉伯人問題的演說，這是他深切憂慮的一項議題，但他不曉得他是否讓演說者信服他的觀點。他也與支持國際聯盟的學生，以及倡議和平主義的學生會談。除此之外，他還得應付許多教授、政府官員及社會名人。比較輕鬆的一件事是愛因斯坦熱愛駕船的消息傳開來，因此一位物理研究生帶他搭乘一艘小船遊覽泰晤士河。[23]

愛因斯坦造訪了威德罕學院（Wadham College），目的是拜訪大名鼎鼎的英國數學家哈代（G. H. Hardy）。哈代示範給他看一個用火柴玩的遊戲。到了下午，愛因斯坦發表他的第二場羅德紀念講座演說，他對此次演說比第一場演說滿意許多。不過演說結束時，發生了一件愛因斯坦認為是盛行的個人崇拜所導致的令人不快的事件。他在這場演說中所用的黑板被拿下來作為紀念品——愛因斯坦即使極力抗議，卻被認為是在假意謙虛。愛因斯坦注意到這件事讓在聽眾席上的好幾位英國著名科學家明顯感到嫉妒。愛因斯坦回到學院時，已經精疲力盡。他在日記中說：「就算是拖貨車的馬也承受不了這麼多。」他一直很厭煩跟學者的會議都如此正式，而在牛津的數學家為他舉辦的一次特別讓他沮喪的晚宴後，他責怪那瀰漫學校裡的高雅氣氛與「該死的燕尾服」遮蓋了一切真實的事物。

「就算是拖貨車的馬也承受不了這麼多。」（牛津演說後感言）

儘管有這麼多惱人的事，愛因斯坦還為可怕的腰痛所苦，但他沒有失去幽默感。這可以從他對五月十五日一場晚宴的紀錄看出來。這天的晚宴地點是在羅德信託基金的管理人魏利爵士（Sir Francis Wylie）與夫人的家裡。換上非穿不可的晚宴禮服時，愛因斯坦驚慌地發現，每次他一動，他扣好的襯衫扣子之間都會迸出「一個多毛男人的胸口」！他在這單身漢房間裡急忙搜尋到針線，設法把襯衫的胸口縫起來，結果卻嚴重限制他的行動。在伴隨著「用外國話」說的慣常晚餐對話，吃到這頓「典型英國晚餐」的最後時，他找不到冰淇淋的湯匙，因此他不動聲色地借用了鹽罐裡的小匙子來吃冰淇淋——直到服侍一旁的僕人溫和地提醒他，那支任性的湯匙溜到他的盤子底下去了。在一如慣例，僅有男性用餐者參與的抽菸與喝白蘭地後，愛因斯坦和瑪麗・索達特及瑪格麗特・德內克一起演奏了巴哈的三重奏鳴曲，「讓賓客趕忙離開房間」。他跟在牛津常伴他身邊的嚮導與同伴林德曼一起回到學院的房間，閒聊了一會兒，才上床休息。

雖然愛因斯坦白天經常是獨自一人，但他的夜晚常被各式各樣的社交與音樂聚會占據。他應物理學家湯森德（John Townsend）的邀請，到新學院（New College）用餐，之後一起去學院的禮拜堂聽莫札特的安魂曲。根據愛因斯坦的看法，這是一場精采的演出，而且並不宗教。[24]有時候，他與德國文學教授費德勒（H. G. Fiedler）會散步很久，或去看泰晤士河上的划船比賽；還有一次，他聽了一場生動卻厚顏無恥偽裝內行的，有關科普特音樂（Coptic music）的演說。愛因斯坦描述這位講者是個「滿臉通紅的肥壯巨人」，穿著藍色的僧侶服裝，站在一個藍色講台上，講話的樣子像是喝醉了。

五月二十一日晚上，在由基督學院的院長舉辦的慶祝晚宴前，愛因斯坦的傭人幫他準備了一件新的燕尾服襯衫和領子——而且愛因斯坦特別註明，他並沒有開口要求。在晚宴上，他被安排坐在兩個「只說英文的惡龍」之間。雖然愛因斯坦通常認為自己是不喝酒的人，但是這次他在「絕佳的波特酒」與冰淇淋中找到了慰藉。等他快樂地回到他舒適的住所，一股滿足感籠罩住他，因為院長的這頓晚宴是最後一場他有義務參加的「儀式性餵食」。「哈雷路亞。」

五月二十二日這天，愛因斯坦造訪了位於一間樸素房子裡的羅斯金學院（Ruskin College）。以藝術家、評論家和社會改革家羅斯金（John Ruskin）命名的這所學院創立於一八九九年。這所學院是由公共的基金會贊助，與英國的各勞工聯盟有強烈關聯，原本並不屬於牛津大學的一部分。這所學院專門致力於提供沒有學術認證資格的成年人研習大學課程的機會——愛因斯坦很讚許這個目標。他對於在這「了不起的機構」就讀的四十位學生印象深刻，也得知該學院有十九位以前的學生曾任國會議員。之後，他在皮爾斯家裡與索達特、舒茲，以及一個年輕的當地大提琴家演奏弦樂四重奏，度過一個愉快的夜晚。他們從莫札特和海頓的四重奏開始，之後一位女性小提琴手加入他們的行列，一起演奏了莫札特的弦樂五重奏。愛因斯坦玩得非常開心，一直到午夜才到家。

五月二十六日是愛因斯坦很忙碌的一天。這天早上，他參加了充滿傳統的頒授學位儀式。這天所頒的學位包括給愛因斯坦的榮譽科學博士學位。這場肅穆的典禮一開始是用拉丁文朗誦讚辭，但是不知道為什麼，愛因斯坦認為這不是很得體。之後他在羅德樓（Rhodes House）發表他三場演講的最後一場，主要討論場論的數學方法。他的演說沒能打擾坐在第一排的院長的「美妙的打盹」，其餘聽眾則是非常規矩又友善。演講之後，他在林德曼的住所小睡了一會兒，之後在學院裡用餐。到了晚上，他在一間迷人的老房子與一群和平主義的學生會面，並對他們的政治成熟度感到驚異，感嘆「我們的學生」相較之下多麼可悲。

隔天天氣又濕又冷。這天是聖靈降臨節，愛因斯坦在皮爾斯家裡吃午餐，並與他平常的同伴一起演奏了德弗扎克的四重奏，接著他與音樂系的一位教授合奏一首莫札特的小提琴與鋼琴奏鳴曲，最後則是演奏巴哈的雙協奏曲。音樂演奏結束後，皮爾斯太太帶愛因斯坦去看她有著小山丘和人工湖的「美妙花園」。花園中盛開著藍色的春天花朵，愛因斯坦相信它之所以有這樣童話故事般的特質，是因為看不到邊界，讓它像是自成一個世界。

回到學院後，他沒去吃晚餐，而在壁爐前一張墊子上躺下來休息——也藉此取暖。但是到了晚上九點，他和一群哲學家見面，以愛因斯坦很喜歡的問答方式，談論時間與空間。他這天晚上過得很愉快。他想到，在這場「美妙而難以置信地愉快的」意見交換對照之下，他在一九二〇年的德國醫師與科學家大會（Congress of German Physicians and Scientists）上，與最強烈反對相對論的雷納的激烈討論，更顯現出德國的可悲。[25]

隔天，林德曼帶愛因斯坦到費茲傑羅老夫人（Lady Fitzgerald）的鄉下莊園。愛因斯坦很欣賞這裡的花園，但最引起他熱情的是他在這裡看到的，設計給牛用的飲水機。他解釋說，當一頭牛用口鼻壓住一片金屬板子時，一個活門會打開，讓水流入一個小碗裡——直到這頭牛的口鼻離開為止。愛因斯坦思索，說不定接下來就會發明出牛用的廁所了。他還補充了一句：「文明萬歲！」

愛因斯坦與林德曼隔天參觀了艾許莫林博物館（Ashmolean Museum），去看最近剛從克里特島開挖出來的文物。愛因斯坦認為這些文物的特質比較像埃及，而非希臘。到了下午，他和國際反戰組織（War Resisters International）的代表團見面，這些「可敬的人」跟他討論了他的反戰演說在美國廣為散播。他們認為他的演說非常有效果。愛因斯坦當晚在日記裡下決心要用所有心力投入這個目標。

回到現實

愛因斯坦在牛津的最後一天是五月二十七日。他在早上和聖約翰學院的一位年輕哲學家談話，下午與一群貴格派教徒討論和平主義，尤其討論到天主教教士可以如何參與和平主義運動。林德曼接著帶愛因斯坦最後一次去看在泰晤士河上舉行的學院划船賽，還有擠滿河岸的觀眾快樂喧鬧。

愛因斯坦離開牛津的這天天氣很好。林德曼開車載他到南安普敦，送他搭上漢堡美洲航運公司（Hamburg America Line）一艘兩萬一千噸重的郵輪「漢堡號」（SS *Hamburg*）。愛因斯坦上船不久就認識了一位志同道合的乘客：數學家布拉希克（Wilhelm Blaschke），一個「聰明而和善的奧地利人」，他是在結束美國的講學後回國。[26]布拉希克告訴愛因斯坦，很多歐洲學者都忙著以同樣的方式大賺美金。愛因斯坦把握機會，跟他提起邁耶的狀況。

愛因斯坦趁著在海上的最後一天，去了船橋拜訪。他從船長口中得知，兩天前，皮卡德（Auguste Piccard）駕駛他自己設計的高空熱氣球升空，之後就失蹤了。皮卡德是一位物理學家，曾經建造出加壓飛船，以便研究地球的大氣層及調查當時仍無人知道其性質的宇宙射線。與皮卡德有私人交情的愛因斯坦表示他希望皮卡德能安然度過這項試驗。皮卡德最後確實安全生還；他的氣球到達破紀錄的十六公里高度，最後安全降落在奧地利阿爾卑斯山上的冰河。

「漢堡號」快抵達預定目的地，位於易北河口的庫克斯港（從漢堡再往河上游約一百英里）時，突然遭遇濃霧，被迫下錨暫停。愛因斯坦注意到，這陣濃霧是因為北方來的冷風遇到溫暖的海水所引起。隨著夜晚降臨，霧變得更濃，愛因斯坦越來越氣自己先前花了一筆不小的錢發無線電電報，說他即將抵達。現在因為濃霧的關係，他又得再發一次電報，取消之前的消息。「再也不做這種事！」他發誓。但是他很快又恢復了好心情，在日記中承認，船上的生活真的很愉快，只要食物還足夠，又有這樣奢華的艙房可以待著，並且「被像動物園裡的紅毛猩猩一樣盯著瞧」。

＊＊＊

這是愛因斯坦在這趟旅途中最後一次寫日記，但是到了六月十五日星期一，他恢復在柏林和卡普特的日常生活兩週後，他又追加了一篇語氣抑鬱的日記。

他回憶說，他在前一週的週五出席了德國物理學會的會議。在會中，他的朋友及科學界同事索末菲因為對量子力學的貢獻，獲頒普朗克獎章（Planck Medal）。普朗克發表了一場愛因斯坦認為很機智，但不是很善意的演說。之後弗倫狄區宣布他最近一次測量太陽重力導致星光偏折的實驗所得的結果。這項實驗耗費了他十七年的心血，而最新的測量結果比相對論的預測結果要大。不過由於實驗的不確定性甚高，因此並無助於釐清真實狀況。不過愛因斯坦根本不在乎：他對相對論有完全的信心，而他與弗倫狄區的私人情誼多年來已經冷淡許多。[27]他也回憶他在週日「跟蒂瑪」（Dima，可能是指瑪格麗特・勒巴赫〔Margarete Lebach〕）駕駛他心愛的帆船，二十一英尺長的「杜樂號」。這天早上他與一群和平主義者見面，討論關於拒服兵役的各個議題。之後他又回到物理上，跟邁耶開會討論如何整合最新的場方程式。

德國每下愈況的政治情勢讓愛因斯坦心裡很沉重。他注意到現在在德國已經無法買到黃金券，而且柏林瀰漫著恐慌的氣氛。叛變的謠言四起，讓愛因斯坦相信災難已經迫在眉睫；反動勢力準備反撲了。

隱居沉思的學院生活，英國鄉間的漫步，以及泰晤士河上的划船比賽，這些記憶都快速地遠去。

注釋

1. Albert Einstein, “Die Plancksche Theorie der Strahlung und die Theorie der spezifischen Wärme”[普朗克之電磁輻射理論與比熱理論], *Annalen der Physik* 22 (1907): 180–90.

林德曼（1886–1957）在一九三〇年代時察覺到德國猶太人所面臨的悲慘處境，率先設法為許多德國猶太科學家在英國找到學術工作的職位。其中最著名的科學家包括西蒙（Franz Simon，後成為西蒙爵士）、西勞德（Leo Szilard）、曼德松（Kurt Mendelsohn）、弗里茲・倫敦（Fritz London）、庫恩（Heinrich Kuhn），以及庫堤（Nicholas Kurti）。二次大戰期間，林德曼是邱吉爾的親近同事和科學顧問，後來他因為這些貢獻而被封為男爵，之後又封為查威爾子爵（Viscount Cherwell）。

2. 馬克士威（1831–1879）最大的成就是發展出可以包含所有電與磁現象，並以馬克士威方程式表達的電磁場論。在愛因斯坦看來，能以連續性的「場」來說明一個自然律，是物理學界自牛頓以來最大的進展。這打開了通往相對論和量子力學的大道。Albert Einstein, *Mein Weltbild* (Zurich: Europa Verlag, 1934), p. 186.

3. 艾利・魯登道夫太晚才明白支持希特勒是個大錯。他在興登堡於一九三三年把政權交給希特勒時，指控他「把我們神聖的祖國德國交給有史以來最會煽動人心的政客」，並補充說：「我嚴正預言這個可鄙的人會將我們的帝國推入萬劫不復的深淵，為我們的國家帶來難以言喻的災難。未來的子子孫孫都會因為你所做的一切，在你入土後仍永遠詛咒你。」Ian Kershaw, *Hitler 1889–1936: Hubris* (New York: Norton, 1998), p. 427.

4. 愛因斯坦基金會是由一群富有的德國實業家出資成立。現代主義風格的愛因斯坦塔由建築師孟德爾松（1887–1953）一手操刀，他最後也移民美國。關於愛因斯坦基金會，以及弗倫狄區與愛因斯坦和漢斯・魯登道夫之間糾紛不斷的關係，參見 Klaus Hentschel, *The Einstein Tower*, trans. A. M. Hentschel (Stanford: Stanford University Press, 1997)。

5. 勞厄對物理學有諸多貢獻。他最著名的成就是在一九一二年證明當時剛發現不久的X光是一種短波長的電磁輻射，其波長短到可以用水晶導致其繞射。他率先運用X光繞射作為實驗技術，而經過長時間發展，X光成為在物理學、化學，乃至於分子生物學上很強大的研究工具。

6. 希特勒掌權之後，林德曼安排了薛丁格（1887–1961）獲得牛津大學抹大拉學院（Magdalene College）的研究獎助金，但是不久薛丁格就在一九三六年返回奧地利——讓林德曼和愛因斯坦非常惱怒。薛丁格在格拉茲大學（University of Graz）擔任教授，而在希特勒於一九三八年併吞奧地利之後，他覺得他不得不發表一篇充滿悔恨的宣示，為自己過去呼籲奧地利科學家支持納粹政權的政治錯誤道歉。結果他被解除教職，但一九三八年夏天設法逃出奧地利，到了義大利。他在都柏林的高等研究院（Institute for Advanced Studies）得到一個職位，在那裡度過戰爭那幾年。Walter Moore, *Schrödinger: Life and Thought* (Cambridge: Cambridge University Press, 1989), pp. 320–51.

7. Albert Einstein, "Zum kosmologischen Problem der allgemeinen Relativitäts - theorie"[關於廣義相對論之宇宙問題], *Proceedings of the Prussian Academy of Sciences* (1931): 235–37. 關於宇宙常數，以及愛因斯坦其他「錯誤」，更完整但非技術性的討論，參見 Steven Weinberg, *Lake Views: This World and the Universe* (Cambridge, MA: Harvard University Press, 2009), pp. 186–95。

8. 凱絲・杜歇（1890–1957）是知名的舞台劇和電影明星。雷辛（1729–1781）是伏爾泰的朋友，啟蒙時代早期的重要作家。《明娜・馮・巴爾赫姆》是一齣喜劇，描述一個軍官的榮譽感與他對一個女人的愛相衝突的故事。

9. 巴拉赫（1870–1938）原本主張愛國主義，支持一次大戰，並志願到前線服役。但從戰場回來後，他成為堅定且積極的和平主義者。在納粹政權下，他的反戰雕塑被視為墮落藝術而被沒收，他也被禁止工作。

10. Roger Highfield and Paul Carter, *The Private Lives of Albert Einstein* (London: Faber & Faber, 1993), p. 207.

11. 愛因斯坦回覆佛洛伊德祝福他的生日的信件時，寫到他（佛洛伊德）雖然鑽進這麼多人的腦袋裡，卻從來不曾有機會看穿他。佛洛伊德告訴愛因斯坦，他很幸運，因為只有物理學家能批評他（愛因斯坦）的理論，但是他自己的理論卻被所有人批評。(Princeton AE Archives, Freud to Einstein, 4/29/1931. Einstein to Freud 3/22/1929)

12. 這場家中音樂會的東道主伊斯瑞爾是柏林超大型百貨公司納森伊斯瑞爾（Nathan Israel）的老闆。伊斯瑞爾家族受腓特烈大帝邀請到柏林定居，是該城最古老的猶太家族之一。這個家族以結合經濟上的成功與社會責任而聞名。

13. 亞歷山大·莫茲可夫斯基（1851–1934）是著名作曲家暨鋼琴家莫里茲·莫茲可夫斯基（Moritz Moszkowski）的哥哥。他的書即將出版時，愛因斯坦的朋友，尤其是玻恩夫婦，很擔心愛因斯坦的敵人會藉此指稱他沽名釣譽，因此勸愛因斯坦禁止該書出版。這本書最後出版時的書名是《追尋者愛因斯坦》（*Einstein the Seeker*），而非原定書名《與愛因斯坦對話》（*Conversations with Einstein*）。雖然該書有些瑕疵，但確實包含一些有趣的史實，例如愛因斯坦否認 $E = mc^2$ 方程式中的能量可以在實際上被釋放出來。但是其他人，例如外爾，早在一九一八年就思考過這個可能性。（Highfield and Carter, *Private Lives*, 198–200. 關於莫茲可夫斯基事件的詳盡描述，參見 http://www.mathpages.com/home/kmath630/kmath630.htm）

14. 一年後，愛因斯坦的小兒子愛德華來找他姑姑瑪雅，待了一星期，而且很多時間都坐在鋼琴前，「極度準確而清醒地」彈奏莫札特。不過這次探望後不久，愛德華的病情轉趨惡化，最後住進了伯格赫茲利診所。愛因斯坦在一九三三年最後一次來這裡探望他。愛德華之後斷斷續續地待在伯格赫茲利，直到一九六五年過世為止。

15. 德國數學家古貝爾（1891–1966）在一九三一年發表了一篇詳盡的文章，描述納粹所做的許多政治謀殺。古貝爾是德國人權聯盟成員，一九三二年因為反納粹活動而失去在海德堡大學的教職。

16. 亞伯特·巴林（1857–1918）的人生是典型的白手起家，但最終成為悲劇的故事。他出身貧寒，後來成為漢堡美洲航運公司（即赫伯航運公司）的總經理。該公司在德意志帝國時期擁有德國最大的商船隊伍。威廉二世，以及巴林本人，都認為大型航運公司是德意志帝國榮耀的象徵。巴林發明了商業化的郵輪航線和郵輪旅遊。在他的領導下，十九、二十世紀之交，赫伯公司提供經濟實惠的三等艙，讓數千人得以經由漢堡航行到美洲。他為他們提供他們可負擔的火車旅行及住宿。巴林是堅定的德國國家主義者，也是唯一跟皇室交好，但沒有改信的猶太人。德意志帝國在一次大戰結束後垮台，威廉二世退位並流亡荷蘭；同一天，巴林自殺身亡。Bernhard Huldermann, *Albert Ballin*, trans. M. J. Eggers (London: Cassell, 1922).

「亞伯特·巴林號」建造於一九二二年，排水量兩萬一千噸。它固定航行漢堡—南安普敦—紐約的航線，直到二次大戰。一九三三年後，因為這艘船的名字會引起納粹的嫌惡，赫伯公司被迫將它改名為「漢莎號」（*Hansa*）。它在一九四五年於波羅的海被水雷擊沉。但它被蘇聯救起，重新命名為「蘇聯號」（*Sovietsky Sojus*），派駐海參崴，直到一九八一年。

17. John G. Griffith, “Albert Einstein at Winchester 1931,” *The Trusty Servant* 62 (1986): 5. 作者是因為戴森（Freeman Dyson）告知而得知此事。

18. 米爾恩（1866–1950）最知名的成就是他在科學家都還不知道恆星的能量來源（核融合）時，對恆星熱力學的研究。米爾恩自認他在一九三五年發表的運動學相對論是他最重要的成就，但這項理論至今已經差不多被完全遺忘了。

19. 布許（1891–1952）是知名的德國小提琴家暨作曲家，因為反對希特勒而在一九二七年遷居瑞士。他不是猶太人，不過一九三三年放棄了德國國籍，移民美國。之後他與同樣知名的鋼琴伴奏塞爾金（1901–1993）一起在佛蒙特州的伯瑞特波羅（Brattleboro）附近，創辦馬波羅音樂學校（Marlboro Music School）及馬波羅音樂節。

20. 以下是關於愛因斯坦的四重奏的更多細節：瑪麗·索達特（1863–1955）十六歲時，在奧地利一個叫做波特夏赫（Pörtschach）的小村莊發表了一場小型獨奏會，而布拉姆斯剛好在當地避暑。他聽了這場獨奏會，對她的天分極為驚豔，說服約阿希姆聽她試奏。她後來成為赫赫有名的獨奏家，並創立了一個全為女性的弦樂四重奏。布拉姆斯非常滿意她在他的小提琴協奏曲於維也納首演（一八八五年）時，所做的詮釋，隔天還帶她到維也納的普拉特遊樂園（Prater）玩，並帶她去看戲。

瑪麗·索達特是在一八九九年認識德內克家族，當時這家人還住在倫敦，她每次去倫敦表演時就住在他們家。瑪格麗特·德內克在她的回憶錄中說到，索達特的表演禮服都是路德維希·維根斯坦（Ludwig Wittgenstein）的姑姑克拉拉·維根斯坦（Clara Wittgenstein）幫她在維也納買的。更多細節參見 Michael Musgrave, “Marie Soldat 1863–1955: An English Perspective," in *Beiträge zur Geschichte des Konzerts*, ed. S. Kross, R. Emans, and M. Wendt (Bonn: Gudrun Schröder Verlag, 1990), pp. 319–30; 另見 Max Kalbeck, *Johannes Brahms* (Berlin: Deutsche Brahms Gesellschaft, 1908–21), 4th ed., vol. 3, p. 158; 以及 Styra Avins, *Johannes Brahms: Life and Letters* (Oxford: Oxford University Press, 1997), p. 591。

厄娜・舒茲（1887–1938）是約阿希姆的另一個得意門生，以小提琴獨奏家的身分贏得極高讚譽，後來加入維特洛維茲四重奏，擔任小提琴手。她在一九一二年退出四重奏，定居倫敦，在此教學並於音樂會中演奏。

來自威爾斯的威廉斯是知名的克林格弦樂四重奏的大提琴手。該四重奏接續了約阿希姆四重奏的傳承。他也曾師事布拉姆斯最喜歡的大提琴家豪斯曼。一次大戰爆發時，威廉斯遭拘留，被遣返英國。

21. 這把著名的一七四二年小提琴是路德維希・維根斯坦的叔叔路易・維根斯坦（Louis Wittgenstein）買給索達特的。

22. Margaret Deneke, *What I remember* (Unpublished typescript), Deneke Deposit, Box 14, Bodleian Library, University of Oxford. 瑪格麗特・德內克（1882–1969）是牛津第一所女子學院瑪格麗特夫人學堂的堅定贊助者，在英國和美國舉行了多場講習音樂會，籌措了可觀的資金。一九三一年，瑪格麗特夫人學堂將她選為榮譽學院成員。

23. Paul Kent, "Einstein at Oxford," *Oxford Magazine* (Michaelmas Term, 2005): 8–10.

24. 湯森德（1868–1957）自一九〇〇年開始一直是實驗哲學教授。他至今仍為人記得的貢獻應該是他對放電的研究，以及他很早就嘗試測量電子的電荷。很有趣的一點是，愛因斯坦在他的日記中記下，第一個測量到電子的荷質比（charge-to-mass ratio）的人是德國物理學家維舍特（Emil Wiechert, 1861–1928）。這是湯森德告訴他的嗎？維舍特進行該項實驗的時間幾乎與湯姆生（J. J. Thomson）同時，而湯姆生因此獲得諾貝爾獎。

25. 為了避免政治和反猶太的示威集會，這場受到各界廣泛預期的愛因斯坦與雷納在科學會議上的辯論，從法蘭克福移到鄉下的巴登瑙海姆（Bad Nauheim）進行。兩人之間的衝突變得眾所皆知：辯論本身其實很壓抑低調，但這兩個都備受敬重也都得過諾貝爾獎的男人，始終未曾消除彼此的齟齬。對於雷納與其盟友斯塔克的個性和政治活動，下面這項資料有觀察入微的紀錄：Walter Gratzer, *The Undergrowth of Science* (Oxford: Oxford University Press, 2000), pp. 244–66。

一九三八年，納粹已經掌權之後，雷納發表了自己對於巴登瑙海姆討論的描述。他承認自己那時是按照當時的習慣，把「那個猶太人」當成正統的亞利安人種的人對待。他表示這是不對的，但他辯解說，那是因為相關的種族指導守則直到一九三二年才公布。關於巴登瑙海姆事件，詳情參見 Charlotte Schönbeck, *Albert Einstein und Philipp Lenard: Antipoden im Spannungsfeld von Physik* (Berlin: Springer Verlag, 2000); 以及 Walter Isaacson, *Einstein: His Life and Universe* (New York: Simon & Schuster, 2007), pp. 284–89。

26. 布拉希克（1885–1962）是傑出的幾何學家，當時在漢堡擔任教授。

27. 關於弗倫狄區與愛因斯坦之間緊繃的關係，參見 Hentschel, *The Einstein Tower*, pp. 98–102。

7 重回帕沙第納（一九三一～一九三二）

愛因斯坦在他位於卡普特的鄉下別墅度過一九三一年剩餘的夏天。為了實現他對抗軍國主義的目標，他持續倡導拒服兵役，並簽署了許多反戰請願書和公開宣言。他也替在保加利亞、捷克斯洛伐克、波蘭、塞爾維亞和其他地方，因拒服兵役而被捕入獄的人，以個人名義對國王和總統陳情。[1]隨著德國已經無可挽回地步向納粹獨裁之路，愛因斯坦開始接受他可能要離開柏林。他與加州理工學院展開協商，討論他的學術職位內容。雖然協商仍在進行中，愛因斯坦已經準備再到那裡待一學期——這是前一年已經做好的安排。

橫越大西洋

愛因斯坦與艾爾莎在一九三一年十一月十四日離開柏林，並於接下來兩週內，在比利時和荷蘭拜訪了許多朋友，最後才來到他們的啟程港安特衛普。漢堡美洲航運公司的代表，一位蓋斯勒先生（Herr Geissler），到安特衛普火車站來迎接他們。蓋斯勒先生小時候在慕尼黑曾是愛因斯坦的同班同學。他護送這對夫妻到港口，到他們的船「波特蘭號」（MS *Portland*）停靠的碼頭。[2]「波特蘭號」將帶他們經由巴拿馬運河，到達洛杉磯——愛因斯坦選擇這條路線，顯然是因為在海上的時間比較長，也因為它不會經過紐約。這艘船一直在港口裡停留到隔天的深夜（十二月二日），而愛因斯坦在他的日記裡抱怨，在這段期間，某些他沒有指名道姓的家族成員到船上來幫他送行，待了很久，讓他有些惱怒。

愛因斯坦隔天在他的新日記裡寫下第一筆紀錄時，想必處於興高采烈的心情，因為他幾乎是逐字逐句地記下蓋斯勒告訴他的一個怪異的故事。蓋斯勒離開學校後顯然變成了一個「高尚，有點普魯士化的巴伐利亞人」，一個下棋高手，還是個愛喝酒的人。這個故事如下：蓋斯勒小時候很厭惡他們家的蔬菜湯，但是被嚴格禁止在他的盤子裡留下任何食物。有一次，在午飯時，他吞下幾湯匙蔬菜湯後，終於絕望地放棄。他父親，一位「活力充沛的軍官」，離開餐桌去拿他的手槍。他把手槍放在餐桌上，對他兒子說：「把湯喝掉，不然我就對你開槍。」小蓋斯勒勉強又嚥下幾口他痛恨的蔬菜湯後，決定投降，解開他的小背心的鈕子，很誠懇地對父親說：「你開吧！」

雖然「波特蘭號」不算大（六千七百噸），愛因斯坦覺得它還是相當體面，並且立刻喜歡上個性開朗的船長。但他在日記裡表達了對這艘船股東的同情，因為船上只載了十位乘客——它有可容納五十位乘客的設備——而且幾乎沒有載任何貨。他和艾爾莎分住相連的艙房，吃飯時兩人獨占一張小桌子。出海後的頭兩天，愛因斯坦證明了所有歐幾里得的幾何作圖，都可以單用一個圓規完成；也就是說，不需要用到直尺。[3]激勵他去做這件事的，是他和物理學家塔提安娜．埃倫費斯特（Tatiana Ehrenfest）的一段對話。他在前個星期去萊登拜訪她[4]；她當時堅持直尺是不可或缺的。「波特蘭號」抵達巴拿馬的克里斯托巴（Cristobal）時，愛因斯坦就把證據寄給她。

在到安特衛普的路上，愛因斯坦在萊登大學（Leiden University）待了幾天。他在此有許多朋友和同事，也擁有該校的特別訪問教授職位。他在日記裡回憶說他剛到萊登一小時後，就講了一堂課，接下來的晚上還主持了一場研討會。他和塔提安娜．埃倫費斯特一起研究了維布倫（Oswald Veblen）與巴奈許．霍夫曼（Banesh Hoffmann）的五維理論（five-dimensional theory）[5]；他們覺得這個理論太過人工。而此刻愛因斯坦想到，不曉得維布倫和霍夫曼對他的新理論會有什麼看法！他也在烏特勒支與天文學家朱立爾斯（Willem Julius）重聚。兩人頻繁通信了許多年。愛因斯坦還和他收的第一個博士後研究生佛克耳（Adriaan Fokker）一起散步很久。[6]但是他為了去參觀在海牙的荷蘭國會，錯過了來訪的奧地利物理學家斯梅卡爾（Adolf Smekal）的演講。[7]最後愛因斯坦還回憶了他和埃倫費斯特夫婦在佛克耳家裡度過的非常愉快的夜晚，並宣示說「在萊登的日子真是美好」。

愛因斯坦以特別愉快的語調，回憶了他參觀萊登的自然史博物館的行程。陪同他的是該館的共同創辦人，也是知名的樂器製作大師克羅姆林（Claude Crommelin）。克羅姆林對愛因斯坦示範了一個由蒸汽驅動的發電機，並帶愛因斯坦參觀十七世紀時讓雷文霍克（Antony van Leeuwenhoek）有驚人生物學發現、設計原始但力量驚人的顯微鏡。（雷文霍克用數百具自己製造的這類顯微鏡，在人類史上第一次發現紅血球、動物的精蟲、活的細菌，以及其他許多微生物。[8]）讓這趟博物館之行更加特殊的是，克羅姆林拿出了愛因斯坦在一九〇一年春天寫給卡末林—昂內斯教授（Professor Heike Kamerlingh-Onnes），想申請在他的實驗裡當助理的一張明信片。[9]這張卡片讓愛因斯坦一下子回到他從蘇黎世聯邦理工學院畢業的時候。當時他拚命地想在蘇黎世找一個學術界的工作，卻不可得。如今時過境遷，中間發生了多少變化！

到了十二月五日，「波特蘭號」已經離開英吉利海峽。雖然天氣越來越溫暖，雨卻下個不停，海面波濤洶湧。愛因斯坦習慣了船上的生活步調，讚美「這令人嫉妒的寧靜」。他隨身帶了一堆書籍，於是開始埋首書堆。他首先打開的是最近剛出版的佛瑞德爾（Egon Friedell）的經典文明史第三冊（也是最後一冊）。[10]愛因斯坦十分景仰佛瑞德爾的博學多聞、縝密思考，以及他美妙的文字。他也表示他要感謝他的朋友東妮·曼德爾向他介紹佛瑞德爾。愛因斯坦還讀了玻恩最近出版的關於量子力學的書，以及柯克—葛魯伯格和貝孟印第安人（Pemon Indians）一起生活多年後，蒐集而成的厚厚一冊南美印第安人傳說集。[11]

愛因斯坦在閱讀題材的選擇上令人吃驚地包羅萬象。他接下來看的是最近剛出德文譯本的「中國智慧」經典。他讀完之後坦承他完全看不懂。不過他倒是看得懂榮格（Carl Jung）的評論，只是認為這是毫無價值的「胡扯」——沒有清晰思路的空洞文字。[12]愛因斯坦下結論說，如果我們真的需要一個「心理家」（Psychaster），那就用佛洛伊德吧，他欣賞他簡潔的寫作風格，還有他也許太廣，但至少充滿原創的精神——雖然他不相信佛洛伊德的理論。

愛因斯坦在十二月六日的日記特別值得注意，因為他在這天宣布他決定放棄柏林的職位；愛因斯坦寫道，他在他的餘生都將成為一隻「遷徙的候鳥」了。雖然柏林有很多反猶太與政治的騷動，許多強烈的私人情誼與文化牽繫仍讓他對柏林有深厚的感情。他想到，現在伴隨著「波特蘭號」的海鷗將是他的新同事了，又哀傷地補充說，牠們的技巧與地理知識遠超過他。而且愛因斯坦開始讀英文，彷彿要強調他的決心。但是他下結論說：「它就是無法停留在我這古老的腦袋裡。」

「它就是無法停留在我這古老的腦袋裡。」（學習英文的感想）

海上變得波濤洶湧，而愛因斯坦很訝異人類面對大自然發怒時，是如此脆弱。由於「波特蘭號」載的貨物很少，又沒有壓艙物，因此它的推進器每幾秒鐘就會離開水面，導致引擎加速，然後又暫時完全停止，直到推進器再度沒入水中。一直到這艘船經過亞速群島的最大島，天氣才大幅好轉，讓愛因斯坦得以一整天都待在甲板上，享受「美好的陽光」。他和船上的一位官員閒聊，而且有一段時間，他突然想到一個絕佳的主意，可以讓他當時在思考的理論大有進展——當然，不久他又發現這個主意毫無價值。

十二月九日這天，愛因斯坦深入到「波特蘭號」的內部，去檢視它的機房與柴油引擎。他馬上深深喜歡聰明的輪機長，他因而經常跟他在這段旅途中作伴。相反地，愛因斯坦覺得其他為數不多的同船乘客顯得格外平凡。他認定，這船上最文雅的人應該是身材高挑的船務長。他突出的儀態讓他有稅務審查官或外交官員的氣勢。在船上只待了一星期，愛因斯坦便重拾了他在海上經常會有的滿足感，並將這感覺抒發出來：「船上的生活真是美妙。」

天氣再度變化，突然間，「波特蘭號」身處在一陣全力啟動的大西洋狂風中。滔天巨浪拍打這載重很輕的船隻，玻璃杯從餐桌上飛下來。已經有過許多海上航行經驗的愛因斯坦從來沒碰過這麼猛烈的暴風。風的怒吼震耳欲聾，所有沒固定住的東西紛紛滾落。但愛因斯坦同時覺得這風暴真是「難以形容的壯觀」，尤其是當太陽照亮翻騰的海面時。這讓他覺得完全融入在大自然裡，意識到個人的渺小——這個念頭甚至比平常更讓他振奮。

到了十二月十二日，海面終於再度歸於平靜。天氣變得溫暖，但還沒有進入熱帶氣候，飛魚出現在海上。熱帶雨雲映入眼中，讓愛因斯坦想到童書繪本《披頭散髮的彼得》（*Struwwelpeter*）裡，「飛翔的羅伯」（Flying Robert）在一次暴風雨中，被他的雨傘帶著飛到空中。[13]愛因斯坦很得意他在這次航程中成功地消掉他的大肚腩。他認為這項成果要歸功於他小心的飲食習慣，以及每天洗海水浴。他下結論說，除此之外，如此遠離人群也是他覺得極度健康的重要原因。

不過德國可悲的政治局勢始終不曾遠離愛因斯坦的心裡。他從船上的短波無線電聽到布魯寧總理（Heinrich Brüning）發布的最新緊急命令[14]，以及其他消息，認定在德國要保有私人財產將越來越困難。他認為，法國與美國加諸於德國的經濟壓力正迫使這個國家陷入某種非自願的國家資本主義（或者可以說是社會主義），而這將對這些國家帶來重大後果。愛因斯坦提到這些後果「已經開始出現了」。

巴拿馬與宏都拉斯

在一陣嚴酷的熱浪中，「波特蘭號」在十二月十七日晚上抵達了克里斯托巴，大西洋要進入巴拿馬運河的港口。當地的德國領事邀請愛因斯坦與艾爾莎，還有船長，一起到他家中用晚餐。回船上的路上，他們剛好有機會觀察克里斯托巴的夜生活。愛因斯坦很喜歡看到衣著色彩繽紛的人群在街上閒逛，也很好奇有一整排點著燈的小棚子，每個棚子前都坐著一個穿著誘人的女孩子。

在船上度過酷熱難忍的一夜後，愛因斯坦與艾爾莎再度在早上受邀上岸。搭著車子駛過極度顛簸的泥土路後，他們來到一座茂密的熱帶森林。愛因斯坦很驚嘆這裡令人驚奇的樹木和花卉、異國風情的蝴蝶，以及如此多種奇特陌生的鳥類的啁啾鳴叫。愛因斯坦與艾爾莎接著看到專人展示巴拿馬運河用電操作的最新三階段水閘。回船上的路上，他們還經過一條淺淺的河流，看到兩隻鱷魚在河上棲息。

當天下午「波特蘭號」上極度悶熱，愛因斯坦待在甲板上看著港口如一幅畫般的活動。某些陌生的鳥兒「美妙地」飛過他頭上；牠們狀似燕子，但是體型比海鷗大，有著彎曲狹長的翅膀和分叉的尾羽。遊歷豐富的輪機長也來到甲板上，和愛因斯坦閒聊當前美國的局勢。

隔天一大清早（十二月十九日），「波特蘭號」進入了運河。在它經過加通閘（Gatun lock）時，輪機長前一天拍攝、沖洗好的照片被送到船上來。天氣非常炎熱，因此愛因斯坦在船通過巴拿馬運河時，睡著了好幾個小時，錯過船脫離運河口的時刻。他醒來時已經是晚上，一陣清涼的微風在甲板上吹拂。夜晚大霧瀰漫，一輪無色的光圈圍繞著月亮。閃電在遠處無聲地劃過。這艘船已經來到它航程中的最南端。

「波特蘭號」沿著中美洲的海岸線往西航行，來到莫伊斯港（Puerto Moios），「北美一家大水果公司的香蕉港」，並在此停靠，以載運一批香蕉。愛因斯坦與艾爾莎接受了上岸的邀請，去參觀那片面積達十平方英里，據說雇用了三千五百名工人的遼闊香蕉園。陪他們參觀的是輪機長和當地一位醫師，而他們搭乘的是被改裝成可以在軌道上行駛的一輛福特汽車。這一行人首先參觀了香蕉園，然後來到一座壯觀的熱帶雨林，裡頭有「難以想像的各種豐富的形狀」。這位醫師擔任他們的導遊，對他們解釋美國人的殖民方法，宣稱這家公司為所有工人提供第一流的醫療和衛生的生活環境。愛因斯坦與艾爾莎後來遇到當地居民，他們說到最近最關心的幾件事：最新出來的，第一個人工合成的瘧疾藥物 Plasmocin；以及他們很擔憂經由土壤傳染，會感染香蕉和其他蕉類作物的恐怖巴拿馬病（Panama disease）。他們也告訴愛因斯坦與艾爾莎關於當地印第安原住民的特質，說他們的長相像愛斯基摩人，而且面臨瀕臨絕種的威脅。這裡的印第安人顯然別無選擇，要不是在香蕉園裡工作，就只能退回山裡挨餓。愛因斯坦因此認定，在熱帶地區，生存的競爭比在歐洲還要殘酷——對人類、動物和植物都是如此。所有生物都必須跟其他生物拚搏，而企業位於最上層，被渴望利潤的不知名股東所驅使。愛因斯坦想道，這還真是激勵人心的腳本啊。

十二月二十二日早上，「波特蘭號」抵達宏都拉斯通往太平洋的唯一出口豐塞卡灣（Bay of Fonseca）。它在海灣的藍色海水中，在許多綠色的火山島包圍下，靠近虎島（Isla del Tigre）之處抛下船錨。來自布萊梅的一個法國男人和一個德國女人上船來，與愛因斯坦和艾爾莎閒聊。在談話中，愛因斯坦得知這裡只有幾戶白人家庭，而所有當地人都深受瘧疾所苦，其中多數人還有梅毒。正午時，「波特蘭號」拉起船錨離開。此時，陰影處的溫度是攝氏三十六度。這艘船航向大海時，愛因斯坦在甲板上，驚喜地看著海岸上「難以言喻的如詩如畫景色」。遠處一座巨大的火山吸引了他的注意，那山頂上還盤桓著煙霧形成的雲。這座山在他們啟程很久之後都還看得見。

凌晨一點，「波特蘭號」抵達了薩爾瓦多的小港口自由港（La Libertad）。愛因斯坦在船上的事再度傳到岸上，又有一男一女表示想到船上跟愛因斯坦說話。但是當愛因斯坦得知這個男人曾在威廉二世流亡多倫（Doorn）時擔任他的祕書，便婉拒了見這對男女——艾爾莎對此很惱怒，因為她本來很期待這有趣的消遣。

這艘船再度啟程，沿著瓜地馬拉海岸往西航行，經過大陸上一連串高聳的火山。愛因斯坦很欣賞比較清涼的夜晚天氣和燦爛的夕陽，但是從德國傳來的消息仍然很讓人沮喪：位於柏林，從一八四〇年就開始製造火車頭的巨大機械工廠柏西格（Borsig）已停止支付帳款，而且處於破產邊緣。愛因斯坦覺得災難已經近在眼前。

愛因斯坦讀完了佛瑞德爾的《文明史》最後一冊，雖然這本書最後結束在一些對於精密科學的「大鳴大放的胡說八道」，但那有什麼關係？這反而讓該書其餘極優秀的部分更有趣了。愛因斯坦接著讀的是最近剛出版的《猶太人的歷史》（*History of the Jews*）。該書作者卡斯坦（Josef Kastein）主張猶太人不夠意識到自己的過去，太容易透過別人的眼睛看自己。[15]愛因斯坦雖然絕對不算是錫安主義者，卻覺得這本書很激勵人心。

十二月二十四日這天，「波特蘭號」沿著墨西哥海岸航行，雖然天氣炎熱潮濕，卻有一股清涼的微風不斷吹拂著。到了晚上，船上有個聖誕派對，甚至有亮晶晶的聖誕樹、聖誕歌，還有乘客們享受魚子醬和火雞大餐的歡樂晚宴。晚餐後，「比較好的那些乘客」被邀請到沙龍裡和船長及船上官員交際。愛因斯坦有一會兒覺得他發現了一個方法，可以從他最近的場論中推導出薛丁格的方程式——但這個主意結果還是一場空。「令人失望！」

傳統的慶祝道別晚宴在三天後舉行。船長簡短而直接的致詞贏得愛因斯坦的讚許。隔天，當他們已經在加州外海時，這艘船遇到一陣強大的暴風，掀起了愛因斯坦所見過最長的長浪。卡斯坦的著作繼續對他有很深的影響。他不解，他的猶太祖先**為什麼**會讓自己被成千上萬地屠殺，並補充說，我們永遠不應該遺忘，猶太人曾經——乃至於現在——都是「傳達宇宙訊息的主要使者」。

重訪帕沙第納

「波特蘭號」在十二月三十日深夜到達洛杉磯時，愛因斯坦發現這城市有如「燈光的海洋」，而它的港口停滿了戰艦。他曾經要求他抵達時不要有歡迎儀式，但他同意早上在船上舉行記者會。那些慣常的問題都用書寫的方式提問，他回答時，托爾曼在他旁邊擔任他的翻譯。這件雜事結束後，托爾曼開車載愛因斯坦與艾爾莎去佛萊明在帕沙第納的家，他們就在這裡度過在海上一個月後的頭幾天。由於佛萊明家是由佛萊明的姊姊主掌，因此艾爾莎請他姊姊確保愛因斯坦的食物不會辣——有鑑於他前一年在佛萊明家吃東西的經驗（參見第五章）。愛因斯坦很高興回到佛萊明有陡峭斜坡的美麗花園。他驚異地欣賞這裡各式各樣的鳥類，對盤桓空中的蜂鳥尤其著迷。

一月六日這天，愛因斯坦與艾爾莎從佛萊明的家搬到雅典娜學術聯誼會的一間套房。雅典娜學術聯誼會兼具教職員俱樂部與會議廳的功能。愛因斯坦待在帕沙第納的剩餘時間，這裡將是他們的住所，雖然根據《洛杉磯時報》記者的說法，艾爾莎比較希望像前一年那樣住在一間獨立的小屋，有花園可以照料，還有廚房可以煮食。[16]愛因斯坦在頭幾天參加了以惰性氣體的離子化及相對論熱力學為主題的研討會。他也聽到在加州理工學院的物理學家之間流傳的最新謠言：尤里（Harold Urey）和他在哥倫比亞大學的同事發現了一種氫的同位素：重氫（deuterium）。[17]

但是愛因斯坦在帕沙第納期間，占據他心思的不只有物理學而已；他在日記中提到了當時城裡有百分之十的人口失業一事。元旦這天，他和艾爾莎再度觀賞了玫瑰花車遊行競賽，其中一支樂隊特地為他們演奏一曲。這支樂隊裡有女孩子吹長號，這是愛因斯坦從來沒看過的。隔天他站在一輛花車旁接受攝影，這輛花車的主題是讚頌德國的年輕人。他對於在帕沙第納不斷遇到有人如此同情德國，又如此厭惡法國，實在感到驚訝。不過另一方面，他發現他遇到的這些人的政治觀點實在欠缺充分資訊基礎，也不成熟。

愛因斯坦很喜歡住在雅典娜學術聯誼會，因為他經常在這裡遇到他認識的來訪學者。其中包括愛因斯坦在柏林就認識的物理化學家西蒙（Franz Simon），還有愛因斯坦形容為「腦袋優秀」的維也納哲學家石里克（Moritz Schlick）。他與石里克辯論了實證主義的優點和缺點。[18]荷蘭天文學家德西特（Willem de Sitter）也是來訪學者，他與愛因斯坦合作了一篇短短的論文，導出宇宙的質量密度與其膨脹速度的關係。[19]不過愛因斯坦在找尋統一場論上的努力，沒有任何進展。他還必須處理大量的信件，而被指派給他的「纖瘦又出奇愚蠢的祕書」對完成這項任務無濟於事。

德國最近的經濟與政治事件讓愛因斯坦深感憂慮，他預料大難將臨。但同時他擔憂美國一些令人憂慮的發展。這裡的經濟蕭條更加嚴重，胡佛總統卻拒絕會見失業工人的代表團。一個工會組織者穆尼（Tom Mooney）在高度可疑的狀況下被判處謀殺罪定讞，成為被讚頌的勞工運動犧牲者，由失業工人組成的代表團不斷請求愛因斯坦去監獄裡探望他。[20]愛因斯坦先前已經答應密立根，在他待在加州理工學院期間不插手美國政治，因此很明智地拒絕「參與這些表演」。但另一方面，他寫信給加州州長，替穆尼請願。

愛因斯坦與艾爾莎在一月十日去了棕櫚泉，到安德邁爾的奢華別莊度週末。愛因斯坦一如去年，在這裡飽覽燦爛的沙漠夕陽美景。有一天，他們在棕櫚泉一家飯店吃午餐時，他喜出望外地受邀加入正在飯店裡表演的愛爾蘭弦樂三重奏。他很開心地用借來的小提琴，跟其他三位音樂家一起演奏了巴哈、莫札特、貝多芬和韓德爾的樂曲。

愛因斯坦也被引介認識棕櫚泉的一位職業靈媒。雖然我們無法得知他是否相信她真有神奇的力量，但他顯然很被她看似顯現的「天賦」所吸引：這個靈媒才剛認識艾爾莎，就能說出她很強烈地（而且痛苦地）依戀她的母親；說她有兩個女兒，一個是藍色眼睛，另一個是褐色眼睛；還說後者並不快樂，有腹部疾病。愛因斯坦描述這個靈媒是個漂亮而善良的二十四歲女人，顯得無憂無慮，勇於冒險，而且身體健康。據說她的能力很早就被陌生人發掘，現在收入非常優渥。

愛因斯坦在棕櫚泉時沒有將工作擱置一旁。他在日記裡寫下一組方程式，那是他根據他在這趟航程剛開始時發展出的場方程式，所推導得出的必然結果。這個新的結果顯然在他看來非常重要，因此他一回到帕沙第納就把它寄回柏林，給他（很想念的）「邁耶先生」。

愛因斯坦毫不費力就適應了在加州理工學院的學術生活，他聽的許多演講更反映出他廣泛的興趣。他去聽了美國前駐德國大使舒爾曼（Jacob Schurman）討論目前德國的情勢，但是他對德國政治膚淺而嘲諷的描述讓愛因斯坦深感不屑。[21]愛因斯坦也去聽了密立根關於宇宙射線的演講，而他雖然覺得這些實驗很美，卻感到困惑，並認為這個理論很弱。後來愛因斯坦有機會參觀威爾森（C. T. R. Wilson）的雲霧室（cloud chamber）。這種設備後來成為核子物理和宇宙射線研究中非常有用的工具。雲霧室讓科學家可以實際看到宇宙射線粒子在強大磁場中產生的軌跡。[22]然而，密立根的研究資料只讓對核子物理興趣不高的愛因斯坦非常困惑。一月十九日，在愛因斯坦主持、聽眾反應良好的一場座談會中，愛因斯坦討論了他目前對於統一場論的研究狀況。隔天他參觀了杜蒙的實驗室。一向懂得鑑賞精巧科學儀器的愛因斯坦，在此看到杜蒙為了判讀X光波長而建造的「棒極了」的水晶光譜儀。[23]水晶光譜儀與雲霧室在確立康普頓效應上扮演不可或缺的角色，而康普頓效應被廣泛認為是證明電磁輻射具有粒子性質的最強證據。此外，愛因斯坦有一次到凝態物理學家葛茲（Alexander Götz）的實驗室參觀時，看到金屬晶體接近熔點時會形成大複合物及呈現玻璃相的證據——這項結果與愛因斯坦的固態量子論有密切關聯。

但他也有時間追求科學之外的其他興趣。愛因斯坦喜歡坐在他的小陽台，「像隻鱷魚」一樣吸收陽光，而且每天獨自在房間裡拉他的小提琴。偶爾他會跟其他人一起演奏室內樂。愛因斯坦後來發現葛茲的太太是位優秀的鋼琴家時，跟她一起演奏了一首「非常優美的韋瓦第的奏鳴曲」，他還有一天在莉莉．佩許尼可夫於好萊塢的家裡，演奏巴哈、莫札特和舒曼的樂曲，度過美妙的一晚，感到「格外地心滿意足」。莉莉．佩許尼可夫和愛因斯坦是在前一年認識；她出生於芝加哥，因為曾在德國唸書而會說流利的德文。年輕時的莉莉・佩許尼可夫在一次大戰爆發前曾是知名小提琴獨奏家，在歐洲各地巡迴演出。莉莉・佩許尼可夫在她的回憶錄中回憶了與愛因斯坦共度的一個充滿音樂的夜晚，說他有「飛快的手指」，也讚許他優美的音色。她特別提到，當他們演奏二重奏時，連巴哈複雜的指法都沒有讓愛因斯坦慌亂。愛因斯坦與莉莉・佩許尼可夫合奏時，艾爾莎拿著她的縫紉籃子忙著。她後來解釋說，她是在修補她的舊長襪，要在他們離開帕沙第納時，送給雅典娜學術聯誼會的女傭。莉莉・佩許尼可夫問愛因斯坦關於他對婚姻的看法，他說，當他與艾爾莎結婚時，他說他會處理所有大事，而她負責處理小事；他補充說，到目前為止，他們家都只有小事。[24]

一月十七日，保羅・埃倫費斯特（Paul Ehrenfest）與塔提安娜・埃倫費斯特的二十歲女兒葛琳卡（Galinka Ehrenfest），出現在帕沙第納。愛因斯坦夫婦很高興扮演東道主的角色招待她，先帶她去看了一場木偶劇，接著去洛杉磯的一個墨西哥市場。他們都很開心看到那些無憂無慮，身上穿著五顏六色的墨西哥人群在一個現代大都會的街道上熙來攘往地閒逛——這情景讓愛因斯坦想到《失樂園》（*Paradise Lost*）。之後愛因斯坦又在莉莉・佩許尼可夫家裡享受了一個滿足的音樂之夜，演奏巴哈、莫札特和舒曼的音樂。

數學家維布倫以訪問學者的身分來到加州理工學院。[25]他在一月二十二日到愛因斯坦的套房來看他，兩人坐在小陽台上聊天。愛因斯坦對維布倫的印象是他很聰明，但有點自以為了不起。在閱讀方面，愛因斯坦轉向哲學類，開始讀奧德嘉・賈塞特的《群眾的反叛》（*The*

Revolt of the Masses）。雖然愛因斯坦覺得奧德嘉的寫作風格有些做作，但他讚揚他極有智慧，也讚許他反駁史賓格勒（Oswald Spengler）在歷史方面的荒謬看法。[26]

與前一年形成強烈對比的是，第二次來訪時，愛因斯坦不再被過度的公開活動干擾，而他非常享受在帕沙第納這樣舒適的生活方式。除了晚餐以外，其他兩餐他都在房間裡吃。他也不用公開演講，除了兩次例外：一月十八日，他在鄰近的惠提爾鎮（Whittier），由貴格派籌辦的一場解除武裝反戰會議上演說；一個星期後，他非常不甘願地，在一場盛大的加州理工宴會上致詞。

愛因斯坦也聽了歐本海默的一場演講。他在演講中討論了他僅僅根據理論基礎而認為存在的中子——跟質子同質量的中性的粒子。令人驚訝的是，就在一個月後，查德威克（James Chadwick）用一個簡單但極富巧思的實驗發現了中子。[27]理論核子物理學當時令人困惑的狀態，讓愛因斯坦不解，而且他強烈覺得這些新近的發展只導向一個死巷。當天晚上，他和艾爾莎受邀去德國領事家裡。掛在牆上的興登堡總統照片讓愛因斯坦想到梅克倫堡（Mecklenburg）一個旅店老闆的一張家族照片。他們看著這領事的小鬼們表演一齣芭蕾舞——伴隨著韓德爾的極緩板音樂。「上帝垂憐！還好他沒有目睹這些。」

一星期沒有寫日記之後，愛因斯坦在二月三日對他「被忽略的日記」生了憐憫之心，記錄下這期間的事。這整個星期天氣都又冷又陰，而且經常下雨。他和艾爾莎都為嚴寒所苦。愛因斯坦花了很多時間跟維布倫討論他的電學理論，並喃喃抱怨說像維布倫這樣的數學家是

「抓著紙筆不放的經驗主義者」。不過，愛因斯坦此時還是逐漸喜歡維布倫：他是個親切謙虛的傢伙——只要你「讓他獨自一人——而事實上他經常是獨自一人！」。前一天，愛因斯坦參與了一場小型午宴，宴會的目標是希望請一個富有的女士贊助一位名叫杜蒙（Jesse Du-Mond）的實驗室助理——根據愛因斯坦的說法是，「一個優秀的物理學家，有個漂亮的法國太太」。四天後有一場洛杉磯交響樂團的演出。愛因斯坦與艾爾莎去聆聽了由羅金斯基指揮、布洛赫（Ernst Bloch）創作的〈以色列交響曲〉，「一首棒極了的作品」。

接下來的星期天（二月七日）下了傾盆大雨，讓愛因斯坦再度有機會把日記補起來。他剛從在羅賓森（Henry Robinson）家裡舉行的午宴回來。羅賓森是個富有的銀行家，也是加州理工學院重要贊助人。胡佛總統的兒子在受邀賓客之列——「無聊的活動，但是雪茄很棒，」愛因斯坦寫道。讓當地的「大人物」們甚為不悅的是，愛因斯坦這天下午去了「黑人教堂」，參加為過世的羅森瓦德（Julius Rosenwald）舉行的紀念禮拜。羅森瓦德是位慷慨的慈善家，多年來大力倡導非裔美國人的教育。[28]愛因斯坦是該儀式的貴賓。他在簡短的致詞中呼籲種族包容與世界和平。一位猶太教拉比接著講了一段「很美的致詞」，然後所有會眾合唱一首意在促使大家自覺自身處境的解放之歌。但是在其他方面，愛因斯坦覺得這場儀式顯得「古怪地粗糙」。更讓愛因斯坦和其他人困惑的是，一位黑人教友接著唱了一首德文歌，歌曲的開頭是「願上帝保佑你」，但它其實是一首流行歌，歌詞內容主要講述兩個愛人的分離。[29]

在那之前的星期五，愛因斯坦到當地一間猶太會堂參與了一場安息日禮拜，發現雖然禱詞極度樸素，整體而言，這場禮拜卻很感人且富有詩意——尤其是迎接安息日來臨的傳統歌曲〈祝你平安〉（Shalom Aleichem）。

一月二十五日這天，愛因斯坦出席了在雅典娜學術聯誼會舉行，支持世界解除武裝的大型宴會。野心勃勃的南加州大學前校長克蘭斯密德（Rufus von Kleinsmid）講了幾個沒品味的笑話，但一位退休海軍軍官發表了一段據實描述的很棒的演講。愛因斯坦也上台致詞，但是他覺得很可惜地，他像是在對牛彈琴。整件事讓他覺得當地的有錢人會願意為了避免無聊，支持任何好的志業，而這不應該與真心的投入混為一談。他也哀嘆說，事實上就是同樣的這些人「在主導我們這個可悲的世界」。

這就是愛因斯坦坐在他陽台上的一張藤椅上，享受溫暖的加州陽光時，心裡的思緒。他望向威爾遜山，注意到前晚降下了一點雪。

在最後一次的日記裡（日期不確定），愛因斯坦記錄了他某一天在帕沙第納的活動。現在很得愛因斯坦喜歡的維布倫在早上來找他，他們一起走路去一場天文學研討會。在路上，愛因斯坦告訴維布倫，他一直試圖找資金讓邁耶和他一起來加州理工，但徒勞無功。毫不意外地，維布倫告訴愛因斯坦，在加州理工學院，要幫還沒有名氣的人找到贊助金，是很不可能的事。他們在研討會開始後才到，但還是趕上了聽威爾遜山天文台的亞當斯發表一場「精采的演說」。他在演說中描述了一種很聰明的，用光譜判斷恆星距離的方法（光譜視差法

〔spectroscopic parallax〕）：如果這顆星的質量是未知的（例如造父變星〔Cepheids〕），而它的溫度可由它的光譜估計得出，那麼它的距離可由它的視亮度（apparent brightness）推估而出。當天下午，愛因斯坦拜訪他的小提琴合奏同伴莉莉．佩許尼可夫。她突然對他一股腦兒說起前夫的故事和怪異命運。十五年前，因為他多次不忠，她與他離婚。

之後愛因斯坦又去聽了一場演說，內容是外交官舒爾曼討論日本的侵略（一九三一年九月）引發的滿洲危機。愛因斯坦覺得舒爾曼的描述很清晰理性，卻缺乏道德感──「這是一切不幸的源頭。」最後，這天結束時，一個年輕的天文學家前來拜訪愛因斯坦。他想要用實驗方法測試廣義相對論，詢問愛因斯坦的建議。愛因斯坦從他當天早上聽的亞當斯的演說得到靈感，建議這個年輕人嘗試從天狼B星的視亮度與它已知的質量，判斷它的半徑，然後說明它跟重力紅移的關聯。

從這裡開始，愛因斯坦的日記越來越稀少，只會偶爾簡短記下他在帕沙第納的一些印象。他思索說，帕沙第納似乎到處可見音樂神童，而認為這現象不曉得是否和陽光充足及小孩子早熟有關。另一方面，當地的大人讓他覺得缺乏創意，使他想到缺乏香味的花朵。

愛因斯坦將最後一段評論獻給一個他只稱為丹妮絲（Denise）的年輕帕沙第納女子。她告訴愛因斯坦，她想跟他有一段情色的冒險──因為這會為她帶來名氣。而丹妮絲在最近一次試圖誘惑他時，一直對他送上各種美味珍饈……！

* * *

在愛因斯坦與艾爾莎要離開帕沙第納返家的這一天（三月四日），他同意了接受最後一次的氣氛溫和的記者會。應付了許多慣常又多半空洞無意義的問題後，他被問到現在是否比較習慣跟記者說話了。他回答說，德國有一句諺語，意思是，任何人都能習慣被吊死。

做完這件雜事後，他和艾爾莎在洛杉磯登上「舊金山號」（MS *San Francisco*），開始他們漫長的返家航程。[30]前來送行的人包括愛因斯坦在帕沙第納時經常的同伴與翻譯托爾曼、艾普斯坦（Paul Epstein）和他的妻子、幾個德國領事館的官員，還有赫伯航運公司的人員。大小與設備都與「波特蘭號」相近的「舊金山號」往南航行，穿過巴拿馬運河，橫越大西洋，在海上二十五天後，帶著愛因斯坦與艾爾莎在漢堡安全靠岸。

注釋

1. 結果只有捷克斯洛伐克總統馬薩里克回信給愛因斯坦。而且他很周到地親筆寫信。Thomas Levenson, *Einstein in Berlin* (New York: Bantam Books, 2003), p. 410.

2. 「波特蘭號」提供歐洲與美國的太平洋岸之間的固定貨運和客運。它建造於一九二八年，長四百八十英尺，最高速度達十五節。它擁有露天的游泳池，乘客艙房設備在當時也屬奢華等級。一九四三年，它在亞速群島外海被它的船員刻意鑿沉，以免被同盟國擄獲。

3. 愛因斯坦可能知道很早以前就有人證明，歐幾里得作圖都可以單用一個圓規完成。這所謂的「馬歇羅尼作圖」（Mascheroni constructions）是分別由莫爾（Georg Mohr, 1640–1697）和馬歇羅尼（Lorenzo Mascheroni, 1750–1800）各自獨立發現。

歐幾里得在大約西元前三〇〇年提出的定理和幾何作圖（例如畫出一個等邊三角形），可能可以算是標示了數學的誕生。之後兩千三百年來，所有學數學的學生都會學到這些定理和幾何作圖。

4. 愛因斯坦在萊登時與波茲曼的學生，物理學家保羅·埃倫費斯特（1880–1933），以及他的妻子物理學家塔提安娜·埃倫費斯特（1876–1964）特別親近。這對夫妻對統計力學都有重要貢獻。

5. 維布倫（1880–1960）和巴奈許·霍夫曼（1906–1986）的理論運用到一種五維理論，這和愛因斯坦當時尋找統一場論的最新方法有關。

6. 佛克耳（1887–1972）曾是勞倫茲的學生，他最知名的成就是推導出佛克耳—普朗克方程式（Fokker–Planck equation），在宇宙學中有很重要的應用。

7. 斯梅卡爾（1895–1959）根據理論預測到拉曼效應（Raman effect）。這是拉曼光譜（Raman spectroscopy）的基礎，而拉曼光譜運用廣泛，例如可用於研究粒子的轉動和波動狀態。

8. 在雷文霍克（1632–1723）的簡單（單一透鏡）顯微鏡上，樣本岌岌可危地放在一個螺釘上，置於一片微小的手磨透鏡前。雷文霍克就用這相當原始、估計可以有五百倍放大效果的工具，發現並記錄了許多微生物。他的發現廣為流傳，對於生物學領域有極深遠的影響。

9. 一八八二年至一九二三年，卡末林—昂內斯（1853–1926）在萊登大學擔任實驗哲學教授。他是第一個將氦氣液化的人，也是超導性（superconductivity）的發現者。

10. Egon Friedell, *Kulturgeschichte der Neuzeit: Die Krisis der europäischen Seele von der schwarzen Pest bis zum Weltkrieg* [當前時代的文化史：歐洲靈魂的危機，從黑死病到世界大戰], 3 Vols. (Munich: Beck, 1927–31). 佛瑞德爾（1878–1938）是文化史學家，也是演員、酒吧表演者、散文作家、劇評家和記者。他的《文化史》被納粹列為禁書。納粹占領奧地利之後，佛瑞德爾在被捕前跳樓身亡。

11. 玻恩（1882–1970）是愛因斯坦的老友，其著作之前不久剛出版。Max Born and Pascual Jordan, *Elementare Quantenmechanik* [基礎量子力學] (Berlin: Springer, 1930).

12. 瑞士精神分析家榮格（1875–1961）宣稱他深受中國智慧影響——尤其是經由威廉（Richard Wilhelm）翻譯的《易經》和《太乙金華宗旨》德文譯本。愛因斯坦讀的是榮格在一九二九年對後者的評論。

13. 海因里希．霍夫曼（Heinrich Hoffmann）的《披頭散髮的彼得》（由馬克吐溫譯為 *Slovenly Peter*）出版於一八四四年。在那之後，幾乎所有說德文的小孩都對書中的插圖和經常近乎虐待狂的故事很熟悉。

14. 一九三〇年的國會選舉之後，納粹有了足夠的力量可以抵制威瑪議會，因此迫使首相布魯寧（1885–1970）以發布緊急命令來統治。在威瑪共和的短暫壽命裡，布魯寧是在位最久的首相（1930–1932）。

15. Josef Kastein, *Eine Geschichte der Juden* (Berlin: Ernst Rowohlt, 1931). 卡斯坦（1890–1946）是狂熱的德國錫安主義者，其書中的文字表達了他對此任務與猶太人命運的強烈信念。他在一九三五年移民巴勒斯坦。

16. *Los Angeles Times*, January 1, 1932.

17. 重氫的核子包含一個中子和一個質子，因此質量大約是一般氫（單一質子）的核子的兩倍。重氫可以在自然界中找到，在大氣中含量約是百分之零點零二。尤里（1893–1981）與他的合作者在一九三一年報告了他們的發現，而愛因斯坦於一九三二年剛到加州理工學院時，收錄他們論文的這一期《物理評論》（*Physical Review*）剛出版。尤里獲頒一九三五年諾貝爾獎。

18. 西蒙（1893–1956）後來被封為西蒙爵士，不久之後就離開了柏林，再也沒有回去，就如愛因斯坦和其他德國猶太科學家一樣。他受邀到牛津大學，在那裡研究低溫物理。他因二次大戰期間對戰爭的貢獻，受封騎士。

石里克（1882–1936）原本研讀物理學，後來成為深具影響力的哲學家，以及實證主義的倡導者。他認為所有無法被證明或推翻的陳述都是形而上的，因此也毫無意義。他是維也納學圈（Vienna Circle）的創立者。他雖然不是猶太人，但嚴厲批評希特勒。一九三六年，他在維也納大學的一個階梯上，被他以前的一名學生槍殺身亡。這個殺手被判刑確定，但在納粹占領奧地利後獲釋，加入了納粹黨。

19. Albert Einstein and Willem de Sitter, "On the Relation between the Expansion and the Mean Density of the Universe," *Proc. Nat. Acad. Sci. (USA)* 18 (1932): 223–24. 這篇論文中不確定地暗示宇宙誕生自唯一一次的大霹靂。

20. 穆尼（1882–1942）是工會組織者，也是國際工人組織（International Workers of the World, IWW）的成員。他被以明目張膽的虛偽證據判定在一九一六年的一場舊金山示威活動中，暗藏一顆炸彈。他的案子引起輿論譁然，歐洲及美國的許多知識分子和公眾人物紛紛為他請願。他們的努力終於在一九三九年成功，新當選的民主黨加州州長歐森（Culbert Olson）下令將他釋放。穆尼從監獄出來時，受到兩萬五千名支持者歡迎。

21. 舒爾曼（1854–1942）原本是哲學家，後來成為民主黨人。他和愛因斯坦一樣是到加州理工學院短暫訪問，也住在雅典娜學術聯誼會。

22. 科學家可以由電離化的粒子在磁場中的軌跡，判斷這個粒子的電荷與質量。雲霧室是愛爾蘭物理學家威爾森（1869–1959）在一九一二年發明。經過許多改良後，康普頓（1892–1962）運用它來證明所謂的康普頓效應：X光碰撞電子而散射後，波長會變長，變長的量依散射角而定。康普頓的實驗被認為提供了最強而有力的證據，證明電磁輻射可以被視為量子。威爾森和康普頓共同獲頒一九二七年諾貝爾獎。

23. 杜蒙（1892–1976）在製造儀器方面非常優秀。他最知名的成就是製造出可使X光和伽馬射線繞射的彎晶光譜儀（curved crystal spectrometer）——類似用光柵使光繞射。

24. Lili Petschnikoff, *The World at Our Feet* (New York: Vantage Press, 1968). 莉莉・佩許尼可夫出生於芝加哥，曾在柏林師事約阿希姆，於歐洲及美國演出，成為極富盛名的小提琴與中提琴家，並經常與她丈夫，大名鼎鼎的小提琴家亞歷山大・佩許尼可夫（Alexandre Petschnikoff, 1873–1949）同台。她離婚之後定居好萊塢，在愛因斯坦暫居帕沙第納期間，常與愛因斯坦一起演奏室內樂。她和艾爾莎是很親近的朋友，經常書信往返。

艾爾莎在她於一九三四年從普林斯頓寫出的一封極具洞察力的信裡，嚴厲斥責莉莉對新的納粹政權顯得同情。艾爾莎告訴她，猶太人的生活陷於如何殘酷的處境，說亞伯特正用盡所有心力對抗納粹，也說在這場正在發展、史上空前巨大的災難中，猶太人不是唯一的受害者。她提醒莉莉，她的前夫和她的朋友華爾特（Bruno Walter）及蕾曼（Lotte Lehmann）都是猶太人——她自己的孩子也是。

Letter, *Elsa Einstein to Lili Petschnikoff*, dated February 5, 1934. Image posted on ECHO (European Cultural Heritage Online), http://nausikaa2.mpiwgberlin. mpg.de/cgi-bin/toc/toc.test.cgi?dir=100_G;step=thumb.

25. 維布倫（1880–1960）對幾何學和函數理論有許多重要貢獻。他與愛因斯坦之後不久就在普林斯頓成為同事。

26. 愛因斯坦是在他們一九二三年去托雷多一日遊時（參見第三章），認識了西班牙自由派哲學家奧德嘉・賈塞特。史學家暨哲學家史賓格勒（1880–1936）提出循環的歷史理論，並提倡以國家主義為中心的社會主義。他原本是納粹的學術英雄，一九三三年反對納粹的種族政策後，遭到放逐。

27. 歐本海默（1904–1967）成為「曼哈頓計畫」主持人之前許久，已是加州大學柏克萊分校備受敬重的理論物理學家。他因為對宇宙射線和中子星（neutron star）很有興趣，因此與加州理工學院及威爾遜山天文台都往來密切。在加州理工的這場演講後不久，他就遞交了一篇論文，提出中子存在的理論。Abraham Pais, *J. Robert Oppenheimer: A Life* (Oxford: Oxford University Press, 2006), p. 26.

拉塞福的學生查德威克（1891–1974）因為他的發現，獲頒一九三四年諾貝爾物理學獎。

28. 這場紀念禮拜在史考特美以美會（Scott Methodist Episcopal Church）舉行，七百五十人參加。羅森瓦德（1862–

1932）是西爾斯羅巴克公司（Sears, Roebuck, and Company）的前董事長及部分所有人，也是該公司成功的主要功臣。他和黑人運動領袖布克・華盛頓（Booker T. Washington）是朋友，並是黑人大學塔斯基吉學院（Tuskegee Institute）的校長。他的基金會捐贈了數百萬美元，致力於慈善志業，包括在美國南部鄉下地區建造五千所羅森瓦德學校（Rosenwald School）。

29. 這首歌是〈Behüt dich Gott, es wär zu schön gewesen〉。（「願上帝保佑你。原本會如此美麗，卻非如此。」）這首歌曲最早是在一八八四年，出現於歌劇《來自薩金根的號手》（*Der Trompeter von Säckingen*），直到一九三〇年代仍廣受歡迎。

30. 「舊金山號」建造於一九二七年，和「波特蘭號」一樣是由柴油引擎驅動。它在一九四三年被它的船員刻意鑿沉，以免被同盟國俘虜。

8

牛津、帕沙第納與在歐洲的最後時光（一九三二～一九三三）

愛因斯坦回到柏林，在他位於卡普特的鄉下別墅一直待到一九三二年三月底，也很快恢復了他忙碌的學術、社交和政治生活。他出席普魯士科學院每週固定的會議，並遞交給科學院一份手稿，報告他關於找尋統一場論的最新發現。他再度參與政治活動，共同連署了一份聲明，警告德國可能演變成法西斯國家。他的臉孔出現在海報上，呼籲社會民主黨及共產黨組成一個反法西斯的陣線；但這項主張沒有實現，主要是因為共產黨認為社會民主黨是比納粹更大的威脅。

在七月的選舉中，納粹黨贏得百分之三十七的席位，成為國會中的最大黨。興登堡總統任命巴本（Franz von Papen）為總理。巴本和他大部分的內閣閣員一樣，都是普魯士貴族。結果巴本的「男爵政府」（government of the barons）解散了國會，以行政法令統治國家，並以軍隊力量迫使社會民主黨政府下台。

愛因斯坦的朋友法蘭克（Philipp Frank）在這些重大事件發生時，剛好來卡普特拜訪他，而愛因斯坦在談話中預言人民會求助於希特勒，保護他們免於「貴族與軍隊」的統治。[1]

愛因斯坦這次的政治直覺是對的：這正是威瑪共和滅亡的開始。愛因斯坦本於他成為「遷徙的候鳥」的決心，開始探詢在德國境外適合他築巢的地方。雖然他同意在接下來的冬天學期，三度回到加州理工學院訪問，但是他與密立根之間有關長期職位的協商還沒有定論。無法提供邁耶職位，仍是中間最大的阻礙。

二度暫居牛津

一九三二年四月，愛因斯坦才從帕沙第納回來兩星期，就又踏上了旅途。他到劍橋發表了幾次演講，也去找愛丁頓商議事情。之後他從這裡再去牛津，在之前住過的基督學院住下。自從他在一九三一年第一次到牛津之後，牛津大學就提供他一份研究獎學金，讓他可以獲得一年四百英鎊的津貼，還有免費住宿及用餐的權利，為期五年。此時似乎正是利用這份獎學金的好時機。

愛因斯坦必定很期待見到他愛好音樂的朋友，德內克一家人。瑪格麗特毫不浪費時間地立刻跟他連絡。四月三十日這天，她拿著一大束花園裡摘的花，來到基督學院，把這束花和一張給愛因斯坦的紙條交給學院的門房。兩分鐘後，門房帶著「微笑的表情和心知肚明的眼神」再度出現，走下階梯，因為他後面就緊跟著愛因斯坦，而愛因斯坦正一邊讀瑪格麗特的紙條，一邊抓著後腦勺。根據瑪格麗特的描述，他飛揚的灰白頭髮比前一年長了些。他熱切地跟她握手，問候大家是否都好。瑪格麗特告訴他，瑪麗．索達特和其他四重奏的成員會在五月四日抵達，並邀請他第二天晚上到位於甘菲德的德內克家吃飯。

包括以上描述在內的許多瑣事之所以能流傳下來，是因為瑪格麗特．德內克習慣在每次跟愛因斯坦見面後不久，就在一本筆記本裡記錄所有經過。她會近乎一字不漏地用完美的德文記下他的話，然後用英文寫下自己的想法。接下來那些摘錄自她筆記的文字，顯示了愛因斯坦在德內克家人面前有多自在。[2]

五月一日早晨雖然陽光燦爛，但是到了下午，德內克姊妹，海倫娜和瑪格麗特去接他們的晚餐客人時，卻下起雨來。愛因斯坦說，如果海倫娜不會生氣的話，他比較想走路去，因此瑪格麗特陪他走在人行道上，海倫娜開車在後面跟著。他告訴瑪格麗特說他對在牛津街上看到的各式各樣的人多感興趣，也說他們和他家鄉的人大不相同。愛因斯坦知道瑪格麗特最近去過蘭巴倫（Lambaréné，今西非加彭），到史懷哲（Albert Schweitzer）的醫院拜訪他，因為他收到她從那裡寄出的明信片。他問她史懷哲是不是和平主義者，瑪格麗特雖然無法回答這個問題，但她告訴愛因斯坦，她所認識的最堅決的和平主義者是小提琴家布許——這件事讓愛因斯坦極為好奇。到達甘菲德後，瑪格麗特和海倫娜給他看，她們幫他借的小提琴。他把它從樂器盒裡拿出來，試了一下，然後宣布這是他所拿過最糟的樂器。他宣稱這把小提琴「徹底沙啞」，但仍提議如果瑪格麗特願意很輕地彈鋼琴伴奏，他們還是可以演奏一點莫札特。演奏了幾首莫札特的奏鳴曲後，愛因斯坦說：「嗯，這聲音不是很美，但你還是無法扼殺莫札特——當中的美實在太豐富了！」

「嗯，這聲音不是很美，但你還是無法扼殺莫札特——當中的美實在太豐富了！」

愛因斯坦後來還有好幾次到德內克家裡吃飯並一起演奏音樂，包括五月十二日這天。這天也是下雨，愛因斯坦再度選擇走路到甘菲德，大約兩英里路程。他撐著雨傘，穿著一件很大的橡膠雨衣，戴著他黑色的陳舊毛帽。其他人提到史懷哲著名的有關巴哈的著作時，愛因斯坦說，他沒有讀過這本書，而且大致上他沒有興趣討論藝術——他愛的是藝術的熱情。瑪格麗特提到她的家庭並不富有，但他們總是生活簡樸，而能營造出富有的感覺，也因此有能力對別人付出。愛因斯坦同意說，這才是真正的自由；當你發現你不為自己慾求任何東西，也不在乎社會地位這類事情時，你才是真正的人。不過愛因斯坦也說，要達到真實的自由，經濟上的獨立是不可或缺的，因為你不可能內心自由，卻在生活上必須受他人奴役。愛因斯坦說，他很滿足能在這樣艱難的時刻改變生活環境。柏林現在是很令人沮喪的地方，但是當你身在不同的地方，就能以非常不同的眼光看待世界。

這段對話被記錄成日記，而愛因斯坦還提到他在最近一次的美國之旅中也寫日記，但是他最有趣的經歷卻都沒有寫下來。他戰時在柏林的經驗可以寫成很有意義的書，但是如果你沒有在事情發生的時候立刻寫下來，細節就會被遺忘了。瑪格麗特問愛因斯坦願不願意賺二十六英鎊，為記念瑪格麗特的父親菲利普．莫里斯．德內克（Philip Maurice Deneke）的德內克講座（Deneke Lecture）發表一場演講，但她規定當中不能有數學。愛因斯坦回答說，他永遠不會想要演講。公開說幾句話還勉強可以忍受，但之後得堅持奉行說出與寫下的話，卻是最討厭的部分。（不過他確實同意做這場演講。）

接著瑪格麗特給愛因斯坦看一把別人想以四十英鎊出售的小提琴。愛因斯坦急切地試了一下，但建議她不要買，因為它的音色很不平均。「他反而建議我用二十五馬克買一把便宜的琴，然後給幫他整修過一把琴的師傅上漆，切掉一些小地方等等，來改善它的音色。他沒有其他的小提琴，但他在加州看過古老的義大利小提琴——很有力量卻又很敏銳。他『整修』過的便宜琴的木頭非常薄，聲音很乾淨——當然比不上義大利的琴，整修花了他兩百馬克，而那把琴只要二十馬克。」[3]

活潑而話題廣泛的對話持續到晚餐時。之後，這四位弦樂手拉了好幾首莫札特和海頓的四重奏，然後瑪格麗特加入，演奏布拉姆斯的鋼琴五重奏，作品34。這首曲子很不容易，因此愛因斯坦抱怨他得計算好多休息的小節，又經常得假裝在拉，讓他覺得自己快要變成銀行家了。他們結束演奏時，已經是晚上十一點二十分，愛因斯坦突然想到學院的大門快鎖起來了。瑪格麗特趕緊打電話給基督學院的門房，說服他晚一點關門，海倫娜則趕緊開車載愛因斯坦回家。

＊　＊　＊

幾個星期前，愛因斯坦還在加州理工學院時，曾和教育家佛萊斯納有過一段有趣的閒談。這段對話雖然沒有在他的日記裡提及，結果卻深深影響他的命運。一個慈善基金會先前委託佛萊斯納創立一所新的研究機構，可以讓各個領域的學者專心研究，不必被教課及行政的職責分散心力。[4]曾在紐約短暫見過愛因斯坦的佛萊斯納來到加州理工學院，跟密立根討論這項計畫，而密立根介紹他去找愛因斯坦，說他是對大膽創新的教育方式很有興趣的人。佛萊斯納到雅典娜學術聯誼會拜訪愛因斯坦，彼此進行很長的對話後，同意在四月，等愛因斯坦在牛津時再度碰面。

佛萊斯納一到牛津，便去基督學院找愛因斯坦。兩人在學院的草地上一邊漫步，一邊聊天。聊完之後，佛萊斯納提供了愛因斯坦在即將誕生的高等研究院中的職位。愛因斯坦要求多點時間仔細考慮，因為他不是很想離開歐洲。

愛因斯坦在六月離開牛津，回到德國，在他的卡普特避暑小屋度過剩餘的夏天。夏末，佛萊斯納來這裡找他。隨著威瑪共和已在垂死邊緣，愛因斯坦於是接受了佛萊斯納的提議，承諾在一九三三年的秋天接任新職。[5]因此，當一九三三年一月發生國家社會主義革命時，他已經做好了移民美國的準備。

愛因斯坦為了準備於十二月三度前往帕沙第納，到柏林的美國領事館申請短期簽證——

之前幾次都是由他的旅行社人員辦理。簽證最後是發出了，但是在此之前，愛因斯坦因為他曖昧不明的政治關聯及他的和平主義立場受到嚴厲的質問，氣呼呼地走出領事館。[6]

再度出海

法蘭克描述過，愛因斯坦在最後一次踏上橫越大西洋的旅途前發生的一件事。愛因斯坦鎖上他們位於卡普特的家時，叫艾爾莎好好看一眼他們的別墅，因為她將再也看不到它了。但艾爾莎覺得他的警告實在很傻。[7]

計畫三度造訪帕沙第納時，愛因斯坦又選擇比較長的海上航程：他和艾爾莎將從布萊梅港，經由巴拿馬運河，直接到達洛杉磯——避開紐約。愛因斯坦的朋友暨醫生，柏林的一位富有名醫普萊西（Janos Plesch）到卡普特接這對夫妻，載他們到柏林的主要火車站雷爾特車站（Lehrter Bahnhof）。一群朋友已經聚集在這裡要幫他們送行。愛因斯坦與艾爾莎在道別後，搭上了往布萊梅的火車。和去年一樣，赫伯航運公司的代表，愛因斯坦小時候的同學蓋斯勒先生也在火車站迎接他們，護送他們到「奧克蘭號」（MS *Oakland*）停泊的碼頭。這艘船才三年，與前一年的「波特蘭號」大小相近（六千五百噸）。[8]愛因斯坦夫婦帶了好幾箱的書上船，幾乎都是非科學的、文學性質的書，而且多是最近出版的厚書——這是一位愛追根究底的《紐約時報》記者提供的資料。[9]

愛因斯坦在啟程這天（一九三二年十二月十日）就開始寫他最後一本旅行日記，但是他只維持了一星期。愛因斯坦與艾爾莎一上船，便被帶去他們位於上甲板的漂亮艙房。而他們更驚喜地發現這艘船的船醫和他們的服務員，都是上次航程就認識的。「奧克蘭號」在下午四點離開碼頭，沿著威悉河（Weser River）進入北海時，天氣寒冷而平靜。它沿著荷蘭海岸往西航行，隔天晚上抵達通往安特衛普內港的水閘。

這天（十二月十二日）早上，住在列日附近的愛因斯坦的舅舅和舅媽，西薩・柯克和蘇珊娜・柯克上船來看愛因斯坦與艾爾莎。他們很高興再度見到這些談得來的親戚。大家於是互相交換訊息，回憶過往。柯克夫婦不是愛因斯坦唯一的訪客，因為到了晚上，理論物理學家朗之萬（Paul Langevin）也出現。愛因斯坦很久以前就認識且很仰慕「了不起的」朗之萬，因為他不但是科學家，也是與他志同道合的和平主義者。這一次朗之萬是來跟愛因斯坦商議歐洲各國知名學術分子的圈子要如何有效推展國際性的目標。[10]到了隔天下午，所有訪客都離開了船上，愛因斯坦獨自在甲板上，看著安特衛普港口熙來攘往的忙亂活動。在他看來，這裡似乎比前一年顯著繁忙許多。

「奧克蘭號」除了是載客郵輪，也是貨船，因此在它裝貨時，愛因斯坦開始讀他旅途中帶的大批書籍。他讀了跟他有私交的經濟社會學家奧本海默新出版的一本小冊子。這本名為《非此，亦非此》（*Neither Thus, Nor Thus*）的小冊子駁斥受苦的人類只能選擇伴隨不平等的個人自由，或選擇摧毀個人自由的平等。他的小冊子提供只有靠團結才能達成的「第三條路」。[11]這對愛因斯坦影響深遠，因為這本冊子寫得令人驚嘆地清晰而不做作，並包含了大量的事實。

物理學是愛因斯坦接下來要處理的事。他把他的心力集中在粒子的波動上；更確切地說，他想要用較簡單的方程式取代狄拉克的相對論性波動方程式。他無法接受狄拉克缺乏對稱性的旋量，以及用實證結果為基礎引入質量常數——即使在他看來這似乎是無可避免的。[12]

到了十二月十四日，「奧克蘭號」裝完了貨，在潮濕多霧的天氣裡離開碼頭。它穿過通往須耳德河（Schelde River）的水閘後，霧變得更濃，以致於它不得不在河裡下錨過夜。隔天早上，霧已散去，「奧克蘭號」繼續順著須耳德河往下，進入英吉利海峽，隔天經過威特島。愛因斯坦很高興地發現這艘船的船長來自巴登（Baden），而他與艾爾莎出身自德國同樣的區域，而且船長還是個理性又思想開明的人。愛因斯坦和這位船長後來有好幾次有趣的對話。「奧克蘭號」載的大部分為鋼筋的貨物遠多於前一年的「波特蘭號」，頭等艙乘客也比較多（十四人）。這都讓愛因斯坦認為經濟危機可能正在減緩。但是從德國傳來的消息依舊令人沮喪：施萊謝爾（Kurt von Schleicher）在巴本之後繼任首相，公開表示贊成重新武裝——「老是同樣的流氓，」愛因斯坦評論道。[13]

「老是同樣的流氓。」（對德國政治圈的評論）

令人意外的是，在威瑪共和滅亡前騷動不安的幾週裡，愛因斯坦只在日記裡寫過這唯一一次的政治評論。從去年七月的國會選舉之後，愛因斯坦似乎已經認定了希特勒和納粹一定會獲得政權。他很快就會發現自己陷入兩相矛盾的身分，在加州是備受敬重的德國科學家，在家鄉卻是飽受污蔑的猶太人。讓這衝突更加明顯的是，愛因斯坦在帕沙第納的暫居，是由一個目標在促進美德兩國友好關係的基金會贊助！[14]

愛因斯坦與艾爾莎在「奧克蘭號」上都為胃痛所苦，雖然他們都對船上的飲食讚不絕口。愛因斯坦從閱讀安徒生的「美麗童話故事」得到慰藉，即使在他看來，安徒生的故事缺乏真正的民間傳說具有的偉大理念。在愛因斯坦眼中，安徒生處理的大多是乏味的瑣事，而籠罩十九世紀的「對貧窮的濫情美化」，也在他的故事中扮演重要角色。不過愛因斯坦還是肯定安徒生是個靈感豐富的詩人，那個中國夜鷹的故事（〈夜鷹〉）則是他的最愛。

在海上四天後，天氣終於變得晴朗。愛因斯坦讀了很有影響力的荷蘭數學家凡得瓦登（Van der Waerden）剛出版的關於抽象代數的書，對其中的巧妙極為佩服。[15]玻恩有關量子力學的論文也在他的閱讀清單之列，跟上次航程時一樣，但是它對量子力學的統計詮釋——玻恩與他之間長久以來的爭執焦點——還是讓愛因斯坦覺得「不自然」。

再次回到帕沙第納

前述的評論是在十二月十八日寫下，在那之後愛因斯坦有六個星期都沒有寫旅行日記。當他再度拿起日記時，他和艾爾莎已經在帕沙第納安頓好，而他也已經完全沉浸於他在那裡時一如往常，充滿學術、政治與音樂的生活。因此我們必須從他日記之外的資料來源，例如當時的報紙報導，才能了解他在這六星期空檔中的活動。

一九三三年一月九日，「奧克蘭號」在洛杉磯下錨，多虧了漢堡美洲航運公司的地區經理幫忙，愛因斯坦、艾爾莎和他們的三十件行李很快就通過了檢疫和海關。在岸上等候的歡迎代表團包括愛因斯坦的同事與翻譯托爾曼，以及密立根、佛萊明、當地的德國領事和其他數人。在接下來的記者會上，愛因斯坦表示支持托爾曼的脈動宇宙理論，也就是認為宇宙會持續擴張，直到重力導致它收縮，最後甚至崩塌，然後引發下一次大霹靂（參見第五章）。被問到宇宙射線的性質時，愛因斯坦轉請密立根回答，密立根大膽預測，他持續進行的實驗一年內就會揭露宇宙射線的性質和來源。對於所有關於他自己研究的問題，愛因斯坦都含糊應付，卻特別詳述他認為應該減少機器的製造，以減緩資方與勞工間的衝突，因為他認為失業率上升可歸咎於機器。他認為動力化的機械造成勞動力過剩，是當前經濟蕭條的主要因素——這是奧本海默在《非此，亦非此》中採取的立場，同時讓人回想到十九世紀英國反機械化的盧德派工人（Luddites）。

記者會後，愛因斯坦與艾爾莎被接到現在他們已經很熟悉的雅典娜學術聯誼會，而他們在這裡的奢華住所已經準備好了。他們接下來兩個月將暫住的套房，包括有一間餐廳、一間客廳和兩間臥室。當中還包括了一個露天陽台，隔天就有人看到愛因斯坦坐在這裡好幾個小時，抽著煙斗，看一本書。艾爾莎和她的朋友莉莉．佩許尼可夫去採買。她回來時，特別拿了一打加州柳橙給她先生看。

愛因斯坦抵達洛杉磯這天，已經同意參加一場由南加州各大學的學生們組織的大型聚會。這場名為「美國與世界局勢」的座談會主題是要談論世界性的經濟蕭條。這場在一月二十二日舉行的活動，吸引了七千人湧進帕沙第納的市民會堂（Civic Auditorium），並由國家廣播公司對全國播送。除了愛因斯坦之外，其他主要講者還有銀行家暨經濟學家羅賓森，以及歷史學家門羅（Henry Munro）。這三位學者提出的救經濟的方法在今天聽起來似乎不太務實：羅賓森認為要靠消除恐懼來終結世界大蕭條，門羅則認為解決方法是暫停政治算計，並請求國會至少有受苦民眾展現出的常識的一半。最後愛因斯坦將大蕭條歸咎於新機器的使用不斷增加：這使工業越來越有效率，導致失業率上升，以及購買力下降。[16]

結束了這項最公開的活動後，愛因斯坦恢復了幾乎每天寫日記，讓我們得以一瞥他在帕沙第納的每天例行公事。

一月二十八日這天，愛因斯坦算出了幾個以旋量表達的電磁場方程式的解。（旋量是有複數分量的向量。旋量在理論物理學上十分有用，尤其是處理本質上具有特定角動量——也就是具有自旋——的粒子時。）星期天，他和艾爾莎到莉莉．佩許尼可夫位於好萊塢的家裡拜訪她，愛因斯坦在此演奏了音樂。星期一，他和知名的猶太人權益擁護者馬克法官（Julian Mack）共進午餐，跟他一起討論錫安主義的各個議題。晚上他與辛克萊一起去聽一個年輕記者有關當代俄羅斯的演講。

隔天早上，愛因斯坦拜訪天文學家聖約翰。他正為心臟疾病所苦，但仍設法「保有自由的靈魂」。到了下午，愛因斯坦發表了第二場演講，討論「半向量」（semi-vector），並表示他認為這比狄拉克和鮑立所用的旋量「自然」。小提琴家克萊斯勒此時正好到洛杉磯，他在當晚音樂會上所詮釋的塔悌尼（Tartini）的〈魔鬼的顫音奏鳴曲〉（Devil's Trill Sonata）讓愛因斯坦尤其驚豔。在星期三早上天文學研討會的一場演說中，愛因斯坦聽到一種用來製造繞射光柵的最新、最精準的刻線機。光柵是物理學家和天文學家都很需要的高解析光譜儀的關鍵構成部分：每一英寸中的線越多，這個光柵的光譜解析度越高。這天下午和晚上，愛因斯坦都安靜地在房間裡度過。他也發牢騷說德國領事斯特魯維（Gustav Struve）一直纏著他，要他參加一場促進國際理解的宴會。

愛因斯坦與艾爾莎在沙漠度過接下來的週末，這次是在赫胥（Alfred Hirsch）家作客。他們被接到赫胥家位於棕櫚泉的莊園，在此被引介認識舊金山交響樂團的前指揮赫胥，愛因斯坦眼中「一個開朗善良的人」。他和艾爾莎在星期天與他們一起開車出遊，深入山中，還到了一個古老的石壁遺跡，上面有早期美洲印第安原住民所刻的繪畫文字。這裡很可能是安德斯峽谷（Andreas Canyon）風景區。他們也被帶去看一個湖泊。愛因斯坦記不得湖的名字，但幾乎可以確定應該是由渠道裂縫流出而形成的遼闊鹹水湖索爾頓海（Salton Sea）——沙漠當中的一片內陸海。星期天一大早（二月六日），赫胥開車載愛因斯坦與艾爾莎回到帕沙第納。

同一天，年輕的理論物理學家歐本海默到雅典娜學術聯誼會來跟愛因斯坦聊天。但如果愛因斯坦認為歐本海默才華傑出，他也沒有在日記中提及。愛因斯坦接著聽了物理化學家鮑林（Linus Pauling）的一場演講。他是最早在分子的研究中運用量子力學的人之一。在這次演講中，他提出苯環的電子結構。[17]到了晚上，愛因斯坦與艾爾莎再度在辛克萊的家裡用餐。他們似乎跟辛克萊變得很親近。

星期二這天，愛因斯坦和托爾曼一起工作，並參觀了朗格（Rudolph Langer）的實驗室，看到用來觀察宇宙射線粒子及判斷其質量和電荷的最新實驗設備（雲霧室和磁鐵）。這天晚上，愛因斯坦與艾爾莎再度在卓別林家吃飯，而愛因斯坦和其他兩位音樂家，以及卓別林，一起拉莫札特的弦樂四重奏。（這可能是愛因斯坦唯一一次跟左撇子小提琴手合奏。）愛因斯坦還觀察到賓客中有一位胖女士，她的職業就是與名人交好。

愛因斯坦把星期三早上都用來趕進度，回覆他大量的信件。之後他與在加州理工學院任職，當時美國最重要的遺傳學家摩根（Thomas Morgan）見面。兩人討論了如何籌組一個科學研究機構，以及基金會扮演的角色——他們心裡想的可能就是正在孕育中的普林斯頓高等研究院。愛因斯坦也與氣體力學理論先驅卡門（Theodore von Kármán），以及加州理工學院另一位傑出教授鮑林短暫見面。[18]

這天晚上，愛因斯坦與艾爾莎再度前往辛克萊家裡，整晚討論當前經濟局勢和其他許多話題。愛因斯坦對經濟理論越來越有興趣，因此讀了費雪（Irving Fisher）關於債務通縮的最新著作，並且隔天就去拜訪了作者。[19]費雪在他的書裡把當前的經濟危機歸咎於過度舉債，但是他沒有更進一步分析，所以愛因斯坦問他，那些過度的債是從哪裡來的。

週五回到物理學世界後，愛因斯坦聽了劍橋來訪的理論物理學家福勒（Ralph Fowler）演講，主題是關於在拉塞福（Ernest Rutherford）實驗室持續進行的核子物理研究。[20]隔天愛因斯坦對艾普斯坦、托爾曼和少數幾個人舉行了一個非正式座談會，報告他最新的研究成果：一個關於地磁學的理論——但是在仔細檢驗之下，這個理論就站不住腳了。這天下午和晚上，他與一位來自加州大學的霍夫曼博士（Dr. Hoffman）一起度過。霍夫曼堅持研究基金只能靠向有錢人懇求贊助——然後試圖要愛因斯坦幫忙達到這個目的。

愛因斯坦接下來的一個星期大致循著相同的模式，這提供了更多證據，顯示他有學術好奇心的領域之廣。二月十二日星期天這天，他和艾爾莎去聽了由華爾特（Bruno Walter）擔任洛杉磯愛樂客席指揮的音樂會，演奏華格納的作品。之後有一場為巴勒斯坦的猶太工人舉辦的慈善晚宴，愛因斯坦難得地認為會場上的幾項致詞都很棒。在這場活動的最後，愛因斯坦以每張七十美元的代價，「零售」他的親筆簽名照。

在同樣這個星期，愛因斯坦還聽了前德國外交部長庫曼（Richard von Kühlmann）的一場演講，談論德國的外交政策。愛因斯坦認為他的描述很聰明也很客觀——有點太客觀——而講者太漠然。之後兩人在午餐時，有一段有趣的對話。在每週一次的理論物理學座談會上，愛因斯坦聽到針對愛丁頓最新理論的檢視。這天晚上，他出席了犯罪學學會（Criminal

Society）的晚餐聚會，會中討論的是真正與非真正雙生（同卵雙生與異卵雙生？）的區別。隔天早上，愛因斯坦寫下他自己的研究結果，寄去給邁耶。下午他與一個和平主義團體商討當前的政治局勢。他的這一天結束於在某人家裡用餐，餐後愛因斯坦還用一把借來的很棒的小提琴，參與演奏室內樂。第二天，他又去了一次威爾遜山天文台。他在這裡看到巴布科克（Horace Babcock）最新發明的，可製造高解析度繞射光柵，用以記錄星光（及太陽光）光譜的刻線機。

愛因斯坦在他的旅行日記裡記錄了以上等等的類似活動，即使內容很簡短。不過二月十六日之後，他就把旅行日記完全擱到一邊。很令人意外地，這時期在德國發生的許多重大事件，完全沒有出現在他的日記裡：一九三三年一月三十日，希特勒被任命為首相，很快掌握了完全的政權。國家社會主義的革命已然開始，隨之而來的是對政敵與猶太人的殘酷迫害。

愛因斯坦在帕沙第納剩餘的四週暫居時間仍遵循同樣的步調。他和艾爾莎在二月二十六日的週末再度到安德邁爾位於棕櫚泉的家裡作客，愛因斯坦像過去一樣極為欣賞沙漠的陽光。安德邁爾提議星期一早上用飛機載他和艾爾莎回洛杉磯，但他們還是選擇腳踏實地，搭汽車回到帕沙第納。

三月二日這天，愛因斯坦整個下午都在雕塑家史懷葛特（Frederick Schweigardt）位於好萊塢的家裡，讓他用黏土雕塑出他的樣子，之後再翻成銅模。史懷葛特曾師事羅丹（Auguste Rodin），一九三〇年移民美國。他出生於洛赫（Lorch），屬於斯瓦比亞地區，距離愛因斯坦與艾爾莎家族的老家不遠。根據一篇新聞報導，整個下午，在工作進行時，艾爾莎都和這位藝術家及自己的先生「口若懸河地聊個不停」。[21]

返回歐洲

三月十日星期五，愛因斯坦離開帕沙第納的前一天，在雅典娜學術聯誼會舉行了一場記者會，宣布他決定不回柏林。他說，從現在開始，他只願意住在確保「所有公民都享有政治自由、包容和法律地位平等」的國家。他也確認了他打算從十月開始到一九三四年三月待在普林斯頓，以及他將加入一間很棒的新的理論研究機構。托爾曼坐在愛因斯坦的右手邊，協助他用英文回答提問，但是愛因斯坦的英文已經大有進步，幾乎不太需要他的幫忙。

星期六晚上，愛因斯坦與艾爾莎搭上聖塔菲鐵路（Santa Fe Railroad）的「加州特快車」前往芝加哥。艾爾莎穿著有毛滾邊的新大衣，胸口別著鈴蘭花，愛因斯坦則抱著他的小提琴，跟許多好意來火車站送他們的人道別，其中包括哈伯、托爾曼、卡門、艾普斯坦，他們的家人，另外還有德國領事斯特魯維。他給了愛因斯坦某種外交旅行證件。[22]

愛因斯坦與艾爾莎在星期二早晨抵達芝加哥，接著立刻被送到城裡會員限定的標準俱樂部（Standard Club）。愛因斯坦再度與一個促進和平的團體代表，以及著名的勞工與刑事律師達洛（Clarence Darrow）見面商議。中午時有一場公開的慈善餐會，慶祝愛因斯坦五十四歲生日，並為耶路撒冷的希伯來大學募款。這項眾星雲集的活動匯集了芝加哥最顯赫的達官顯要，由物理學家康普頓主持。到了下午三點，活動的貴賓和他太太再度上了火車，這次是前往紐約。他們在隔天抵達。愛因斯坦夫婦前一次到訪紐約時就認識的德國領事史瓦茲在奧爾巴尼（Albany）上了火車，護送他們到紐約中央車站。在愛因斯坦懇切的要求下，他們沒有在此舉辦正式的接待會。

愛因斯坦與艾爾莎從火車站被接往海軍准將飯店（Hotel Commodore），當天晚上在此又有活動慶祝愛因斯坦的生日。一千名賓客出席了慶祝宴會，幫忙募款贊助希伯來大學，以及由藍道（Jacob Landau）擔任理事長的國際新聞機構猶太電訊社（Jewish Telegraphic Agency）。晚餐時，在棕櫚泉招待過愛因斯坦的安德邁爾朗讀了他為這個場合所作的一首詩，愛因斯坦也發表了完全避開政治議題的致詞，顯示他已經成為講陳腔濫調的大師。《紐約時報》刊登了他的致詞全文，其他主要來賓也都上台致詞，包括卡爾·康普頓（Karl Compton，物理學家康普頓的兄弟）、麻省理工學院校長，以及講述近幾年有關宇宙重大發現的天文學家謝普利（Harlow Shapley）。

兩天後（三月十七日），在一場由和平主義團體舉辦的接待會上，愛因斯坦呼籲國際社會對希特勒主義發動「道德干預」——因為他擔憂直接反德國的干涉會帶來危害。在這一連串旋風似的活動中，他還是找到時間在藍道剛出生兒子的割禮中，擔任教父的角色——《紐約時報》對此扭捏地報導為「在新生兒出生第八日時，根據猶太傳統進行的入教儀式」。之後愛因斯坦與艾爾莎前往普林斯頓，跟即將與愛因斯坦在高等研究院成為同事的維布倫共進午餐。愛因斯坦夫婦也和普林斯頓大學校長艾森哈特（Luther Eisenhart）見面。他帶了愛因斯坦夫婦去看他們將在秋天使用的，位於法恩大樓（Fine Hall）的暫時辦公室。艾森哈特與他太太接著開車載這對夫婦到普林斯頓各處，對他們介紹這城市有哪些住宅區。

愛因斯坦與艾爾莎沒有如原定計畫，搭乘赫伯航運公司的「德意志號」返回德國，而是定了三月十八日出發，到安特衛普的紅星航運公司的「比利時號」——一九三〇年時載他們第一次到帕沙第納的那艘郵輪。大約一百位年紀從十五歲到七十五歲不等，代表好幾個和平組織的婦女，在「比利時號」上等待愛因斯坦，在他抵達時鼓掌喝采歡迎他。他同意等他在艙房安頓好之後，在船上的會客室和她們見面。等他回來時，一場臨時的座談會隨即展開。他在會中回答了許多問題，也做了一些很引人注意的宣示：他說沒有武裝的國家永遠不會被其他國家攻擊，以及美國和日本發生衝突的可能性並不需要嚴重看待。之後他就把自己鎖在艙房裡，直到所有訪客都上岸之後才出來。「比利時號」離開碼頭時，他回到甲板上，對著岸上鼓掌的婦女們微笑揮手。

在哈佛港（Le Havre）短暫停留後，「比利時號」在三月二十八日抵達了安特衛普。該市市長到船上來歡迎愛因斯坦與艾爾莎，他們走下舷梯時，大批人群歡呼：「愛因斯坦萬歲！」愛因斯坦被問到對近來德國發生的事件有何看法時，他說當前反猶太勢力高漲，是因為情緒戰勝了理智，並重申他決心只要「這種病態的情形」持續下去，他就不會返回德國。

在歐洲的最後時光

在愛因斯坦與艾爾莎搭乘「比利時號」，花了十天返家的路上（一九三三年三月十八日至二十八日），德國發生了許多影響深遠的事件。國會大廈被放火燒毀後，新上任的宣傳部長戈培爾在霍亨索倫王朝（Hohenzollern dynasty）的堡壘波茨坦，籌辦了一場盛大的軍事展示。在被稱為波茨坦日（Day of Potsdam）的三月二十一日，進行了一連串儀式，用意都在將希特勒描繪成這個君主體制順理成章的接班人。希特勒就在腓特烈大帝埋葬的波茨坦的教堂裡，站在八十六歲的興登堡旁邊，以極度誇張的姿態，宣告國會開議。獲得必要的保守黨派支持後，國會兩天後通過了授權法（Ermächtigungsgesetz），只有占九十四席的社會民主黨代表表示反對。[23]這項授權法剝奪了國會的立法權，將獨裁權力完全賦予政府——事實上就是希特勒個人。這天各項慶祝活動中，最後一項是在國家歌劇院為元首特地演出的《紐倫堡的名歌手》（*Die Meistersinger von Nürnberg*）。

愛因斯坦此刻——在旅途的終點——發現自己成了自願被從出生地放逐的流亡人士，很快就面對問題積極應付。「比利時號」在三月二十八日抵達安特衛普，愛因斯坦雇了一輛計程車載他從港口到布魯塞爾。他去了當地的德國領事館，交出他的德國護照，並拋棄他的普魯士公民身分。同一天，他寫了辭職信給普魯士科學院，表示他很感激過去十九年來學術上的刺激，以及與科學院院士的美好私人情誼，但告知科學院他無法忍受在當前的處境下，為普魯士政府工作。這封信在兩天後抵達時，根據勞厄的說法，主掌科學院的政府官員極為憤怒，因為這破壞了他們對付愛因斯坦的計畫。納粹政府才掌權不過幾天，就指示普魯士學會準備對愛因斯坦展開正式的懲戒程序，正足以顯示納粹有多麼厭惡愛因斯坦！[24]

愛因斯坦此刻沒了工作，他的家被洗劫一空，他的銀行帳戶和財產也被沒收，但他絕非走投無路。他在比利時上岸，而他在這裡有許多朋友，而且不久牛津、巴黎和馬德里都提供他教授的職位。他一向習慣把在海外賺的錢存在外國銀行，因此此時他得以在比利時的度假小鎮勒考克鎮（Le Coq sur Mer）租一間簡樸的度假小屋。愛因斯坦與艾爾莎安頓在這間隱藏於沙丘之間的小屋後不久，他們的兩個不可或缺的同伴，邁耶和杜卡絲，也搬了過來。

愛因斯坦將前往英國的計畫延後了幾天，好去探望因病情加重而住進伯格赫茲利診所的小兒子愛德華。這將是愛因斯坦最後一次見到他。愛因斯坦之後從蘇黎世直接前往牛津，在一九三三年六月一日抵達。愛因斯坦特別在此與拉塞福和林德曼商量，因為他們最近剛去過德國一趟，以了解猶太學者在納粹政權下遭遇的悲慘厄運，並設法延攬了幾位最優秀的物理學家到克拉倫登實驗室（Clarendon Laboratory）。愛因斯坦和以前一樣暫住基督學院，在此準備了他赫赫有名、用英文發表的赫伯特·史賓塞講座（Herbert Spencer Lecture）演講。

回到勒考克鎮不久，愛因斯坦再度捲入政治糾紛。他多年來堅決反對軍國主義後，此刻面對希特勒帶來的恐怖威脅，終於棄絕了這個理念。他主張，一種理念必須能證明它會帶來正確的後果，才能站得住腳。他在刊登於《人道祖國》（*Patrie Humaine*）這份報紙上，寫給和平主義者的公開信中宣告拋棄他堅決反對戰爭的立場，並說如果他是比利時人，他會樂意從軍，為捍衛歐洲文明盡一份心力。結果一如預期，愛因斯坦因為前後立場不一致，以及沒有預料到當下情勢，而飽受批評。

此時開始有消息說，有一個祕密納粹社團提供一千英鎊賞金，要把愛因斯坦「消音」。愛因斯坦自己並不擔心，繼續每天清晨在沙丘上散步，但是因為納粹特務在德國境外執行暗殺並非罕見的事，因此當局很認真看待他受到的生命威脅。他待在勒考克鎮期間，比利時警探對他二十四小時貼身護衛。[25]最後他終於同意搬到英國，住到拉克—蘭普森指揮官（Commander Oliver Locker-Lampson）位於諾福克（Norfolk）海岸、靠近克羅默（Cromer）的家裡，因為這裡遠比勒考克鎮安全。愛因斯坦的東道主，拉克—蘭普森是下議院的成員，他提出一項法案，給予所有住在德國的猶太人大英帝國公民身分，但是法案沒有通過。拉克—蘭普森有一天帶愛因斯坦去邱吉爾位於查爾特威莊園（Chartwell）的家拜訪他。在花園裡吃午餐時，這三個男人討論了希特勒帶來的威嚇，以及德國正在加速的重新武裝。[26]邱吉爾當時正處於政治生涯的低潮，沒有人能預料到他將在六年後扮演如此重要的歷史角色。

愛因斯坦在歐洲的最後一次公開露面是在十月三日。他在倫敦的皇家亞伯特廳（Royal Albert Hall）一場大型集會中發表演說，為人數越來越多的德國猶太難民籌募資金。他用有濃重口音的英文警告群眾危險已迫在眉睫，並高度讚揚英國人始終忠於他們秉持正義、民主和包容的傳統。

幾天後（十月七日），愛因斯坦在高度機密的情況下，被接到南安普敦，轉搭一艘港口小艇，登上紅星公司即將開往紐約的「西方大地號」（SS *Westernland*）郵輪（一萬六千噸）。他一上船就與在安特衛普上船的艾爾莎、杜卡絲和邁耶重聚。為了符合新獲得的難民身分，愛因斯坦這次橫越大西洋時坐的是經濟艙。他之後將再也看不到歐洲了。

愛因斯坦過去一向強力堅持，他是來普林斯頓工作和教書，希望完全避免公開露面和接受訪問。十月十七日這天，「西方大地號」抵達紐約港口時，此時擔任高等研究院院長的佛萊斯納和研究院的兩位理事，登上這艘處於防疫隔離期的船，歡迎愛因斯坦一行人來到美國。拿著小提琴的愛因斯坦與其他人接著被安靜地送上一艘特別安排的拖船，帶他們來到砲台公園（Battery）。一輛車等在這裡，將他們迅速送到普林斯頓。等到在第二十三街碼頭等候的官方迎接委員會知道愛因斯坦暗中登陸時，他已經在往紐澤西的路上了。

這四個初來乍到普林斯頓的人在一間名為孔雀旅館（Peacock Inn）的小飯店暫時住下。當天傍晚，有人看到愛因斯坦出來散步，一邊抽著煙斗，一邊跟他身旁的邁耶閒聊。他走到街角的書報攤買晚報，然後在附近一個冰淇淋店買了一支裝在圓筒餅乾裡的冰淇淋。[27]

愛因斯坦找到了他的新家。

注釋

1. Philipp Frank, *Einstein: His Life and Times* (New York: Alfred Knopf, 1947), p. 226. 容克斯家族（Junkers）是普魯士的貴族。
2. Margaret Deneke, Unpublished, hand-written notebook, 1932. Deneke Deposit, Box 25, Bodleian Library, University of Oxford.
3. Deneke, Unpublished notebook, 1932.
4. 佛萊斯納（1866–1959）是極具影響力的教育家，在重新建構醫療教育體系中扮演重要角色。高等研究院的成立經費（五百萬美元）是由身為百貨公司老闆的慈善家路易．班伯格（Louis Bamberger）及其妹卡洛琳．班伯格．福德（Caroline Bamberger Fuld）一起出資。
5. Frank, *Einstein*, pp. 268–71.
6. *The New York Times*, December 6, 1932; December 7, 1932.
7. Frank, *Einstein*, p. 226.
8. 「奧克蘭號」建造於一九二九年，二次大戰開始即被德國海軍徵用，重新命名為「突破封鎖號」（*Sperrbrecher IV*）。它在一九四四年於布列斯特的一次空襲中被擊沉——和愛因斯坦搭過的其他數艘船命運相似。
9. *The New York Times*, December 11, 1932.
10. 朗之萬（1872–1946）對量子物理學有許多重要貢獻，也是相對論在法國很早期的擁護者。他是知名的反法西斯與反戰志業支持者。
11. Franz Oppenheimer, *Weder so, noch so: Der dritte Weg* (Potsdam: Alfred Protte Verlag, 1933). 奧本海默是在經濟學與社會學議題上很多產且充滿熱誠的作家。愛因斯坦讀的這本書是他在納粹掌權前最後一本出版的著作。他在書中主張勞動力過剩是社會動盪不安的根源。

12. 狄拉克是在四年前提出他的相對論性波動方程式。狄拉克在他的方程式中，用4×4的矩陣（旋量）來表示一個粒子的狀態，描述出有½自旋的粒子（例如電子），可以同時符合相對論及量子力學。狄拉克藉由這個方程式預測出「反粒子」的存在：反粒子是有同樣質量與自旋，但帶有相反電荷的粒子。卡爾．安德森（Carl Anderson）在一九三二年發現陽電子（電子的反粒子），肯定了他的預測——這是理論物理學的一大勝利。

13. 施萊謝爾（1882–1934）曾是德國國防軍的參謀人員，也是老練的政治人物。他擔任首相時曾試圖讓右派聯盟與史特拉瑟（Gregor Strasser）領導的納粹反對黨組成聯合政府。但這項努力失敗了，在一九三四年六月所謂的羅姆政變（Röhm-Putsch）中，他和妻子（以及史特拉瑟）都被希特勒的私人衛隊謀殺。希特勒因此剷除了他的前任，一位依法任命的首相。

14. 愛因斯坦在帕沙第納的暫居，是由卡爾．舒爾茲紀念基金會（Carl Schurz Memorial Foundation）的奧柏蘭德信託基金（Oberlaender Trust）贊助。*Los Angeles Times*, January 10, 1933.

15. 愛因斯坦讀的是 B. L. van der Waerden, *Moderne Algebra* (Berlin: Springer, 1930)。凡得瓦登（1903–1996）是影響深遠的數學家及數學史家。

16. *Los Angeles Times*, January 23, 1933.

17. 鮑林（1901–1994）在一九二六年獲得古根漢學術獎助（Guggenheim fellowship）後，在歐洲追隨索末菲、波耳和薛丁格研讀量子力學。他回國之後將量子力學用於找出原子和分子的電子結構，率先開拓了量子化學的領域。他在晚年時也對分子生物學有重要貢獻，並且活躍於政治活動。他獲頒一九五四年諾貝爾化學獎，一九六二年又獲得諾貝爾和平獎。

18. 卡門（1881–1963）出生於匈牙利，在哥廷根讀書，對氣體力學有許多重大貢獻。

19. 費雪（1867–1947）是史上第一位知名的美國經濟學家，也是第一個數學經濟學家。他主張優生學，提倡被嘲笑得很有道理的「灶性膿毒症」（focal sepsis）理論。這個理論主張心理疾病是由腸子凹處或牙根處的感染性物質引起。愛因斯坦讀的費雪著作可能是 *Booms and Depressions: Some First Principles* (New York: Adelphi, 1932)。

20. 福勒（1889–1944）主掌卡文迪西實驗室（Cavendish Laboratory）的理論物理學部門。他和米爾恩合著了一篇座談會的論文，討論恆星的光譜與熱力學。他也是狄拉克的導師，娶了拉塞福的女兒愛琳（Eileen）。
21. *Los Angeles Times*, March 3, 1933.
22. *Los Angeles Times*, March 12, 1933.
23. 等到「授權法」通過時，共產黨的國會議員不是已經被捕，就是藏匿了起來。這項法令的施行期限原本應該只到一九三七年四月一日，卻被一再延長，直到一九四五年都是希特勒政府存在的「合法基礎」。
關於希特勒如何一步步完全掌握政權，參見 Ian Kershaw, *Hitler 1889–1936: Hubris* (New York: Norton & Co, 1998), pp. 469–526。
24. 有關愛因斯坦與普魯士科學院及其他學術機構之間難堪的分手，參見 Albrecht Fölsing, *Albert Einstein* (New York: Viking, 1997), pp. 661–65。
25. *The New York Times*, September 9 &10, 1933. Fölsing, *Albert Einstein*, pp. 674–76.
26. Walter Isaacson, *Einstein: His Life and Universe* (New York: Simon & Schuster, 2008), p. 419.
27. *The New York Times,* October 18, 1933; Isaacson, *Einstein*, p. 425–47; Fölsing, *Albert Einstein*, pp. 679–92.

後記（一九三三～一九五五）

從柏林搬到普林斯頓，在很多方面，都代表了愛因斯坦人生中一個突然的斷裂。他環遊全球的公眾人物形象，幾乎在一夜之間改變，變成隱居紐澤西州某個大學城的有點怪異的教授。但從愛因斯坦的觀點來看，他的生活幾乎沒有什麼重大改變：做了些許調整適應後，他繼續追求他最大的熱情：物理學、音樂，以及社會正義。而他對私密的渴望比以前容易滿足多了。不久，他甚至可以滿足他對航行的熱愛，因為他買了一艘十七英尺的帆船，命名為「提納夫號」（*Tinnef*，意第緒語「垃圾」之意），與他留在德國的美麗「杜樂號」，形成哀傷的對比。

定居普林斯頓[1]

愛因斯坦到了普林斯頓，看到他位於大學裡法恩大樓的暫時辦公室時，說他其實只需要一張桌子、一張椅子、紙筆，還有一個可以裝下他許多錯誤的大字紙簍，就心滿意足了。在法恩大樓裡，他很快就被新同事環繞，還有許多來自舊世界的熟面孔，包括維布倫、馮諾曼（John von Neumann）、外爾、維格納（Eugene Wigner）和拉登堡（Rudolf Ladenburg）。到了一九三四年，薛丁格來到普林斯頓，但是愛因斯坦想讓他進入高等研究院的努力卻徒勞無功，最主要的原因是當時愛因斯坦已經跟研究院第一任院長佛萊斯納發生衝突，甚至威脅要辭去他的職位。兩人之所以翻臉，是因為佛萊斯納毫無彈性地完全不想讓愛因斯坦曝光，阻止他出席任何公開場合。佛萊斯納擔憂，只要他吸引到任何注意力，都可能引發大眾對德國難民的敵意，強化反猶太的情緒。他甚至過分到打開愛因斯坦的郵箱，攔截了羅斯福總統邀請他前往白宮的邀請函。還好這項令人憤慨的行徑後來得以被糾正，愛因斯坦與艾爾莎因此在一九三四年一月在白宮的富蘭克林室與羅斯福總統伉儷共進晚餐，一起度過夜晚。[2]

在家庭生活方面，愛因斯坦再度由他長久以來都很親近的兩位女性照料。愛因斯坦、艾爾莎，以及他們不可或缺的杜卡絲，一起從孔雀旅館搬到一間租賃的房子。愛因斯坦發現他很喜愛他的新家鄉，甚至決定切斷與歐洲的幾乎所有關聯。他寫信給林德曼說，他不想再保留他在牛津的研究獎學金，希望能由其他科學家接受。他已經不想再跟歐洲有任何瓜葛。

當艾爾莎的女兒伊莎（Ilse）病重的消息在一九三四年春天傳來時，愛因斯坦很樂意地讓艾爾莎自己前往歐洲。他到紐約為她送行，看著她搭上他們曾兩度搭乘的「比利時號」郵輪。伊莎在那年夏天過世時才三十七歲，而艾爾莎回到普林斯頓時傷心欲絕。此時，愛因斯坦和在一九二〇年代來到美國的老朋友巴凱（Gustav Bucky）在羅德島觀山（Watch Hill）租了一間小屋，度過夏天的幾個月，享受單獨駕駛帆船，在納拉甘西特灣（Narragansett Bay）許多小灣裡，漫無目的地航行。他一直到十月才返回普林斯頓。

愛因斯坦已經決心以普林斯頓為家，因此很急著要成為美國公民。為此他必須把觀光簽證換成移民簽證，而這個手續只能在美國境外進行。愛因斯坦發現這項要求讓他有機會再度出海航行：他沒有經由陸路到加拿大，而是選擇經由海路去百慕達。這次航行中陪伴他的人包括艾爾莎、繼女瑪歌、瑪歌的先生馬里安諾夫（Dimitri Marianoff）和杜卡絲。他們搭乘「百慕達皇后號」（SS *Queen of Bermuda*）出海。這是一艘兩萬兩千五百噸重的豪華郵輪，才航行兩年，能在四十小時內到達百慕達。愛因斯坦一行人在一九三五年五月二十七日抵達漢米爾頓（Hamilton）後，立刻到美國領事館處理公務。之後他們勘查了幾間大飯店，但愛因斯坦都覺得太公開太做作，最後他們在樸素的羅斯艾克旅舍（Roseacre Guesthouse）住下。記者後來詢問老闆時，他起先還對愛因斯坦的事完全否認，最後終於承認他們的線索是對的。不過到最後，愛因斯坦希望避免任何公開曝光的願望還是獲得尊重。[3]

愛因斯坦在一家餐廳和一位德國廚師聊了起來，對方於是邀請他搭他的小船出海；愛因斯坦在七小時後仍然沒有回來，讓艾爾莎開始擔心起來，最後發現他原來在那位廚師家裡，因為他做了好幾道德國菜，給她的小亞伯特吃。[4]五天後，一行人又搭著「百慕達皇后號」返回紐約。

百慕達之行三個月後，愛因斯坦買下位於梅瑟街（Mercer Street）一一二號，一間地點方便的樸素木牆板屋。艾爾莎立刻開始著手進行必要的改建，尤其是在樓上為愛因斯坦建一間書房——就像在哈伯蘭街五號一樣。這間書房的牆上掛著牛頓、法拉第和馬克士威的照片，跟在柏林時一樣。這也是愛因斯坦覺得最自在，往後二十年花最多時間的地方。在瑪歌的協助下，好幾件家具，包括一架平台鋼琴，從他們柏林的公寓被拯救出來，擺在他們新家的房間裡。

這年夏天（一九三五年），愛因斯坦與艾爾莎在康乃迪克州老萊姆鎮（Old Lyme）租了一間度假屋，好躲避普林斯頓悶熱潮濕的天氣。愛因斯坦很多時間都在康乃迪克河的河口駕駛帆船消磨時間。隔年他們在阿第倫達克山脈（Adirondacks）的澄清湖（Lake Clear）避暑。但是他們回到普林斯頓後，艾爾莎已經持續一段時間的心臟與腎臟問題轉趨嚴重。她在一九三六年十二月過世，讓愛因斯坦深受打擊。他非常想念她。

杜卡絲接手管理梅瑟街房子裡的家務。這家人包括了愛因斯坦的繼女瑪歌，她是位很有天分的雕塑家，一九三九年離婚後加入這個家；以及愛因斯坦的妹妹瑪雅（瑪麗亞·溫特勒〔Maria Winteler〕），她是在墨索里尼限制外國猶太人居住後，不得不離開她在義大利的家。瑪雅的先生保羅·溫特勒（Paul Winteler）返回瑞士。愛因斯坦和瑪雅感情很好，因此很高興她到梅瑟街一一二號來同住。他也說服並協助自己的兒子漢斯·亞伯特移民到美國。他與父親團聚之後，後來與自己的家人定居在柏克萊。在愛因斯坦最親近的家人中，只有米列娃和他不幸的兒子愛德華仍留在歐洲：米列娃在一九四八年逝於蘇黎世，愛德華一直住在伯格赫茲利診所，直到一九六五年。

物理學、原子彈與政治

就像愛因斯坦的私人生活一樣，他的科學生涯也是延續不斷的。他設計思想實驗，挑戰不確定性原理，質疑量子力學的完整性，繼續他與波耳的爭論。他不願意放棄他對現實的直覺觀點——一個粒子要不就在某個確定的位置，要不就不在——無法接受量子力學的可能性觀點，即使它與眾多實驗結果相符。值得注意的一點是，愛因斯坦年輕時曾做過完全相反的事：他拒絕關於時空的一般常識與普遍接受的看法，鑄造了對自然的全新觀點。

一九三五年，愛因斯坦和研究院的兩位年輕同事合作，發表了一篇著名的論文，顯示量子力學是不完整的。[5]就像他針對量子力學的其他攻擊一樣，這篇文章沒有擊中要害；不過它確實激發了理論家廣泛的討論，讓他們更深入檢視量子力學的基本原則——這在後來多年都持續引發爭論。

不過愛因斯坦最專注的事，還是要找出可以從中導出電磁原理與重力原理的統一場論。這個占據他心思三十多年的問題，事後看來，似乎是不智之舉。可以確定的是，他的追尋一開始是有道理的，但是在其他自然力已經被發現，而量子力學的觀點又已經成熟建立之後，他仍堅持了許久。愛因斯坦一直利用數學作為了解自然的指引，這在他發展相對論時非常有用，現在卻讓他失望了。但他還是緊抓著這個策略，頑固堅持不屈不撓的態度，就跟他在發展廣義相對論過程中克服無數艱巨阻礙一樣——可惜這次徒勞無功。

長久以來幫愛因斯坦做計算工作的邁耶在抵達普林斯頓後不久就拋棄了他，追求自己的研究。不過研究院裡有許多年輕物理學家很樂意與愛因斯坦合作。他和他們一起完成了對物理學的兩項重要貢獻：他由相對論推導出，到目前為止科學家都無法偵測到的重力波（gravitational wave）確實存在，以及運動定律已經被包含在重力場方程式中，而非像牛頓力學所言，與重力截然劃分。[6]不過，除了這些研究之外，愛因斯坦絕大多數時間都沉浸在自己的思考世界，對於基本粒子物理學一些令人興奮的發展毫無興趣。當波耳在一九三九年到該研究院訪問數月時，愛因斯坦都避著他。很可惜的是，這兩位二十世紀物理學的巨人只有過一次倉卒的正式對話。[7]

如前所述，愛因斯坦堅持和平的原則在世界戰爭再度爆發時，被棄置一旁。一九三九年夏天，他在長島的拿索岬（Nassau Point）度假時，兩位理論物理學家維格納和西勞德（Leo Szilard）前來拜訪他。他們讓愛因斯坦注意到，最近的實驗顯示，根據愛因斯坦的公式（$E = mc^2$），中子可以在鈾裡頭開啟一個連鎖反應而釋放出巨大的能量。這項拜訪引發接下來一連串的討論，最後讓愛因斯坦寫了那封著名的信給羅斯福總統，提醒他注意這些發現可能導致的軍事用途。愛因斯坦這封信除了提醒美國政府留意核子武器的發展之外，不太可能還有其他的效果，但是兩年後，製造原子彈的曼哈頓計畫成立了。愛因斯坦後來說，如果他知道對於德國建造核彈的擔憂根本是空穴來風，他絕對不會寫那封信。有些人認為他要為廣島的災難負責，讓他很痛苦。[8]

長久以來，愛因斯坦都很強烈地意識到自己在美國是難民的身分，因此對公共議題的支持非常謹慎，但是隨著戰爭的結束及美國投下原子彈，他已經準備好行使他身為美國人的公民權利——他在一九四〇年已經歸化而有了美國國籍。他大力主張建立一個擁有武力的世界性政府，可以預防未來再發生戰爭。許多人認為愛因斯坦的主張太過天真，但是他辯稱這是很務實的做法，也是最可能預防核子戰爭的做法。在西勞德的勸說下，愛因斯坦同意擔任原子能科學家緊急委員會（Emergency Committee of Atomic Scientists）的主席，並為倡議世界性的聯盟參加了無數的討論與聲明。隨著冷戰的陰影越拉越長，他的努力終究沒有帶來太多實際的效果。

愛因斯坦兩度經歷由德國軍國主義引發的恐怖戰爭，因此無法原諒他的前「繼父國」（step-fatherland），也強烈反對德國再度工業化。他以前在德國的同事試圖讓他復職，重新到納粹時代驅趕他的學術機構任職，遭到他斷然拒絕。他只跟勞厄還有少數幾位前德國同儕保持聯繫。但是能斯特和普朗克過世時，愛因斯坦對這兩位高度敬重的同儕，也是他認為的好人，致上令人感動的哀悼之詞，懷念地回憶起科學界瀰漫著無國界精神的較美好年代。[9]

愛因斯坦在一九四四年滿六十六歲的生日這天，辭去他在研究院的職位，但仍維持每天早上走路到辦公室的習慣。他在普林斯頓街道上的漫步，引發普林斯頓人善意傳誦許多小故事，描述這個生活在他們當中的心不在焉的隱士——其中有些故事確實是真的。他會單獨走路，或由哥德爾（Kurt Gödel，他與愛因斯坦很親近）、鮑立，或者其他說德文的同事或朋友陪伴，因為愛因斯坦雖然拒絕與德國有任何正式連結，但無法逃脫讓他與德國語言、文化及音樂緊密相連的牽繫。

雖然他對政治情勢的影響力在戰後逐漸減弱，但他追隨自己人道主義本能的熱情仍未稍減。他特意接受由林肯大學，一所黑人大學，頒發的榮譽學位，並強力譴責種族歧視；當非裔女低音歌唱家瑪麗安．安德森（Marian Anderson）在一九三七年於普林斯頓舉辦演唱會，而拿索飯店（Nassau Inn）拒絕讓她住宿時，他邀請她住在家裡。一九四八年，當美國獨占核子武器時，他在寫給老友東妮．曼德爾的一封信中說，好像不論他在哪裡定居，那裡的人就會變成軍國主義者和戰爭狂熱者，現在輪到了他的美國同胞們，而他們似乎是從普魯士人那裡繼承了這種狂熱。[10]五年後，麥卡錫主義捕風捉影的追捕行動到達最顛峰，常以最薄弱的證據隨意逮捕共產主義者，愛因斯坦挺身而出，大力捍衛公民自由，並警告法西斯心態逐漸高漲帶來的危險。當東妮讚賞他公開表達立場時，他回信說，她的信顯示出她心中的熱情仍燃燒著，也讓他想到許久以前，他們曾一起走在戰鬥的路上。[11]

在梅瑟街一一二號安頓下來之後，愛因斯坦在最後幾年變得較為世故圓滑，但仍舊如以前那樣獨來獨往。就如他自己所說：「我一生都渴望這樣的孤單，現在我終於在普林斯頓這裡得到了。」[12]他有許多訪客，包括老友與名人，也一直受到三個忠誠愛護他的女人悉心照顧：杜卡絲、他的妹妹瑪雅，以及他的繼女瑪歌。愛因斯坦的健康狀況逐步惡化。一九四八年幾次痛苦的腹部劇痛後，他被送進醫院，醫生在他的腹主動脈找到一個葡萄柚大小的血管瘤。瑪雅的健康狀況比他還糟，而當她在幾個月後中風，臥床好幾個月時，愛因斯坦每天晚上讀書給她聽。他選擇的書中包括塞萬提斯的《唐吉訶德》——愛因斯坦承認他和唐吉訶德一樣喜歡做攻擊風車這樣徒勞無功的事。瑪雅在一九五一年過世，杜卡絲和瑪歌則都活得比愛因斯坦久。

一九五五年四月十一日，愛因斯坦簽署了羅素要求終止核子武器競賽的請願書後兩天，他的血管瘤裂開。在巨大的痛楚中，他被送醫治療，但他斷然拒絕任何延長他性命的企圖，認為太過「缺乏品味」。五天後，愛因斯坦「優雅地」過世了，如他所願。

「我一生都渴望這樣的孤單，現在我終於在普林斯頓這裡得到了。」

注釋

1. 關於愛因斯坦在美國的生活，參見 Albrecht Fölsing, *Albert Einstein*, trans. E. Osers (New York: Viking, 1997), pp. 679–92; Walter Isaacson, *Einstein: His Life and Universe* (New York: Simon and Schuster, 2007), pp. 425–47; Philipp Frank, *Einstein: His Life and Times* (New York: Alfred Knopf, 1947), pp. 265–98。
2. Isaacson, *Einstein*, pp. 428–31.
3. *The Royal Gazette and Colonist Daily*, May 28, 1935.
4. Isaacson, *Einstein*, p. 437.
5. 這篇論文被稱為「EPR paper」，指三位作者的姓氏縮寫，愛因斯坦（A. Einstein）、波多斯基（B. Podolsky）和羅森（N. Rosen），"Can Quantum-Mechanical Description Be Considered Complete?" *Phys. Rev.* 47 (1935): 777–80。EPR論文的相關爭議，參見 Abraham Pais, *'Subtle is the Lord . . .' The Science and the Life of Albert Einstein* (Oxford: Oxford University Press, 1982), p. 454;以及Albrecht Fölsing, *Albert Einstein* (New York: Viking, 1997), pp. 696–99。要很簡短說明的是：這篇論文提出，認為相隔一段距離的兩個粒子會產生「量子糾纏」（quantum entanglement）是不符合現實的；但是後來實驗證明了這種糾纏態確實存在。
6. 當巨大物體經歷激烈的運動時，會釋放出重力輻射。目前有好幾項試圖偵測重力波的高度複雜實驗正在進行。Albert Einstein and Nathan Rosen, "On Gravitational Waves," *J. Franklin Soc.* 223 (1937): 43–54. A. Einstein, L. Infeld, and B. Hoffman, "Gravitational Equations and the Problem of Motion" Part 1: *Annals Math.* 39 (1938): 65–100; Part 2: A. Einstein and L. Infeld. *Annals Math.* 41 (1940): 455–64.
7. Fölsing, *Albert Einstein*, pp. 693–705.
8. 關於愛因斯坦在原子彈計畫中的角色，以及他在戰後的政治活動，參見 Fölsing, *Albert Einstein*, pp. 706–41。

9. 普朗克經歷了很大的痛苦。他有兩個女兒出生時就過世，一個兒子在一次大戰中喪生，另一個兒子也在二次大戰快結束時，因為牽連到七月二十日失敗的希特勒暗殺計畫而被處決。

10. Letter, Albert Einstein to Toni Mendel, dated: Princeton, 24 March 1948. Letter in private possession.

11. Letters, to and from Toni Mendel, 15 June 1953. Albert Einstein Archive, Box/Folder 41-254, 41-255.

12. Frank, *Einstein*, p. 297.

精選傳記

Calaprice, Alice. *The Einstein Almanac*. Baltimore: Johns Hopkins Press, 2005.

Fölsing, Albrecht. *Albert Einstein: A Biography*. Trans. E. Osers. New York: Viking, 1997.

Frank, Philipp. *Einstein: His Life and Times*. New York: Knopf, 1947.

Glick, Thomas F. *Einstein in Spain: Relativity and the Recovery of Science*. Princeton: Princeton University Press, 1988.

Herneck, Friedrich. *Einstein Privat*. Berlin: Buchverlag Der Morgen, 1978.

Grundmann, Siegfried. *Einsteins Akte: Wissenschaft und Politik-Einsteins Berliner Zeit*. Berlin: Springer Verlag, 2004.

Highfield, Roger, and Paul Carter. *The Private Lives of Albert Einstein*. London: Faber and Faber, 1993.

Isaacson, Walter. *Einstein: His Life and Universe*. New York: Simon and Schuster, 2007.

Kershaw, Ian. *Hitler: 1889–1936: Hubris*. New York: W. W. Norton, 1998.

Levenson, Thomas. *Einstein in Berlin*. New York: Bantam Books, 2003.

Neffe, Jürgen. *Einstein: A Biography*. Trans. S. Frisch. New York: Farrar, Straus & Giroux, 2005.

Pais, Abraham. *'Subtle is the Lord . . .' The Science and the Life of Albert Einstein*. Oxford: Oxford University Press, 1982.

———. *Niels Bohr's Times, In Physics, Philosophy, and Polity.* Oxford: Clarendon Press, 1991.

———. *Einstein Lived Here*. Oxford: Clarendon Press, 1994.

Schilpp, Paul A., ed. *Albert Einstein, Philosopher-Scientist*. New York: Tudor Publ. Co., 1949.

Seelig, Carl. *Albert Einstein*. Zurich: Bertelsmann-Europa, 1960.

Stern, Fritz. *Einstein's German World*. Princeton: Princeton University Press, 1999.

國家圖書館出版品預行編目資料

愛因斯坦在路上：旅行中的物理學家，關鍵十年的私密日記／約瑟夫・艾辛格（Josef Eisinger）著；李淑珺譯 .-- 初版 .-- 臺北市：臉譜，城邦文化出版：家庭傳媒城邦分公司發行，2013.07
面；　公分. --（科普漫遊；FQ2009）
譯自：Einstein on the Road
ISBN 978-986-235-268-7（平裝）
1. 愛因斯坦（Einstein, Albert, 1879–1955）　2. 傳記
785.28　　102011638

科普漫遊 FQ2009

愛因斯坦在路上
旅行中的物理學家，關鍵十年的私密日記

作　　者　約瑟夫・艾辛格（Josef Eisinger）
譯　　者　李淑珺
副總編輯　劉麗真
主　　編　陳逸瑛、顧立平
美術設計　羅心梅

發 行 人　凃玉雲
出　　版　臉譜出版
城邦文化事業股份有限公司
台北市中山區民生東路二段141號5樓
電話：886-2-25007696　傳真：886-2-25001952
發　　行　英屬蓋曼群島商家庭傳媒股份有限公司城邦分公司
台北市中山區民生東路二段141號11樓
客服服務專線：886-2-25007718；25007719
24小時傳真專線：886-2-25001990；25001991
服務時間：週一至週五上午09:30-12:00；下午13:30-17:00
劃撥帳號：19863813　戶名：書虫股份有限公司
讀者服務信箱：service@readingclub.com.tw
香港發行所　城邦（香港）出版集團有限公司
香港灣仔駱克道193號東超商業中心1樓
電話：852-25086231　傳真：852-25789337
E-mail : hkcite@biznetvigator.com
馬新發行所　城邦（馬新）出版集團 Cité (M) Sdn Bhd
41, Jalan Radin Anum, Bandar Baru Sri Petaling, 57000 Kuala Lumpur, Malaysia
電話：603-90578822　傳真：603-90576622
E-mail: cite@cite.com.my

初版一刷　2013年7月4日

城邦讀書花園
www.cite.com.tw

ISBN 978-986-235-268-7

定價：360元